企业增量绩效管理

实战全案

唐政 编著

全国百佳图书出版单位

·北京·

内容简介

《企业增量绩效管理实战全案》对企业增量绩效管理进行了系统的解读，包括企业绩效管理概述、绩效管理整体规划、绩效目标设计、绩效考核实施、绩效检讨改进、公司增量源及增量奖金方案设计、部门增量绩效及奖金设计共七章内容。本书集多位咨询师多年的管理咨询经验之精华编写而成，并提供了大量的案例及实际操作范本供读者参考。

本书可作为职业院校人力资源绩效管理模块的培训教材，各行业、各企业人力资源部门也可运用此书的内容，结合本行业、本企业的实际情况，来设计增量绩效体系、方案和制度。

图书在版编目（CIP）数据

企业增量绩效管理实战全案 / 唐政编著．—北京：化学工业出版社，2023.6

ISBN 978-7-122-43236-0

Ⅰ．①企…　Ⅱ．①唐…　Ⅲ．①企业绩效—企业管理—研究　Ⅳ．① F272.5

中国国家版本馆 CIP 数据核字（2023）第 057960 号

责任编辑：陈　蕾

责任校对：边　涛　　　装帧设计：溢思视觉设计 E-mail: rsstudio@126.com ／程超

出版发行：化学工业出版社（北京市东城区青年湖南街13号　邮政编码100011）

印　　刷：北京云浩印刷有限责任公司

装　　订：三河市振勇印装有限公司

787mm × 1092mm　1/16　印张 15½　字数 336 千字　2023 年 7 月北京第 1 版第 1 次印刷

购书咨询：010-64518888　　　售后服务：010-64518899

网　　址：http://www.cip.com.cn

凡购买本书，如有缺损质量问题，本社销售中心负责调换。

定　　价：78.00元

近年来，增量绩效这个管理概念通过在华为公司成功实施之后，突然异军突起，以惊人的速度横扫管理咨询市场，很多咨询师和企业家对增量绩效趋之若鹜。

增量绩效管理是指企业对比某一个参考标准［如内比（同比、环比、与预算比、与目标比）和外比（同行比、同产业比、竞争对手比、同区域比等）］而获得的增长模式，包含但并不限于业绩增长、利润增长、市值增长、资金周转的增长、预算增长等。

增量绩效管理与传统绩效管理有相同之处，也有很大的不同之处。相同之处在于，它会沿用传统绩效的方法与工具，例如BSC、KPI、OKR、360等；也会沿用传统薪酬设计的方法与工具，例如岗位价值评估、宽带薪酬等。不同之处如下：

◇理念认知的不同。增量绩效打破传统的雇佣关系矛盾，构建一套“先增量再分配，不增量无分配”的经营平台。传统的绩效管理，更多是强调考核与奖惩，希望通过考核与奖励来调动被考核的积极性，但始终没有解决一个问题——奖励被考核者的“钱”从哪里来呢？绩效奖金是从员工工资中提取还是公司增加作为绩效奖金呢？实践证明，绩效奖金无论是从员工工资中提取还是公司支付两者都不可取，无论哪方出钱，都是不公平的。思博团队近10年的咨询经验实践与研究发现，只有将公司打造成一个经营平台，让全员参与并关注企业的经营结果，构建共创共享的分配机制，才能够解决“奖金”从哪里来的问题，即“钱”是平台上的全员创造出来的，从而大大改善雇佣关系，激发全员的积极性。

◇实践中找到真理。人类的社会活动，都是为了满足人性的需求。企业也是一样，企业业绩增长、利润增长是为了满足股东的需求，从而满足员工收入增加的需求。因此，在增量绩效管理过程中，必须先满足股东需求，即股东未来想要什么（业绩、利润、资金等）、想把企业带到哪里去等。为了满足这些需求，增量绩效首先对企业所处的经营环境以及管理者的特点与需求进行分析，并规划公司3～5年的战略目标，再进行目标解码，这是为了满足股东需求。如果先不解决这个问题，后面其他的一切经营活动是推行不下去的。其次，如果企业只为了满足股东需求，那么就没有人跟着管理者干，所以必须构建能满足全员需求的激励机制，这就是我们增量绩效中的部门增量绩效与公司增量绩效体系。让员工及干部清楚地看到达到公司与部门目标后，是可以共享利益的。

因此，增量绩效管理体系的底层逻辑是为了满足人性的需求而设计的。

本书包括企业绩效管理概述、绩效管理整体规划、绩效目标设计、绩效考核实施、绩效之检讨改进、公司增量源及增量奖金方案设计、部门增量绩效及奖金设计7 章，对于企业增量绩效管理进行了系统的解读，并付诸案例参考。

本书的内容萃取了广东思博企业管理咨询有限公司100 多位咨询师近10年的管理咨询经验的精华编写而成。在本书的编写过程中，还获得了深圳市时代华商企业管理咨询有限公司等培训机构、咨询机构及相关工厂的支持与配合。在此，我再一次对大家所付出的努力表示衷心感谢。

由于笔者水平有限，书中难免出现疏漏与缺憾，敬请读者批评指正。

contents

目录

Chapter 1

第1章 企业绩效管理概述

所谓绩效管理，是指各级管理者和员工为了达到组织目标，共同参与的绩效计划制订、绩效辅导沟通、绩效考核评价、绩效结果应用、绩效目标提升的持续循环过程，绩效管理的目的是持续提升个人、部门和组织的绩效。

1.1 绩效管理的理论基础

绩效管理的理论基础可分为一般理论基础和直接理论基础两个层次：一般理论基础包括控制论、系统论、信息论；直接理论基础包括工作分析、目标管理理论、目标设置理论、激励理论、成本收益理论、组织公平感理论、权变理论、信息市场理论。

1.1.1 一般理论基础

1.1.1.1 控制论

控制论的主要思想与绩效管理的关系如表1-1所示。

表1-1 控制论的主要思想与绩效管理的关系

主要思想	如何作用于绩效管理
以系统方法为基础，主要研究复杂系统中的沟通信息流，20世纪30～40年代，伴随着工业自动化的逐步普及，形成了伺服机构理论（即自动控制理论），控制论就是在这样的基础上产生的。1948年，诺伯特·维纳发表了《控制论》，作为控制论的奠基性著作。控制论认为，无论是自动机器还是神经系统等都可以看作是一个自动控制系统，控制系统发出指令，作为控制信息传到系统各个部分，由它们按指令执行之后再把执行情况反馈输送回来，反馈对系统的控制和稳定起着决定性作用，是控制论的核心问题	最重要的体现在于：通过控制活动能提供用于调整目标与手段的反馈信息，在具有既定目标和既定的达到目标计划的情况下，控制职能包含着度量实际情况，把它们同标准对比，传出能用来协调组织活动、使之集中于正确方向并有利于达到动态平衡的信息。这一思想告诉我们，企业组织目标的实现必须依赖反馈控制原理，不断将企业目标执行的结果与既定目标相比对并调整企业组织活动不脱离原目标方向，显然这就是绩效管理能够控制企业组织战略目标实现的基本依据

1.1.1.2 系统论

系统论的主要思想与绩效管理的关系如表1-2所示。

表1-2　系统论的主要思想与绩效管理的关系

主要思想	如何作用于绩效管理
系统论的核心思想是系统的整体观念。任何系统都是一个有机的整体，它不是各个部分的机械组合或简单相加，系统的整体功能是各要素在孤立状态下所没有的性质，系统中各要素不是孤立存在的，每个要素在系统中都处于一定的位置，起着特定的作用。要素之间相互关联，形成一个不可分割的整体，根据系统论的观点，首先把企业看成一个大的系统，企业管理由许多子系统组成；其次，企业组织是一个开放系统，它同周围环境不断地进行交流；再次，管理必须从企业组织整体出发去考虑和评价问题	系统具有集合性、层次性和相关性，这些特征都对绩效管理有着不同的影响 （1）集合性：这是系统最基本的特征，一个系统由若干个子系统组成，绩效管理作为人力资源管理甚至整个企业管理的子系统，其水平高低对企业发展事关重大 （2）层次性：系统的结构是有层次的，企业绩效系统包括组织绩效、部门绩效、员工绩效三个层次 （3）相关性：系统中各要素相互依存相互制约

1.1.1.3　信息论

信息论的主要思想与绩效管理的关系如表1-3所示。

表1-3　信息论的主要思想与绩效管理的关系

主要思想	如何作用于绩效管理
20世纪20年代，申农和维纳从通信及控制的角度提出了信息的概念。现代生产经营活动贯穿着两种流动，一种是人力、物力、财力的流动，另一种是大量数据资料图纸报表等信息的流动，前一种是生产经营活动的主体流程，而人流、物流、财流畅通的前提是信息流的畅通。可见，信息是企业管理的基础，企业管理水平的提高在很大程度上取决于信息的质量	绩效管理对信息的要求可以归纳为及时、准确、适用、经济。绩效管理的结果如何在很大程度上取决于信息的质量。所以管理过程的实质是信息过程，信息是企业管理的基础

1.1.2　直接理论基础

1.1.2.1　工作分析

工作分析的主要思想与绩效管理的关系如表1-4所示。

表1-4　工作分析的主要思想与绩效管理的关系

主要思想	与绩效管理的关系
工作分析又称职务分析和岗位分析，是指全面了解获取与工作相关的详细信息的过程，是对组织中某个特定职务的工作内容和职务规范的描述及研究过程，即制定职务说明和职务规范的系统过程，企业一般在新组织建立，新工艺或新系统出现而使工作发生变化，组织变革或转型期等时机进行工作分析比较恰当	就人力资源的一般意义而言，工作分析为各项人力资源管理决策提供了坚实的基础，运用工作分析的结果可做到人尽其才，避免大材小用、小材大用，避免人力资源的浪费，就绩效管理的具体意义而言，工作分析是绩效管理的基础，具体表现如下： （1）职位描述是绩效目标和绩效指标的来源 （2）职位的工作关系决定了绩效评估关系 （3）工作岗位的特点决定了绩效管理的方式

1.1.2.2　目标管理理论

目标管理理论的主要思想与绩效管理的关系如表1-5所示。

表1-5　目标管理理论的主要思想与绩效管理的关系

主要思想	与绩效管理的关系
20世纪50年代，彼得·德鲁克在他的《管理实践》一书中提出了目标管理理论，基本思想如下 （1）企业的任务必须转化为目标，企业管理人员必须通过这些目标对下级进行指导，并以此来保证企业总目标的实现 （2）目标管理是一种程序，使一个组织中的上下各级管理人员统一起来制定共同的目标，确定彼此的责任，并将此责任作为指导业务和衡量各自贡献的准则 （3）每个管理人员或工人的分目标就是企业总目标对他的要求，同时也是这个企业管理人员或工人对企业总目标的贡献 （4）管理人员和工人是依据设定的目标进行自我管理的，他们以所要达到的目标为依据，进行自我控制、自我指挥，而不是由他的上级来指挥和控制 （5）企业管理人员对下级进行评估和奖惩也是依据这些分目标	绩效管理的过程尤其是绩效计划阶段包含目标管理。目标管理的实施离不开绩效管理。目标管理不仅将目标作为一种激励的因素，也将目标作为员工考核的标准，进行目标管理就必然进行绩效管理，同时，目标管理理论无疑为绩效管理提供了可行性论证

目标管理的最大优点在于：以目标给人带来的自我控制力取代来自他人的支配式的管理控制方式，从而激发人的最大潜力，把事情办好，把工作做好。目标管理有两个显著的特点：一是强调组织计划的系统性；二是强调目标制定过程本身的激励性。

典型的目标管理有如图1-1所示的八个步骤。

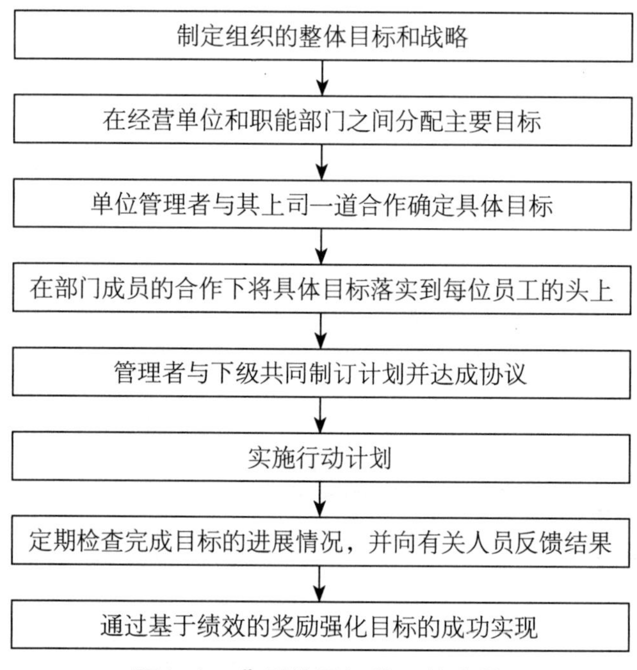

图1-1　典型的目标管理的步骤

1.1.2.3　目标设置理论

该理论告诉员工需要做什么及需要做出多大的努力，它探讨了目标具体性、挑战性和绩效反馈的激励作用。目标设置理论指出明确的目标能提高绩效，一旦我们接受了困难的目标，就会比接受容易的目标带来更高的绩效，反馈能比不反馈带来更高的绩效。

目标设置理论和目标管理理论有某些相似之处，但又有区别。目标管理强调参与式的目标设置。这些目标是明确的、可检验的和可衡量的，目标管理强调把组织的整体目标转化为组织单位和员工个人的具体目标，而且低层次单位的管理者共同参与自己目标的设置。

将目标设置和目标管理理论进行对比，我们发现目标管理和目标设置理论都提倡具体的目标和绩效反馈。当目标足够困难时，目标的设置能带来更高的个体绩效，目标管理也更有效，唯一不同的地方可能是关于参与的问题：目标管理激励主张员工参与，员工参与的主要好处在于它引导员工建立更难达到的目标，而目标设置理论表示给下属制定目标效果一样好。

1.1.2.4　激励理论

激励理论的主要思想与绩效管理的关系如表1-6所示。

表1-6　激励理论的主要思想与绩效管理的关系

主要思想	与绩效管理的关系
激励理论是行为科学的核心理论，又是管理心理学和组织行为学的重要内容。大致有四种激励理论 （1）需要激励模式，认为需要是多层次的，低层次满足后才会转而追求高层次的需要，马斯洛的需求层次理论和赫茨伯格的双因素理论影响最为广泛 （2）动机-目标激励模式，该理论基础源于弗鲁姆提出的期望理论，用公式表示为激励力=期望值×效价 （3）权衡激励模式，该理论基础为亚当斯提出的公平理论。他认为员工更为关注的不是报酬的绝对值大小，而是报酬的分配是否公平合理以及自己是否受到公平待遇 （4）强化激励模式，依据的激励原理是斯金纳船里的强化理论	激励理论对绩效管理的实施有如下指导作用：需要激励模式下，当员工低层次的需要满足后，高层次需要追求表现为希望知道自己绩效水平如何，希望自己的工作成绩得到企业的认可，超越自我实现价值，而这些通过绩效管理才能实现，所以员工具有期待绩效管理的内心愿望；动机-目标激励模式下，我们在进行绩效管理和制定绩效目标时，既不宜低，也不宜高，目标制定要适度；权衡激励模式下，绩效目标事先沟通且可衡量，绩效管理体系严密，尽管评估者误差可能存在，但绩效管理模式下的评估显然更能使员工感到公平；强化激励模式下，更能激发员工潜能，绩效评估结果的运用本身就是以绩效为基准的正强化和负强化过程，这正符合强化激励理论的思想

1.1.2.5　成本收益理论

成本收益理论的主要思想与绩效管理的关系如表1-7所示。

表1-7　成本收益理论的主要思想与绩效管理的关系

主要思想	与绩效管理的关系
管理活动是一种价值产出，任何一项管理职能存在的意义都在于此项管理活动正在或者即将为企业创造经济效益，即实现收益和潜在收益之和大于管理职能本身的成本	成本收益理论对绩效管理的指导意义体现在如下两个方面 （1）就员工而言，配合绩效管理与抵触绩效管理均可看作员工与企业双方博弈时的不同决策，企业依据不同决策给予不同收益，员工能预见到的收益最大化应该是支持绩效管理 （2）就企业而言，绩效管理本身所发生的直接成本与机会成本之和应该小于绩效管理所带来的现实收益与潜在收益之和，只有这样，企业才存在实施绩效管理的经济学理由

1.1.2.6　组织公平感理论

组织公平感理论的主要思想与绩效管理的关系如表1-8所示。

表1-8　组织公平感理论的主要思想与绩效管理的关系

主要思想	与绩效管理的关系
组织中的公平可以划分为两个层面 第一个层面是组织公平的客观状态，这一层面上人们可以不断地改善和发展各种组织制度，建立相应的程序和措施来达到组织公平，但是绝对的、终极的组织公平是很难实现的 第二个层面是组织公平感自身，即组织中成员对组织公平的主观感受，从组织行为学的角度上讲，组织公平感更为重要，根据现有的研究成果，员工的组织公平感主要来自三个方面：分配公平感、程序公平感和互动公平感	组织公平感对绩效的启示 （1）员工参与机制 （2）反馈机制 （3）申诉机制 （4）监督机制 （5）绩效信息搜集机制

1.1.2.7　权变理论

权变理论的主要思想与绩效管理的关系如表1-9所示。

表1-9　权变理论的主要思想与绩效管理的关系

主要思想	与绩效管理的关系
权变理论于20世纪70年代产生，这种理论认为管理是环境的函数，管理行为应随着环境的改变而改变，由于企业所处内部与外部环境的发展变化，也不存在一个适应所有情况的管理模式，权变理论认为不存在一种适用于各种情况的普遍原则和最好办法，管理职能依据具体情况具体分析，管理人员必须依据组织外部环境的要求和组织成员的需要等具体情况来确定其相应的组织和管理方法，管理技术也要随机应变	对所有企业而言没有一个统一的、在所有情况下都适合的最优绩效管理体系，绩效管理体系的设计必须建立在对企业内外环境进行分析的基础上，并随着环境变化适时调整，具体如下 （1）在绩效评估的方法选择上，应根据企业自身的特点，避免绩效管理工作的简单化和一般化，根据权变理论，企业在选用自己的绩效评估方法时，首先要弄清自身所处的内部环境和外部环境，应用该方法的其他企业有什么可借鉴的地方，分析该方法发挥作用的前提条件，才能加以变通，使之在本企业中真正被有效运用 （2）在绩效管理体系的设计上，应注意和不同的企业文化环境相结合。不同文化环境导致不同的领导方式、不同的工作氛围，因此根据权变理论，在设计绩效管理体系时一定要综合考虑多方面的因素

1.1.2.8　信息市场理论

信息市场理论的主要思想与绩效管理的关系如表1-10所示。

表1-10　信息市场理论的主要思想与绩效管理的关系

主要思想	与绩效管理的关系
信息是一种特殊形式的商品，当取得一项信息所支付的成本大于使用该信息所获得的效益时，该项信息具有负价值；反之则具有正价值	我们在进行绩效管理过程中应充分认识到信息的特性，考虑到信息成本，以形成一个经济的绩效管理体系，虽然绩效管理所产生的信息具有多种效用，但要优化绩效管理中的信息系统，关键指标的设定既要简单明了又要有实用性

1.2　绩效管理的导向

HR（人力资源）业界流传一个公式：企业管理≈绩效管理≈人力资源管理。这个逻辑是，绩效管理是企业的核心管理体系。这是因为，绩效代表了业绩和效益，也就是企业的收入和利润，这是企业经营的核心目标。这个公式也告诉我们，绩效管理最终归于人的管理，毕竟事情是人做出来的，人远远比别的更重要。绩效管理不是弄几张绩效考核表那么简单，而是要基于目标管理的过程，基于对人的价值创造，用文化的导向去实现企业的最大化利益。

1.2.1　价值导向

绩效管理体系的核心理念是价值导向。比如，很多企业都会将经营目标（财务指标）作为绩效管理（目标考核）的基础，这是企业存在的基本价值。如果说，不创造价值、不赚钱的企业就是一种“罪恶”，那么，没有价值导向的绩效管理就是“罪恶之源”。企业的价值来源于客户价值的满足。客户的价值来源于员工价值的满足。企业价值、客户价值、员工价值则是绩效管理价值导向的“铁三角”。

不难发现，被誉为“最好用的绩效管理工具”——平衡计分卡，其本质就是围绕企业战略目标进行价值导向管理。在财务、顾客、内部过程、学习与创新四个维度中，财务维度强调了企业价值（营业收入、利润率等）；顾客维度强调的是客户价值（员工满意度、退货率等）；内部过程维度强调企业的核心竞争力（交货及时率、生产负荷率、产品合格率、存货周转率、单位生产成本等）；学习与创新维度则关注到员工价值（培训学习要求、知识分享情况等）。另外，一些大型集团化企业可能还需要强调两种价值：股东价值（投资回报率等）和社会价值（社会责任履行情况等）。

1.2.2　效率导向

价值导向就是“把蛋糕做大”，效率导向则是“把蛋糕做好”。在“平衡积分卡”的“内部过程”维度（生产周期、成本、新产品开发速度、合格率等）中，体现的是“企业内部运营的好坏”，这就是一种管理效率导向。无论如何，企业需要从研发、销售、生产、人力资源等多种管理领域中，寻找驱动企业价值的关键因素，形成适合企业自身的结构化绩效管理模型。

另外，对员工实施绩效管理手段时，很多企业的“ABC模型”（根据评分将员工分为ABC等级）也是一种效率导向。其性质类似于通用公司前CEO杰克·韦尔奇提出的“活力曲线法”，即以“业绩-员工数量”维度构成一张正态分布图（图1-2），区分出业绩排名前20%的员工（A类）、业绩居中70%的员工（B类）、业绩排在末位10%的员工（C类）。通用公司的做法是利用这条“活力曲线”来实施“末位淘汰”。有些企业则参考“活力曲线”模型，用来分配绩效奖金或岗位调整。另外，还有一种以“绩效-潜能”维度构成的“九宫格”绩效分布图（图1-3），对企业动态实施绩效管理、人才管理有较强的指导性。这两种办法都是效率较高的绩效管理工具，HR可根据自身企业的管理情境参考实施。

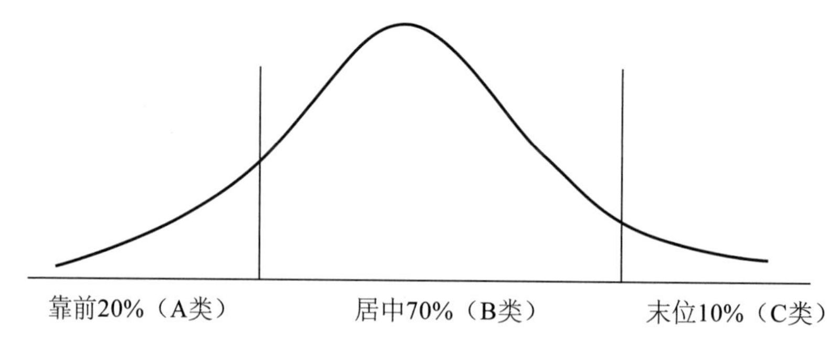

图1-2　通用公司的活力曲线示意图

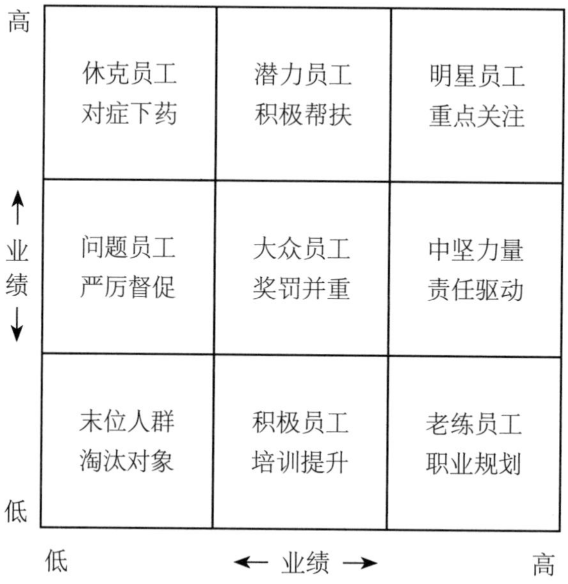

业绩（高→低）	低	←业绩→	高
高	休克员工 对症下药	潜力员工 积极帮扶	明星员工 重点关注
↑业绩↓	问题员工 严厉督促	大众员工 奖罚并重	中坚力量 责任驱动
低	末位人群 淘汰对象	积极员工 培训提升	老练员工 职业规划

图1-3　绩效潜能九宫格分布图

1.2.3　结果导向

在集体决策和个体行动时，我们容易陷入“任务”思维模式，而非“结果”思维模式。

比如在绩效考核中设置“及时交货率、招聘完成率”等考核指标，容易造成考核对象只关注是否交货，而不关注交货的合格情况；只关注招聘完成情况，而不关注招聘人才保留情况。事实的情况是，“及时交货”是任务，“合格交货”才是结果；“招聘完成”是任务，“有效保留”才是结果。只有结果才是满足客户需求和管理需求的绩效行为。

以创新著称的谷歌公司，从初创期就开始使用“目标与关键结果”（Objectivesand Key Results, OKR）考核制度。这种OKR考核制度只对“关键结果”进行测量，可以有效了解项目完成进度及实际效果。谷歌公司按层次分为个人OKR、团队OKR、公司OKR，支撑了整体绩效管理体系。可以说，谷歌公司这种OKR考核制度，将KPI体系进行了整体性“结果导向”优化。

1.2.4　责任导向

有理想的团队能走远，有利益的团队也能走远，但有责任的团队走得又快又远。在绩效管理体系中，无论是对员工、部门、管理层，在制定考核指标时，均应匹配明确的责任。像“营业收入”这种指标，在每个岗位、部门都分配一定的权重，并不是真正的责任导向做法。真正的责任，意味着是唯一的责任，是100%的责任！中国有句老话：一个和尚挑水吃，两个和尚抬水吃，三个和尚没水吃。没水吃的本质就是责任缺失问题。

在一些服务行业或政府办事机构，采用“首席问责制”的管理办法，这是一种责任导向做法。对企业来讲，这种“首席问责制”需要和流程分工结合才更有效率。当然，“权利、责任、利益”是管理三要素，仅有责任导向不可能完全奏效，还需要和利益机制协同。

1.2.5　变革导向

实际上，经营环境和管理情境在不断变化，并没有一劳永逸的绩效管理工具（如360、KPI、OKR、BSC等），也没有一成不变的经营管理模式（如SBU、BLM、OEC、阿米巴等）。1993年的三星集团，李健熙提出“除了老婆孩子，其他都要变”的变革口号成为经典名言，曾经促成了三星集团“从数量到质量”转变的绩效管理模式，使三星集团赢得了新一轮发展。在中国企业界也有过不少变革的声音，比如小米公司提倡“去KPI化”，海尔公司践行“人单合一”，华为公司提出“班长竞争”。说到底，这些都是绩效管理的创新理念，也是企业绩效变革文化的体现。无论如何，这是一个充满变化的年代。拥抱变化，我们只能如此。

1.3　绩效管理的误区

企业绩效管理效果不佳，往往是因为企业管理者、企业员工对绩效管理有着错误的认识，甚至很多绩效管理工作者也有不正确的认识。以下这些误区，是在企业管理中最应该突破的障碍，也是每一个绩效管理专员应该努力消除的阻力。

1.3.1 绩效管理与战略执行相脱节

企业在绩效管理中经常出现的一个问题是，在年底考核时，各部门的绩效目标都完成得非常好，而公司整体的绩效却完成得不好，这让很多HR百思不得其解。

其实，造成这种现象最主要的原因是绩效目标的分解存在逻辑问题，即各部门的绩效目标不是从企业的战略逐层分解得到的，而是根据各自的工作内容提出的。

换句话说，这些绩效目标来源于自下而上的申报，而不是自上而下的分解。

很多企业的绩效目标设立过程是由各部门在每年年末提出部门年度目标报公司审核，审核通过后就据此签订绩效责任书。

而部门在制定绩效考核标准时，往往提出的是本部门能做到的及当前须做的，更多的是向部门内看，而没有去关注公司的战略和整体的经营绩效。

更糟糕的是，公司在审核部门提出的目标时也没有考虑到公司的战略，而是针对部门的工作讨论部门的目标，最终导致了“战略稀释”。

绩效管理作为保证企业战略执行的有效工具，要将战略目标层层分解落实到每位员工身上，促使每位员工都为企业战略目标的实现承担相应的责任，这才是关键。

1.3.2 绩效管理是人力资源部门的事情，与其他部门无关

在企业绩效管理实践中，有很多这样的事例：企业领导对绩效管理工作很重视，人力资源部门也下了很大功夫推进绩效管理工作，但各部门领导和员工对绩效管理认识不够，总认为绩效管理是人力资源部门的事情。有的部门经理认为填写绩效考核表格会影响正常业务工作，而且作为直线领导参与下属的业绩评价会有失公正，总想由人力资源部门成立考核组来对员工进行考核。在这种思想观念影响下，某些部门，尤其是业务部门，会消极地应付绩效考核。如果公司执行力不够强，则业务部门的绩效考核往往流于形式。持这种错误观点的人不在少数，甚至许多企业的领导层也这么认为。

其实，正确的认识应该是：人力资源部门是绩效管理的组织协调部门，各级管理人员才是绩效管理的主角，各级管理人员既是绩效管理的对象（被考核者），又是其下属绩效管理的责任人（考核者）。

那么，如何改变企业内部领导与员工的这种错误认识呢？首先要进行思想灌输，使领导和员工正确认识到管理的重要性；其次是对管理者进行管理培训，尤其是绩效管理相关工具、方法和技巧方面的培训，提高管理者的能力素质，提高企业管理水平；最后，从企业文化建设入手，加强企业的执行力，只要企业决策层坚持大力推进，下属各级管理者和员工就会逐渐接受绩效管理。随着绩效管理的深入推进，各级管理者和员工都能从绩效管理中获得好处，绩效管理就会自然而然地得到各级管理者和员工的重视。

1.3.3 绩效管理就是绩效考核，绩效考核就是挑员工毛病

很多企业在推进绩效管理时，其实并没有完全理解它的概念，只片面地认为绩效管理就

是绩效考核，把绩效考核当作约束员工的手段，甚至以为绩效管理就是填表格，盲目运用考核结果来决定员工的去留和薪酬的调整。久而久之，员工认为所谓的绩效考核就是人力资源部门在挑毛病，这就会导致员工为考核而工作，进而产生许多不必要的担心与焦虑，影响正常的工作效率。这样，企业的绩效管理工作不仅没有发挥效力，反而限制了企业的发展。

其实，绩效管理和绩效考核有着明显差异：首先，是概念不同。

绩效管理是指为了达成组织的目标，通过持续开放的沟通过程，形成组织目标所预期的利益和产出，并推动团队和个人做出有利于目标达成的行为。

绩效管理是一个完整的系统，包括绩效计划、绩效实施、绩效考核和绩效反馈四个阶段。由此可见，绩效考核只是绩效管理中的一个关键环节，并不是绩效管理的全部内容。

绩效考核是一套正式的结构化制度，用来衡量、评价并影响与员工工作有关的特性、行为和结果，考察员工的实际绩效，了解员工发展的潜力，以期实现员工与组织的共同发展。

其次，绩效考核是事后考核工作结果，而绩效管理是由事前计划、事中管理、事后考核共同组成的三位一体的完整管理系统。

绩效管理是一个动态过程，它通过绩效计划而设定绩效目标，并明确达成目标时的激励。通过目标管理界定员工的行为，使员工清楚地知道付出什么样的努力即会获得什么样的结果和收获。

然而，在战略执行的过程中，目标能否达成还取决于许多因素。员工自身的努力和投入、知识和能力、工作环境、组织中的障碍、资源的缺乏等都将制约绩效目标的达成。

在管理实践中，很多管理者都下意识地认为绩效考核就是在挑员工毛病，考核的目的是惩罚、淘汰不合格的员工，升迁、奖励优秀的员工。这种想法并不完全错误，发现员工的不足，是绩效考核的一个重要目的；对员工进行上、中、下的排列，也应该有物质与精神上的体现。但是，绩效考核并不是只为奖惩员工而存在的，它为绩效管理提供支持，在考核实施过程中，重点在于发现不足，为后期的绩效改进提供参考，并非单纯地挑毛病。

在绩效考核中，管理者与员工最好的关系，应该是互助与合作的伙伴关系，考核的目的主要是为了企业与员工的双方受益、共同发展，强调企业与员工的可持续发展。通过绩效考核，员工能够正确地认识自己的优缺点，及时修正自身的发展方向，进而提升个人的发展空间。

而且，绩效考核在一定程度上体现了企业文化。合理科学的绩效考核，不仅可以优化企业的组织结构，提升企业的整体绩效，而且能在企业内部营造出一种积极向上的工作氛围，对员工和企业都会产生非常积极的影响。

1.3.4　绩效指标设置不科学

设置什么样的绩效指标是绩效考核中一个重要的，同时也是比较难以解决的问题。

在实践中，由于缺乏科学的绩效指标分解工具，有些企业绩效考核指标体系没有形成统一关联的、方向一致的绩效目标与指标链。

一方面很多企业没有从战略的角度去理解、设计考核指标体系，在考核指标设置上存在一些偏差。其中最常见的问题是指标的设立过于简单，不易进行相对客观的考核。另一方面很多企业都在追求指标体系的全面和完整，所采用的绩效指标通常既包含经营指标的完成情况，又包含工作态度、思想觉悟等一系列因素，甚至还包括安全指标、质量指标、生产指标、设备指标、政工指标等，不同专业的管理条线统统装进一套指标，可谓是做到了面面俱到。但事实上，过多的考核指标只会分散员工的关注重点，“眉毛胡子一把抓”并不能提高工作绩效。而且管理需要付出成本，面面俱到、细枝末节的衡量指标只会加大管理成本，分散管理人员和员工的注意力，更无法识别和判断个体及团队的发展潜能，而这可能恰恰是限制组织加速发展、获取竞争优势的关键所在。

此外，在如何使考核的标准尽可能明确，具有可操作性，并与绩效计划相结合等方面，很多企业考虑不周。而且作为绩效管理，应该主要抓住关键业绩指标，针对不同的员工建立个性化的考核指标，将员工的行为引向组织的目标方向。太多和太复杂的指标只能增加管理的难度及降低员工的满意度，影响对员工行为的引导作用。

1.3.5 忽视员工的参与和沟通

企业的发展战略与经营目标是制订企业绩效计划的核心参考项，决定了企业在一个绩效管理循环内的发展方向。但是很多管理层、员工甚至是绩效管理人员都认为，基层员工没有必要知道企业的宏观战略目标，所以也忽视了员工就发展战略与经营目标的参与和沟通。

其实，这种认为只有高层管理者才需要知晓组织发展战略和经营目标的看法是错误的。因为员工的绩效计划与部门、企业的绩效计划应该是协调一致的，员工、部门的绩效计划支持企业的绩效计划，所以各部门的员工都应充分了解企业的发展战略及经营目标。在制订绩效计划时，企业应该将发展战略和经营目标向所有员工进行宣传，让所有员工都清楚地了解组织的发展战略和经营目标，只有这样，员工才能深刻理解个人的绩效目标以及绩效标准，才能保证自己朝正确的方向努力。

另外，在许多企业中，员工对绩效管理制度最大的意见就是不了解，许多员工反映不知道公司的考核是怎样进行的；考核指标是如何得出的；考核结果是什么；考核结果究竟有什么用处等，至于自己在工作中存在哪些问题，而这些问题又是由什么原因造成的，应该如何改进等就更无从得知了。

同样，也有的企业员工对于建立科学的绩效管理体系的参与意识不强，认为绩效管理都是人力资源部的事，其实不然。人力资源部在绩效管理实施中主要扮演流程/程序的制定者、工作表格的提供者和咨询顾问的角色，至于决策和执行则与人力资源部无关，人力资源部也做不了这样的工作，根本推行不下去。

由于上下级员工之间绩效的有效沟通不足，导致上级与下级对实现工作目标的要求在理解上产生偏差。

绩效沟通和绩效反馈是保证工作按预期计划进行、及时纠正偏差的保障措施。

员工在实施绩效计划的过程中，通过沟通了解其执行情况，加以分析和辅导，可以预先控制导致影响绩效目标完成的因素，确保绩效目标的实现。

1.3.6　误以为承包责任制就是绩效管理

由于传统国有企业管理模式的广泛影响，很多企业误以为承包责任制就是绩效管理。

这些企业一般采取资产经营责任制或目标责任书的形式，将企业当期经营任务分解到各部门负责人，到年底对应责任书中的要求，依完成情况兑现奖罚。

这种责任制的考核形式延续了传统经营承包制的思想，是改革开放初期国有企业面临经营困难时普遍采用过的办法，现在被很多民营企业借用过来。

事实上，这种考核形式仅适用于特定的环境，例如比较适合纯利润中心（如事业部）的考核，而对其他管理部门实行这种考核，则很难真实、全面地度量各部门的实际绩效。

另外，责任制的考核一般到年底兑现奖惩，只能关注于结果，进行事后管理，忽视了对过程的管理。

而且到了年底真正考核时，由于企业各种人情关系的影响、市场内外环境变化影响，考核很容易陷入扯皮、推托、寻找借口的境地，最后导致绩效管理流于形式。

1.3.7　过于追求完美，迟迟没有行动

绩效管理实现多大的效果，受企业基础管理水平的制约，也受企业文化背景的影响。

所以企业在推动绩效管理实施的初期，要建立一种导向，培育一种执行力的文化和不讲借口的工作态度。

或许绩效考核方法、流程、绩效指标、目标值及考核奖罚比例不一定最合理或最优，但要将绩效管理的这种理念与思想，在企业中先灌输下去，在执行中调整、在接受中优化，通过几个绩效管理周期的持续改善，最后达到企业上下认同的程度。

如绩效指标目标值的确立，在企业历史数据缺乏的情况下，可以依靠企业在最近三个绩效考核期整理的数据平均值来做参考，在滚动中优化完善。同时，随着企业发展，这种绩效管理体系可能又会遇到新的挑战，又需要进行新的优化或变革——绩效管理成为一种螺旋式上升的企业动态管理体系。如果一开始设计绩效管理体系就设定过高的标准，那么在实施中就必然要大打折扣，变成了“高标准，低要求”，逐渐大家都不再真正重视绩效管理。

相反，如果一开始设定一个合适的努力目标，本着“先有，后好”的原则在执行中不断完善，那么就可以在“低标准，高要求”的框架下扎扎实实，一步一个脚印地提高企业的管理水平。

绩效管理是动态的，只重视于当前绩效管理的得失，而不去建立这种绩效管理持续改善的理念，这是我国企业管理思想普遍存在的短板。

1.3.8　盲目追求绩效管理的时髦理论

近些年，一些绩效管理理念被引入企业中，如360度考核、战略绩效BSC、打分强制分

布法、末位排序法等。每一种管理理论都有其适应的企业环境与背景，先进的绩效管理理念的思想可以吸收。但企业特点不同，所处发展阶段不同，本身文化特点不同，需要在借鉴吸收的基础上，结合企业自身情况，建立有企业自己特点的绩效管理体系；反之，盲目追求这些时髦的绩效管理理念，反而会弄巧成拙。

如当前很多企业在推行360度考核，采取直接上级、相关部门、自我评价、直接下级参与，设置任务绩效、周边绩效、管理绩效、能力、素质、态度等指标，全方位、全面的考核管理，看似全面、客观的评价一个人的绩效贡献，可实际上到考核时大家碍于相互的情面，“你好我好大家好”，尽管设置了明确的打分细则与判断标准，最后的打分仍然流于形式。

这种绩效管理方法实施几个考核周期后，大家都心照不宣，考核时做做样子，根本起不到绩效导向的作用，最终导致大家对绩效管理也渐渐失去了信心。

尽管本身这种绩效理念没有错，但绩效管理是企业人来执行的，这就特别需要考虑这种理念的可控性、操作成本、操作难度，以及企业文化的影响。

由于绩效管理和考核办法过于复杂、操作难度大、数据获取成本过高，最终绩效管理成效不佳甚至导致失败的现象在企业不乏先例。

Chapter

2

第 2 章

绩效管理整体规划

2.1 价值分配、价值评价与创造价值的关系

要对企业的绩效管理进行规划，首先要明白价值分配、价值评价与创造价值的关系。

2.1.1 价值分配

价值分配是按一定的“规则”将工人生产的产品在社会成员间进行配置的过程。价值分配要回答的问题有：价值归属、分配“规则”以及价值分配实现手段。

激励员工的价值分配的关键是薪酬体系的设计，以及个人成功价值的体验等。人力资源行业的核心业务是人力派遣业务，它强调的是人才的引进、利用和开发。

2.1.2 价值评价

企业有了利润就要分配，分配的前提是要有客观公正的评价。价值评价要客观公正，就必须坚持“以结果为导向”，因而企业必须建立一个全面立体的评价体系，可以概括为：什么样的员工（任职资格）在什么样的职位（职位评估）创造出了什么样的业绩（绩效评价）。

2.1.3 价值创造

价值创造要回答的问题包括：价值实体是什么、谁创造了价值、创造了多少价值。创造价值必须坚持“以客户为中心”。以客户为中心，就是要全力为客户创造价值，真正地成就客户。为客户创造了价值，我们才会有绩效，公司才会有利润。

2.1.4 三者的关系

价值评价是价值分配的前提，价值评价做好了，有了客观公正的评价，价值分配才会更加科学合理。价值分配合理了，不会让员工“不患寡而患不均”，员工就充满了动力，然后就会充满激情地去创造更大的价值。

华为“以奋斗者为本”的机制：价值创造、价值评价与价值分配

价值评价是价值分配的前提，价值评价做好了，有了客观公正的评价，价值分配才会更加科学合理。价值分配合理了，不会让员工“不患寡而患不均”，员工就充满了动力，然后就会充满激情地去创造更大的价值。这就是华为公司的整个价值链管理体系的逻辑关系。

一、华为价值链管理的内容

华为价值链管理，包含三个部分的内容，如下所示。

以客户为中心的价值创造
以结果为导向的价值评价
以奋斗者为本的价值分配

创造价值必须坚持“以客户为中心”。以客户为中心，就是要全力为客户创造价值，真正地成就客户。为客户创造了价值，我们才会有绩效，公司才会有利润。

公司有了利润就要分钱，分钱的前提就要有客观公正的评价。价值评价要客观公正，就必须坚持“以结果为导向”。华为的价值评价，是一个全面立体的评价体系，可以概括为：什么样的员工（任职资格）在什么样的职位（职位评估）创造出了什么样的业绩（绩效评价）。

有了客观公正的价值评价，就可以进行科学合理的分配。价值分配要科学合理，就必须坚持“以奋斗者为本”。价值分配只有坚持了以奋斗者为本，才会促进更多的奋斗者涌现出来，并积极投入价值创造中去。

华为通过这样的价值链管理体制，促进了价值链的正向循环，促进了企业的不断发展。

二、华为的价值创造

价值创造，在工作中就是做绩效管理。绩效管理包含以下三个层面。

公司战略目标管理
组织绩效管理
员工绩效管理

在这里我们首先要弄清楚，什么是“绩效管理”？“绩效管理”与“绩效考核”有本质上的区别，绩效考核是一个管理动作，主要目的是对部门和个人进行考核及分类；目前大多数企业都只是在做“绩效考核”；而绩效管理是一个管理过程，主要目的是聚集全员力量达成公司战略目标，实现个人与组织共同成长。

绩效考核聚焦于价值分配，把绩效工资和奖金的合理分配作为工作目标，完不成目标，“绩效工资”就打折，把绩效考核作为一种“负向激励”的手段。而绩效管理则聚焦于价值创造，把达成公司战略目标和个人成长作为工作目标，始终牵引员工挑战卓越目标，把绩效管理作为一种“正向激励”的管理方法。

华为绩效管理的根本目的是引导和激励员工贡献于组织的战略目标，最终实现个人和组织的共同成长。

我们要求各级部门主管在做绩效管理的时候，绩效目标制定和绩效辅导与执行要花90%以上的精力，聚焦实现组织目标，这才能叫绩效管理。

那么怎样才能把绩效管理落地，应用到工作中？

要做好绩效管理，主管必须把绩效管理与日常管理工作结合起来，要做到“三个平时”，即沟通在平时、记录在平时、评价在平时。要真正做好绩效管理，还要坚持“双向沟通、激发潜能”的原则。

三、华为的价值评价

华为任职资格体系是20世纪90年代从英国引进的，先是在“秘书体系”进行试点，然后再逐步推开。当时也是为了解决分钱的问题，因为要对不同的级别定工资，那时还没引进职位评估的方法。

但事实证明，任职资格是一个比较大的“坑”，华为“刨了好几年才从坑里爬出来”。在任职资格标准优化之前，要制定任职资格标准，首先分职位族，然后分职位大类、职位小类，接着还要分级别。每个级别的任职资格标准的分界线非常难定，华为花了大量的人力、财力做了这个事，但后来发现这种标准定得毫无意义。

为什么？因为员工的任职资格或能力最终还要通过绩效来证明和体现，实际认证的时候还是看绩效贡献。最后，华为回归了以绩效贡献为主体的任职资格标准体系，这才算是“从坑里爬了出来”。

后来华为从HAY公司引进职位评估体系后，任职资格体系和职位职级体系两个体系经常“吵架”，吵着吵着就达成了一致：以任职资格为前提，先进行任职资格评定，然后职位的HAY等级自动跟上，以这样的一种方式完成了融合和拉通。有了HAY等级，就有了相对科学的薪酬标准体系，就有了“以岗定级，以级定薪，人岗匹配，易岗易薪”的薪酬管理16字方针。

四、华为的价值分配

华为员工的绩效结果，在整个分配体系中是强烈应用的。

员工的考核等级为A之后有任职或晋升的快速通道，有非常高的奖金和股票的分配比例，而考核等级为C和D的员工，不仅当年一分钱奖金没有，还会影响第二年的任职和职位的晋升。

这种分配的导向就是“给火车头加满油”“合理拉开差距”。

这个机制就是围绕着“以奋斗者为本”的价值观来进行设计的。

通过这种分配方式，就可以让优秀的员工能够得到更多的回报，让他们跑得更快，带着团队往前冲，可以促进更多考核等级为B+和B的员工朝考核等级A去努力，也促进了后5%的员工主动离开公司。

关于内部退休制度：华为的干部是公司跑得最快的，冲在最前面的人，压力是最大的。干部想要懈怠很难，因为严格的考核赛马机制，谁跑得慢了，谁就要下岗，但是如果有人年纪大了，确实干不动了，怎么办呢？只要他们年满45周岁，在华为工作满8年，就可以申请内部退休，退休后按照员工的职级保留一定的股份，然后可以回家休息了，华为通过内部退休制度，促进了主观或客观上无法继续奋斗的干部主动把位置让出来，让更有冲劲的年轻人上，从而在根本上保证了干部队伍的战斗力和纯洁性。

2.2 企业战略与绩效管理的关系

企业要保持持续发展和长久的竞争优势，不仅要制定有效的战略，更重要的是确保战略的顺利实施，最终实现战略目标。而企业绩效管理系统是促使企业战略落地的一个重要方法和工具。

2.2.1 何谓企业战略

企业战略是对企业各种战略的统称，其中既包括竞争战略，也包括营销战略、发展战略、品牌战略、融资战略、技术开发战略、人才开发战略、资源开发战略等。

企业战略是指企业根据环境变化，依据本身资源和实力选择适合的经营领域和产品，形成自己的核心竞争力，并通过差异化在竞争中取胜。

企业战略的构成要素有如下。

2.2.1.1 经营范围

经营范围是指企业从事生产经营活动的领域。它是企业所处的行业，自己的产品和市场等所涉及的生产经营范围，反映企业目前与其外部环境相互作用的程度，也反映企业计划与外部环境发生作用的要求。

2.2.1.2 资源配置

资源是企业从事生产经营活动的基础，包括实物资源、货币资源、人力资源、技术专利、商标信誉等。资源配置是指企业过去和目前资源及技能配置所达到的水平与模式。资源配置的好坏会极大地影响企业实现自己目标的程度。因此，资源配置又作为企业的特殊能力。资源配置的目的，是要通过适当使用资源，来形成特殊技能，以便更好地开展生产经营活动；反之，如果企业资源配置不当，就会影响企业的经营能力，影响企业的生产和发展。

2.2.1.3 竞争优势

竞争优势是指企业通过其资源配置的模式与经营范围的决策，在市场上形成的与其竞争对手不同的竞争地位。竞争优势既可以来自企业在产品和市场上的地位，也可以来自企业对特殊资源的正确运用。一般来说，产品和市场的定位对于企业总体战略来讲相当重要，而资源配置则为经营战略起着十分重要的作用。

2.2.1.4 协同作用

在制定战略时，企业力求利用已有的设备、专利、生产技术、销售网络、商标等，进行合理组合，以形成相互协同作用。即要实现各经营单位1之间的优势互补，达到1+1≥2的整体效应。即企业总体资源所带来的总收益，要大于各部分资源收益之和。一般来讲，企业的协同可分为内部协同和外部协同，内部协同主要是指以下几项。

（1）投资协同：即共同进行研究开发、共同出资开发新领域等。

（2）共享资源：如共同利用人员与设备。

（3）销售协同：共同利用现有销售网络。

（4）管理协同：共同利用先进管理方法和经验。

2.2.2 企业战略是绩效管理工作的重要依据

企业在战略管理过程中，要根据对企业外部环境和内部资源与能力条件的分析，规划出企业在未来一定时期所要实现的战略目标，以及为实现这些战略目标而应采取的路线、方针政策等内容。企业战略规定了企业未来发展的方向和目标，成为企业一切管理活动的根本输入，当然也成为企业绩效管理工作的重要依据。

企业战略作为绩效管理工作的依据体现在，绩效管理中绩效目标体系的确立要以企业战略作为基本依据。在企业所要构建的绩效管理系统中，如果从系统流程这个角度来看，首先就是要制订绩效计划，其中的核心问题是确立绩效目标，包括整个企业的绩效目标，以及企业内各部门、项目的绩效目标和各部门内每个岗位（员工）的绩效目标，从而构成企业的绩效目标体系。绩效目标体系是企业绩效管理中的核心内容，它决定了通过绩效管理的实施所要达到的目的，必须要与整个企业的战略方向一致，要根据企业的战略目标来制定。企业战略对绩效目标体系的决定作用如图2-1所示。

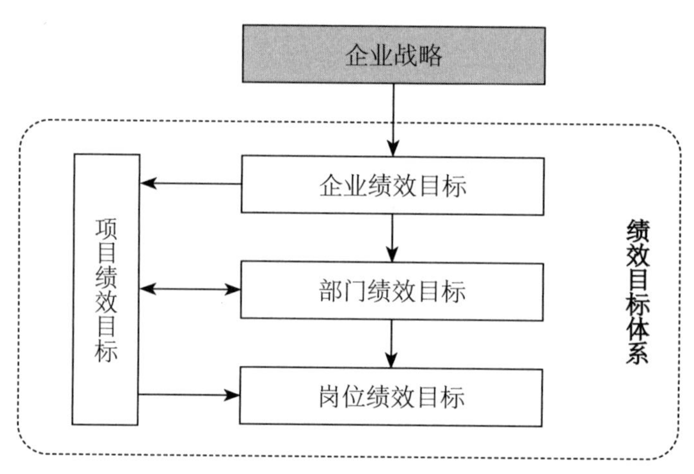

图2-1 企业战略对绩效目标体系的决定作用

以战略作为基本依据，就明确了企业绩效管理系统的目标与方向。如果绩效目标体系不是依据战略而制定的，虽然也能够构建绩效管理系统，但无法通过绩效管理将整个组织活动统一到企业战略目标中来，也就无法促成企业战略目标的达成，因此，不依据企业战略而建立起来的绩效管理系统无法发挥真正的作用。

2.2.3 绩效管理系统是实现企业战略的重要工具

在企业战略管理过程中，不仅要制定有效的战略，而且要成功地实施这些战略。在当今复杂多变的经营环境中，企业要制定有效的战略绝非易事，而要成功地实施这些战略难度就更大了。战略实施则要将战略转化成各部门、团队及个人都清楚的具体工作，并成为日常工作的重点，因此更为困难和关键。

企业战略的实现，即实现从制定有效的战略到成功地实施这些战略的转换，需要借助科学的方法和工具。绩效管理系统是在实现企业战略过程中可以借助的一种重要支持手段或工具，利用它可以在很大程度上消除上述的“沟通鸿沟”。在一个企业中，高层管理人员在战略的制定和实施过程中发挥重要的作用，但无论高层管理人员个人素质有多高或者工作有多卖力，他们都不可能依靠自己单独的力量来进行战略实施，在战略实施过程中其他层次管理人员和员工都发挥着重要的作用。这就需要把战略目标进行逐层分解，每个层次的目标就是企业战略目标的细分，从而使各部门或团队及员工都具体理解自己对企业战略所承担的责任。绩效管理系统的核心就是帮助企业通过对战略进行解码，层层分解，最终确定为了达成企业的战略目标，各个部门、团队及个人应该完成的目标，监控并促成各部门或团队及职位（员工）的具体工作按预定的目标进行。通过提高部门及团队绩效、员工绩效来提高企业整体绩效，最终实现企业战略目标，使员工与企业同步发展。

正是基于企业战略和企业绩效管理之间的关系，要使企业战略目标能有效实施、落地，必须配套建设企业绩效管理系统，通过企业绩效管理系统，促使战略目标层层解码，最终形成公司、各部门及团队、个人的绩效目标，通过对三个层次的绩效目标进行有效设定、跟踪等管理，确保企业的战略目标的最终达成。

2.2.4　战略人力资源体系支撑战略目标

战略性人力资源管理体系是指企业为了实现组织战略目标而构建的人力资源管理体系。其核心是企业依据总体发展战略确定人力资源战略、组织战略并进行组织变革、构建符合战略目标的组织体系，依据组织架构进行职位设计，建立职位族体系和支持企业战略的员工胜任力素质模型、领导力开发模型，依据素质模型进行战略性人员配置和员工能力建设与开发。通过制定战略性的绩效管理体系来保证企业绩效目标的实现和人力资源价值的评价，通过战略性薪酬管理体系来实现人力资源价值的分享。

战略性人力资源管理是通过人力资源规划、人力资源政策的制定及人力资源管理的实施来达到获得竞争优势的人力资源配置目的，使人力资源与组织战略相匹配，把人力资源管理提升到战略地位，将人与组织联系起来，通过人力资源管理活动实现组织目标。

2.3　绩效管理的战略地位

2.3.1　什么是绩效管理

绩效是指对应职位的工作职责指导所达到的阶段性结果及其过程中可评价的行为表现。

绩效管理是一个不断进行的业务循环管理过程，即首先明确企业要做什么（目标和计划），然后找到衡量工作做得好坏的指标与标准进行监测（构建指标与标准体系并进行监测），通过管理者与被管理者的互动沟通，将目标责任层层传递（辅导、沟通），发现做得好的（绩效考核），进行奖励（激励机制），使其继续保持，或者做得更好，能够完成更高的目标。更为重要的是，发现不好的地方（经营检讨），通过分析找到问题所在，进行改正（绩效改进），使得工作做得更好。这个过程就是绩效管理过程。

2.3.2 绩效管理的三个层面

绩效管理是一个系统的工程，管理专家们通常将企业的绩效管理分为三个层面：组织绩效、流程绩效和个人绩效，如表2-1所示。

表2-1 绩效管理的三个层面

层面		说明
第一个层面	组织绩效	组织绩效是指企业在某一时期内组织任务完成的数量、质量、效率及盈利情况，组织绩效的评价需要选用一定的指标，指标通常使用数量、质量、时间和成本这样一些词汇来描述。例如，成本下降10%、年销售环比增长20%、利润率提升20%、市场占有率比上一年度提高15%等
第二个层面	流程绩效	流程是指工作事项的活动流向顺序，包括实际工作过程中的工作环节、步骤和程序。流程绩效管理的目的是具体通过建立科学合理的指标体系，监控流程绩效，运用分析方法，展现业务出现问题的根本原因，并在以后的工作中实施改进。实施流程绩效管理需要企业建立一整套的管理制度，包括保证基础数据及时性和准确性的日清日结管理制度，各种例会的程序和决策制度，拟制、审核、分发、反馈各种信息、报表、报告的制度
第三个层面	个人绩效	员工个人绩效是指员工工作职责所达到的阶段性结果及其过程中可评价的行为表现，个人绩效管理的目的是促使员工努力工作以达到其工作岗位的要求，内容一般包括员工绩效计划、绩效指导、绩效评估、结果运用（培训和发展、激励）等

绩效管理的重要工作之一就是将企业的战略目标逐级分解到部门、流程和个人，当每一个级别和每一个层面的绩效管理工作形成一个有机的整体时，整个企业就会有良好的绩效表现。

2.3.3 绩效管理是人力资源管理的核心

人力资源管理系统是由人力资源规划、企业使命与文化、绩效评估、培训开发、薪酬激励与认可等一系列要素形成的有机整体，如图2-2所示。

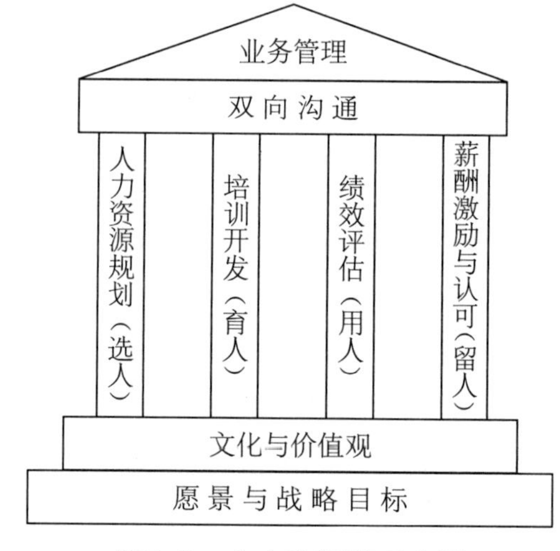

图2-2 人力资源管理大厦

根据图2-2，我们可以得出人力资源管理大厦的整个框架。

（1）愿景与战略目标是人力资源管理大厦的基石，它为企业绩效管理系统提供了根基。

（2）文化与价值观是人力资源管理大厦的平台，也是企业绩效管理系统运作方针原则的导向。

（3）人力资源规划、培训开发、绩效评估、薪酬激励与认可等是人力资源管理大厦的几大支柱，同时也是企业绩效管理系统的支持系统。

（4）企业中的双向沟通作为“横梁”，构成了人力资源管理大厦各个支柱的连接，同时也是绩效管理系统中有力的调节剂和催化剂。

（5）上述基石、平台、支柱、横梁的有效结合共同支持着企业创造持续的优良绩效。

企业的人力资源管理是一个有机的系统，在这个系统中各个环节紧密相连。绩效管理在这个系统中占据核心的地位，起到重要的作用，如图2-3所示。

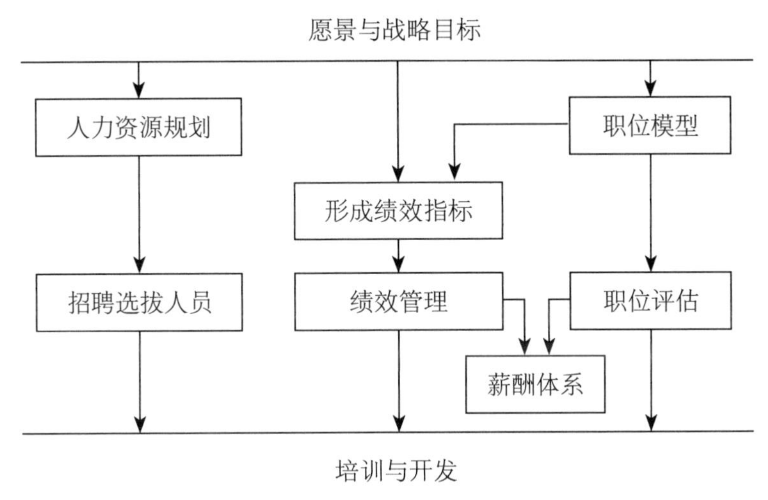

图2-3　绩效管理在人力资源管理系统中的核心地位

在绩效管理系统中，绩效评估是整个系统的中介与核心环节，而且，通过有效的绩效评估，推动人力资源管理不同组成部分的一体化，并使它们与企业战略目标紧密地结合起来，如图2-4所示。

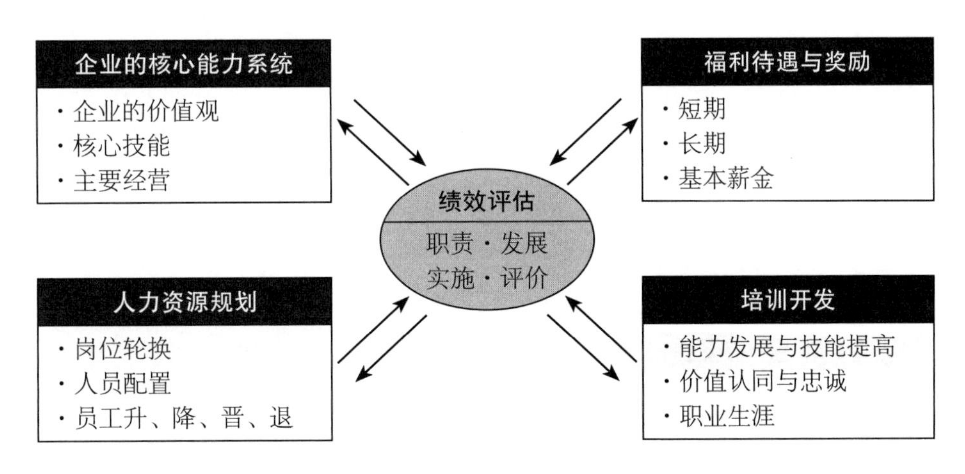

图2-4　绩效评估推动人力资源管理的一体化

2.4 绩效管理体系的组成

绩效管理体系是一套有机整合的流程和系统，专注于建立、收集、处理和监控绩效数据。良好的绩效管理体系既能增强企业的决策能力，又能通过一系列综合平衡的测量指标来帮助企业实现策略目标和经营计划。

绩效管理体系的构建应围绕企业战略定位和战略目标，将经营压力自上而下传递，使各个层级的员工都积极行动起来，不断提升和改善绩效，形成企业核心的竞争优势，切实推进企业战略目标的实现。具体包括以下几个方面。

（1）明确、强化各级组织、各个岗位的绩效管理职责、流程和责任。

（2）明确各级（包括组织和岗位）的绩效目标，保证内部组织、岗位员工的价值取向及行动与企业的战略目标相一致，提高企业整体的运作能力。

（3）保证各级组织、各个岗位战略目标与年度经营目标的完成。

（4）为人力资源管理与开发等提供依据。

基于以上分析，绩效管理体系通常须由图2-5所示几个部分组成。

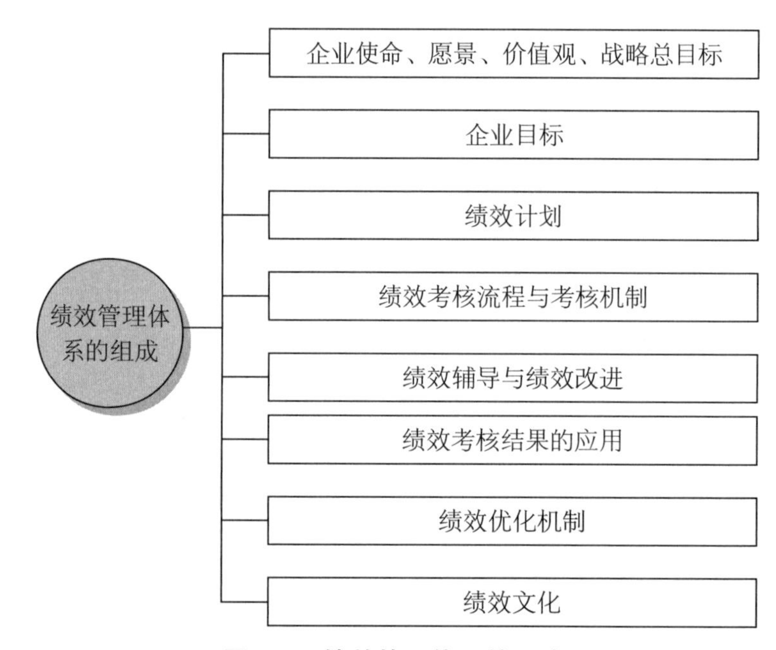

图2-5 绩效管理体系的组成

2.5 绩效管理流程构建

绩效管理是一个完整的流程，应该包括绩效计划、绩效实施、绩效评估、绩效反馈和绩效改进五个步骤。因此被称为五步运作图，如图2-6所示。

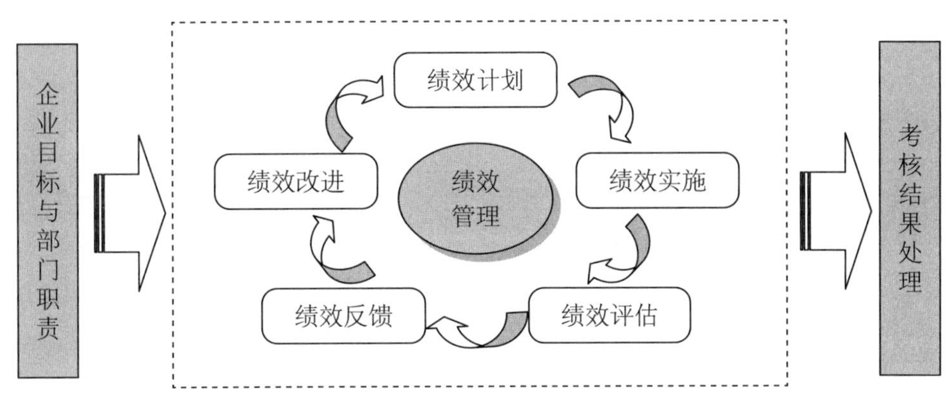

图2-6　五步运作图

2.5.1　绩效计划

2.5.1.1　绩效计划制订的原则

绩效计划制订应遵循图2-7所示原则。

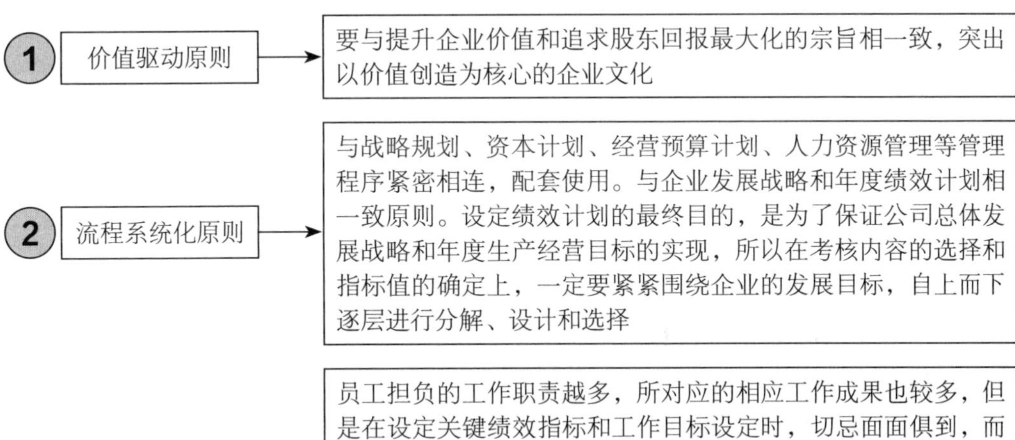

图2-7

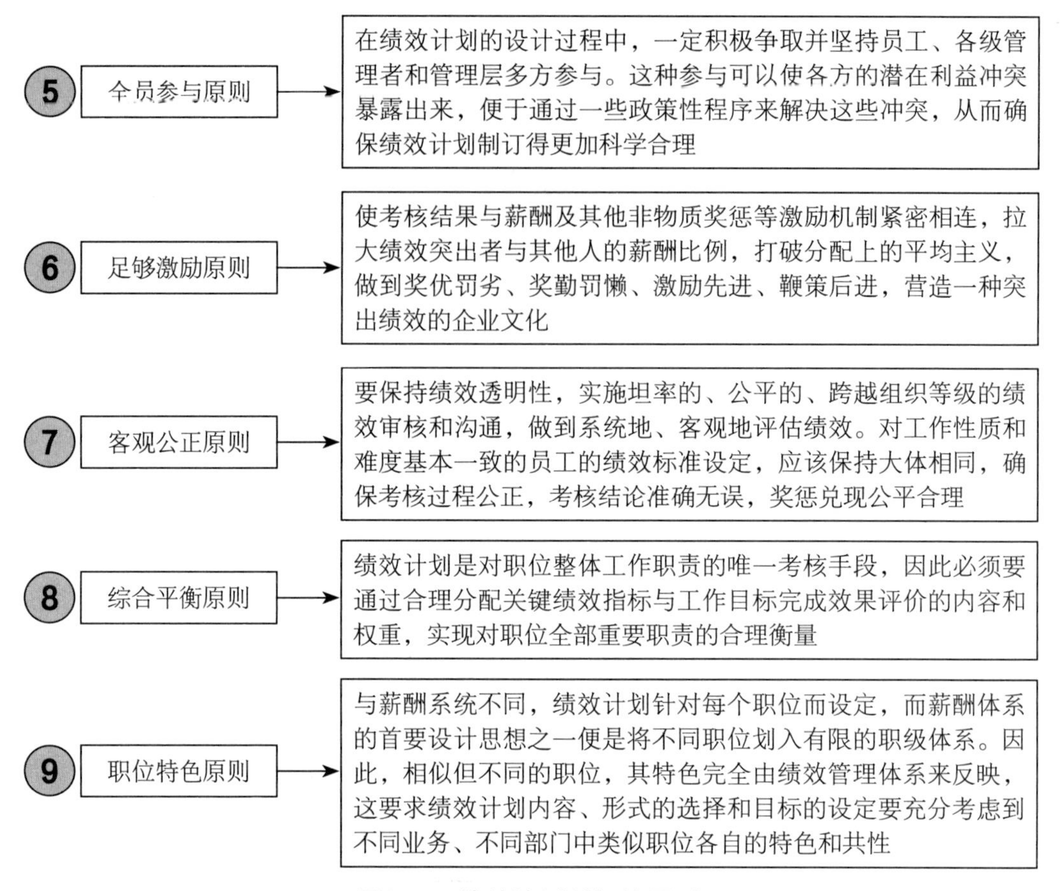

图2-7 绩效计划制订的原则

2.5.1.2 绩效计划的层次划分

绩效计划按责任主体分为公司绩效计划、部门绩效计划以及个人绩效计划三个层次。一般来讲，公司绩效计划会分解为部门绩效计划，部门绩效计划会分解为个人绩效计划；一个部门所有员工个人绩效计划的完成支持部门绩效计划的完成，所有部门绩效计划的协调完成支持公司整体绩效计划的完成。

【案例01】

某企业营销中心年度绩效计划

1. 营销中心 20×× 年度绩效计划表

考核指标	指标定义	权重/%	目标	实绩	计算规则	数据来源	得分
销售业绩达成金额	P=实绩销售额/目标销售额（开票）	25	100%		得分=实际/目标×权重	财务中心	

续表

考核指标	指标定义	权重/%	目标	实绩	计算规则	数据来源	得分
销售毛利率（国际）	对销售的综合毛利率进行考核 实绩=（销售收入－成本）/销售收入	15	19%		得分=实际/目标×权重	财务中心	
销售毛利率（国内）		15	30%				
成品库存金额（总）	对国际、国内成品库存总额进行考核	25	7000		得分=目标/实际×权重	财务中心	
应收账款周转天数	对国际营销中心应收账款周转天数进行考核	7.5	69		得分=目标/实际×权重	财务中心	
	对国内营销中心应收账款周转天数进行考核	7.5	99		得分=目标/实际×权重	财务中心	
预算费用差异率（累计）	本中心每月所发生费用与既定预算的偏差率，由财务中心负责解释 实绩=（每月累计预算金额－每月累计实绩金额）/每月累计预算金额	5	不超预算		范围内满分，超出范围0分	财务中心	
合计							

2. 营销中心——国际销售 20×× 年度绩效计划表

考核指标	指标定义	权重/%	目标	实绩	计算规则	数据来源	得分
销售业绩达成金额	*P*=实绩销售额/目标销售额（开票）	30	100%		得分=实际/目标×权重	财务中心	
销售毛利率	对国际销售的综合毛利率进行考核 实绩=（销售收入－成本）/销售收入	30	19%		得分=实际/目标×权重	财务中心	
成品库存金额（总）	对国际成品库存总额进行考核	20	4200		得分=目标/实际×权重	财务中心	
应收账款周转天数	对国际营销中心应收账款周转天数进行考核	15	69		得分=目标/实际×权重	财务中心	
预算费用差异率（累计）	本中心每月所发生费用与既定预算的偏差率，由财务中心负责解释 实绩=（每月累计预算金额－每月累计实绩金额）/每月累计预算金额	5	不超预算		范围内满分，超出范围0分	财务中心	
合计							

3. 营销中心——国内销售20××年度绩效计划表

考核指标	指标定义	权重/%	目标	实绩	计算规则	数据来源	得分
销售业绩达成金额	P=实绩销售额/目标销售额（开票）	30	100%		得分=实际/目标×权重	财务中心	
销售毛利率	对国内销售的综合毛利率进行考核 实绩=（销售收入–成本）/销售收入	30	30%		得分=实际/目标×权重	财务中心	
成品库存金额（总）	对国内成品库存总额进行考核	20	1800		得分=目标/实际×权重	财务中心	
应收账款周转天数	对国际营销中心应收账款周转天数进行考核	15	99		得分=目标/实际×权重	财务中心	
预算费用差异率（累计）	本部门每月所发生费用与既定预算的偏差率，由财务中心负责解释 实绩=（每月累计预算金额–每月累计实绩金额）/每月累计预算金额	5	不超预算		预算内满分，超出预算0分	财务中心	
合计							

【案例02】

某企业研发中心年度绩效计划

1. 研发品质中心——品标部20××年度绩效计划表

考核指标	定义及公式	权重/%	目标	实绩	考核评分标准	数据来源	得分
外购成品客户投诉	对由于成品采购造成的质量投诉进行考核	30	1		N=实绩/目标×100%×权重	营销中心	
样品检测及时性	对样品部送检样品检测的及时性进行考核	30	98%		N=实绩/目标×100%×权重	样品部/统计表	
检测报告的及时和准确性	对出具检测报告的及时性和准确性进行考核	20	98%		N=实绩/目标×100%×权重	统计表	
量具校验及时和准确性	对计量器具周期校对的及时性和准确性进行考核	20	98%		N=实绩/目标×100%×权重	统计表	
合计							

2. 研发品质中心——研技部 20×× 年度绩效计划表

考核指标	定义及公式	权重/%	目标	实绩	考核评分标准	数据来源	得分
新产品开发项目及时完成率	对研技部新产品开发项目及时完成率进行考核 P=及时完成数/计划完成数	40	100%		得分=实际/目标×权重	研技部	
新品销售占比	对新品销售占比进行考核 新品：新立项的产品，保留3个自然年 P=新品销售额/当月总销售额	20	15%		得分=实际/目标×权重（130%封顶）	财务中心	
图纸差错次数	对从研技部发送出去的图纸设计差错次数进行考核，包括纸质图纸、上传至系统内的图纸等	20	0		未造成损失次数每月超过5次每次扣3分；造成损失在1000元以内每次扣5分；造成损失在10000元以内每次扣10分；造成损失超过10000元此项不得分	质保部	
BOM差错次数	对研技部BOM差错次数进行考核	15	0		差错一次扣3分	计划中心	
预算费用差异率（累计）	本中心每月所发生费用与既定预算的偏差率，由财务中心负责解释 实绩=（每月累计预算金额-每月累计实绩金额）/每月累计预算金额	5	不超预算		范围内满分，超出范围0分	财务中心	
合计							

3. 研发品质中心——质保部 20×× 年度绩效计划表

考核指标	定义	权重/%	目标	实绩	考核评分标准	数据来源	得分
总装上线合格率	对精工、零配件产品流入总装上线的品质进行考核，上线装配后发现不合格的，以《不合格品处置联络单》为依据。 P=合格批次数/总上线批次数×100%	25	98%		N=实绩/目标×权重	总装/品质部	
报废率	报废重量/（入库重量+报废重量）×100%	15	≤5%		N=目标/实绩×100%（130封顶）	财务	
客户验货合格率	针对客户验货的情况进行考核 P=合格批次数/客户验货批次数×100%	20	98%		N=实绩/目标×权重	品质部	

续表

考核指标	定义	权重/%	目标	实绩	考核评分标准	数据来源	得分
客户投诉次数	对发生在考核期内的客户有效投诉的总次数进行考核	20	5		N=目标/实绩×权重	品质部	
索赔金额占产值比	当月客户索赔金额占产值比	20	0.1%		N=目标/实绩×100%（130封顶）	营销中心	
合计							

【案例03】

某企业供应链中心年度绩效计划

1. 供应链中心20××年度绩效计划表

考核指标	指标定义	权重/%	目标/%	实绩	计算规则	数据来源	得分
外购成品准交率	指依照《订单评审表》所约定的当月准时交货率（准时交货：《入库单》的时间为标准，因销售申请延迟的按照延迟后的时间计，申请提前的按照原计划时间计。跨月不累计，由营销部解释） 实绩=当月准交订单票数/当月应交货订单总票数×100%	25	90		得分=实际/目标×权重	财务中心	
铜棒准交率	（1）按PMC部制定的交货排程系统入库时间考核 （2）按批次数考核	25	92		得分=实际/目标×权重	PMC部	
毛坯准交率	（1）按PMC部制定的交货排程系统入库时间考核 （2）按批次数考核	25	92		得分=实际/目标×权重	PMC部	
采购降低成本计划达成率	本中心制订采购降低成本计划报总经理签批后至企管中心备案 实绩=实际降低成本完成数/计划降低成本数	20	100		得分=实际/目标×权重	总经办/企管	
预算偏差差异率（累计）	本中心每月所发生费用与既定预算的偏差率，由财务中心负责解释 实绩=（每月累计预算金额−每月累计实绩金额）/每月累计预算金额	5	不超预算		预算内满分，超出预算0分	财务中心	
合计							

2. 供应链中心——战略成品部 20×× 年度绩效计划表

考核指标	指标定义	权重/%	目标	实绩	计算规则	数据来源	得分
外购成品准交率	指依照《订单评审表》所约定的当月准时交货率（准时交货：《入库单》的时间为标准，因销售申请延迟的按照延迟后的时间计，申请提前的按照原计划时间计。跨月不累计，由营销部解释） 实绩=当月准交订单票数/当月应交货订单总票数×100%	35	90%		得分=实际/目标×权重	营销中心	
外协客诉次数	对发生在考核期内的客户有效投诉的总次数进行考核	20	1		超过目标1次扣5分	品质部	
毛利率	对成品采购销售的毛利率进行考核	20	10%		N=实际/目标×权重	财务中心	
采购降低成本计划达成率	本中心制订采购降低成本计划报总经理签批后至企管中心备案 实绩=实际降低成本完成数/计划降低成本数	15	100%		得分=实际/目标×权重	总经办/企管	
预算费用差异率（累计）	本中心每月所发生费用与既定预算的偏差率，由财务中心负责解释 实绩=（每月累计预算金额-每月累计实绩金额）/每月累计预算金额	10	不超预算		范围内满分，超出范围0分	财务中心	
合计							

3. 供应链中心——采购部 20×× 年度绩效计划表

考核指标	指标定义	权重/%	目标/%	实绩	计算规则	数据来源	得分
铜棒准交率	按PMC部制定的交货排程系统入库时间考核、按批次数考核	25	92		得分=实际/目标×权重	PMC部	
毛坯准交率	按PMC部制定的交货排程系统入库时间考核、按批次数考核	25	92		得分=实际/目标×权重	PMC部	
配件交付率	按PMC部制定的交货排程系统入库时间考核、按批次数考核	20	95		得分=实际/目标×权重	PMC部	
采购降低成本计划达成率	本中心制订采购降低成本计划报总经理签批后至企管中心备案 实绩=实际降低成本完成数/计划降低成本数	20	100		得分=实际/目标×权重	总经办/企管	
预算费用差异率（累计）	本中心每月所发生费用与既定预算的偏差率，由财务中心负责解释 实绩=（每月累计预算金额-每月累计实绩金额）/每月累计预算金额	10	不超预算		范围内满分，超出范围0分	财务中心	
合计							

【案例04】▸▸▸

某企业制造中心年度绩效计划

1. 制造中心20××年度绩效计划表

考核指标	指标定义	权重/%	目标	实绩	计算规则	数据来源	得分
产值达成率	实绩=实际入库产值金额/目标产值金额×100% 若当月接单小于目标接单，则按接单目标的完成情况进行考核	20	100%		得分=实际/目标×权重	财务中心	
订单准交率	依照《订单评审表》所约定的当月准时交货率（准时交货：以生产部的《生产入库单》的时间为标准，因销售申请延迟的按照延迟后的时间计，申请提前的按照原计划时间计。跨月不累计，由营销部解释） 计算公式：当月准交订单票数/当月应交货订单总票数×100%	25	90%		得分=实际/目标×权重	营销中心	
库存周转天数	考核生产系统的库存周转天数（按财务口径统计）	15	62		得分=目标/实际×权重	财务中心	
客诉次数	公司原因，客户以正式书面投诉单为依据	10	5		得分=目标/实际×权重	品质部	
成品客验合格率（自制）	针对客户验货的情况进行考核 P=合格批次数/客户验货批次数×100%	15	98.5%		得分=实际/目标×权重	品质部	
安全事故次数	事故界定 （1）经伤残鉴定评级 （2）医疗费用10000元以上	10	1		超过1次不得分	企管中心	
预算费用差异率（累计）	本中心每月所发生费用与既定预算的偏差率，由财务中心负责解释 实绩=（每月累计预算金额－每月累计实绩金额）/每月累计预算金额	5	100%		范围内满分，超出范围0分	财务中心	
合计							

2. 制造中心——PMC 部 20×× 年度绩效计划表

考核指标	指标定义	权重/%	目标	实绩	计算规则	数据来源	得分
订单履约率	对国际和国内事业部的订单履约情况进行考核 P=按时入库票数/订单总数×100% 以评审的日期为界定	30	90.0%		N=实际/目标×权重	营销中心	
库存周转天数	对自制类产品周转天数进行考核	20	62		N=目标/实绩×权重	财务中心	
组装上线齐套率	对当天总装上线的计划生产数量订单是否齐套进行考核，齐套概念如下 ①按当日需上线成品总数量进行统计 ②一款产品，所有配件均配齐算齐套，包括数量、质量、交期的符合 ③每日统计数据 P=月实际配送数量/月计划配送数量×100%	15	95.0%		N=实际/目标×权重	总装车间	
产值达成率	P=实际入库产值金额/目标产值金额×100% 若当月接单小于目标接单，则按接单目标的完成情况进行考核	10	100%		N=实际/目标×权重	财务中心	
账卡物相符率	对国际事业部所有仓库的账卡物进行考核	10	100%		N=实际/目标×权重	财务中心	
安全事故次数	事故界定 （1）经伤残鉴定评级 （2）医疗费用10000元以上	10	0次		发生一次，扣10分	企管中心	
预算费用差异率（累计）	本中心每月所发生费用与既定预算的偏差率，由财务中心负责解释 实绩=（每月累计预算金额-每月累计实绩金额）/每月累计预算金额	5	不超预算		范围内满分，超出范围0分	财务中心	
合计							

3. 制造中心——精工 20×× 年度绩效计划表

考核指标	指标定义	权重/%	目标	实绩	计算规则	数据来源	得分
订单履约率	对订单履约情况进行考核 P=按时入库票数/订单总数×100% 以评审的日期为界定	30	92.0%		N=实绩/目标×权重	计划中心	

续表

考核指标	指标定义	权重/%	目标	实绩	计算规则	数据来源	得分
FQC合格率	对FQC合格率进行考核 P=合格批次数/总批次数	20	99.0%		N=实绩/目标×权重	质保部	
批量报废次数	按照实际发生次数进行扣分	10	0		发生一次扣5分	质保部	
自动化设备综合稼动率	以设备的有效开机时间所生产数量及异常时间进行考核 P=（设备异常时间/设备正常开机时间）×100% 在计划订单接不上的情况下不算本部门原因	15	85%		N=实绩/目标×权重	设备动力部	
离职率	对离职率进行考核（怀孕、七天内离职不算） P=离职人数/（期初人数+入职人数）	10	3.75%		N=目标/实绩×权重	企管中心	
安全事故次数	事故界定 （1）经伤残鉴定评级 （2）医疗费用10000元以上	10	0		发生一次，扣10分	企管中心	
预算费用差异率	对本部门累计实际支出费用与预算的差异情况进行考核，特殊情况可审批，审批流程以预算委员会规定为准，绩效管理部最终以预算委员会数据为准	5	不超预算		范围内满分，超出范围0分	财务中心	
合计							

4. 制造中心——总装20××年度绩效计划表

考核指标	指标定义	权重/%	目标	实绩	计算规则	数据来源	得分
订单履约率	对国际事业部的订单履约情况进行考核 P=按时入库票数/订单总数×100% 以评审的日期为界定	30	90.0%		N=实绩/目标×权重	营销中心	
产值达成率	P=实际入库产值金额/目标产值金额×100% 若当月接单小于目标接单，则按接单目标的完成情况进行考核	20	100%		N=实绩/目标×权重	财务中心	
客验合格率	对客户验货的情况进行考核 P=合格批次数/客户验货批次数×100%	20	98.5%		N=实绩/目标×权重	质保部	

续表

考核指标	指标定义	权重/%	目标	实绩	计算规则	数据来源	得分
离职率	对离职率进行考核（怀孕、七天内离职不算） P=离职人数/（期初人数+入职人数）	15	3.75%		N=目标/实绩×权重	企管中心	
安全事故次数	事故界定 （1）经伤残鉴定评级 （2）医疗费用10000元以上	10	0		发生一次，扣10分	企管中心	
预算费用差异率	对本部门累计实际支出费用与预算的差异情况进行考核，特殊情况可审批，审批流程以预算委员会规定为准，绩效管理部最终以预算委员会数据为准	5	不超预算		范围内满分，超出范围0分	财务中心	
合计							

【案例05】

某企业财务中心20××年度绩效计划

考核指标	指标定义	权重/%	目标	实绩	计算规则	数据来源	得分
公司年度费用预算控制率	累计实际支出费用与预算的差异情况进行考核，特殊情况可审批，审批流程以预算委员会规定为准 P=每月累计未超预算部门/总部门数	20	100%		得分=实际/目标×权重	财务中心	
融资成本控制率	实绩=年度利息支出/年度实际贷款金额	20	5%		得分=目标/实际×权重（130%封顶）	财务中心	
资金计划准确率	对当期资金计划的准确性进行考核 P=（计划金额－实际支出金额）/计划金额	5	±10%		得分=目标绝对值/实际绝对值×权重	财务中心	
风险管控到位率	（1）对应收/应付风险款项的通报进行考核，每周汇报总经办领导一次 （2）对公司存货风险进行预警，每周将预警信息发送总经办领导一次	15	100%		按要求进行风险检查、通报，漏操作一次扣5分	总经办	

续表

考核指标	指标定义	权重/%	目标	实绩	计算规则	数据来源	得分
风险管控到位率	（3）对公司税务方面的规范性进行考核，考核由于税务原因给企业带来的损失				出现税务方面的损失，本指标一票否决	总经办	
财务报表数据及时准确性	对财务报表数据出具是否及时准确进行考核	10	100%		不及时准确一次扣2分	总经办	
成本核算及时准确性	对成本核算是否及时准确进行考核	15	100%		不及时准确一次扣3分	营销中心	
经营分析改善项	对经营现状进行分析并提出改善项	15	1个/季度		季度考核，未完成不得分	总经办	
合计							

【案例06】

某企业企管中心20××年度绩效计划

考核指标	指标定义	权重/%	目标	实绩	计算规则	数据来源	得分
人力成本占产值比	是指人力成本（工资）与企业产值之比 实绩=人力成本/产值	15	11.5%		得分=目标/实绩×权重	财务中心	
薪酬绩效体系搭建	×月×日完成薪酬绩效体系搭建	25	100%		得分=实际/目标×权重	企管中心	
关键岗位招聘邀约率	定义：二三线1：2 计算公式：实际邀约数/应邀约数 招聘组建立邀约面试台账，一个部门一个岗位达成邀约比例计为1；P=记为1的岗位数/总需招聘岗位数的比例	20	95%		得分=实际/目标×权重	企管中心台账登记	
人才队伍建设	指公司限定的关键岗位 关键岗位：储备岗位数=1：2 一个岗位满足条件记为1 实绩=记为1的岗位数/总岗位数	20	100%		得分=实际/目标×权重	总经办/企管	
安全事故次数	事故界定： （1）制造中心在岗期间内发生的 （2）经伤残鉴定评级 （3）医疗费用10000元以上	15	目标分解至每月 全年<9起		得分=实际/目标×权重	企管中心	

续表

考核指标	指标定义	权重/%	目标	实绩	计算规则	数据来源	得分
预算费用差异率（累计）	本中心每月所发生费用与既定预算的偏差率，由财务中心负责解释 实绩=（每月累计预算金额−每月累计实绩金额）/每月累计预算金额	5	不超预算		预算内满分，超出预算0分	财务中心	
合计							

2.5.2　绩效实施

绩效实施必须做到灵活处理。一般来说，首先要确定考评者，然后实施考评动员，并进行持续有效的沟通，最后开始信息的收集，其流程如图2-8所示。

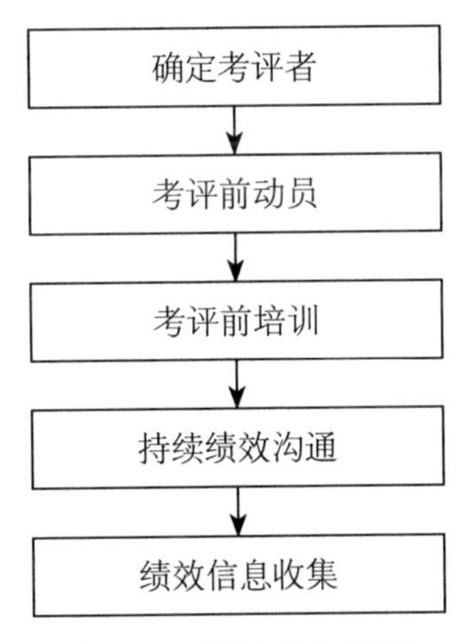

图2-8　绩效实施流程

2.5.2.1　确定考评者

在现代企业对员工的考评实践中，考评者仍是以代表企业的上级主管为主。但同时，为了更充分、完整、客观地开发出员工关于工作表现的信息，员工自己、同事、下属甚至客户都已成为考评主体的重要组成部分，都可以提供绩效评分。

2.5.2.2　考评前动员

为了让全体员工理解并支持绩效考评，在实施绩效考评前一定要进行有效的、有针对性的宣传动员。同时，为了保证绩效目标的有效落实，绩效考评的目标必须由企业上下级共同参与来确定。

2.5.2.3　考评前培训

通过对管理人员的培训，可以提高其业务能力，以减少考评中人为的非正常误差。

通过对员工的培训：一方面可以加强员工对绩效考评意义的认识；另一方面可以提高员工有关绩效考评的综合技能。

2.5.2.4 持续绩效沟通

如今的工作环境不像过去那样稳定，环境中的竞争在不断加剧，变化的因素也在逐渐增加。因此，在绩效实施的过程中进行持续的绩效沟通的第一个目的就是为了适应环境变化的需要，适时地对计划做出调整。在绩效期开始时制订的绩效计划，很可能随着环境因素的变化变得不切实际或无法实现。因此，通过在绩效实施过程中员工与管理人员的沟通，可以对绩效计划进行调整，使之更加适应环境的需要。

2.5.2.5 绩效信息收集

一般来说，收集的绩效信息的内容如下。

（1）工作目标或任务完成情况的信息。

（2）来自客户的积极的和消极的反馈信息。

（3）工作绩效突出的行为表现。

（4）绩效有问题的行为表现等。

2.5.3 绩效评估

一般来说，绩效评估包括以下几方面的内容。

2.5.3.1 确认考核态度

（1）绩效考核条件须严谨。对考核中出现的问题，企业要通过改进管理来解决，而不是简单地通过扣员工的工资来了结。

（2）在考核过程中应秉持“公正”原则，考核的目的是将员工和企业的命运连在一起，而不是通过考核让管理者成为员工的敌人。

2.5.3.2 确定考核期限

（1）通常一个组织会在特定的时期进行绩效考核。在大多数组织里，这种考核一般每年或每半年进行一次。一般来说，对每个人在试用期即将结束之前进行一次考核。另外在新员工上班后和第一年里对其做出数次考核，也是一种普遍采用的方法。

（2）考核期可能从每个员工的上任当天开始，或对所有员工都在同一时间进行考核。虽然这两种做法都有各自的优点，但如果一个单位有许多成员，则交错考核更具优势。如果所有的考核都同时进行，则可能会没有足够的时间来对每名员工进行充分的考核。

2.5.3.3 确定考核方案

考核方案的分类有如图2-9所示的两种。

2.5.3.4 制定绩效标准

良好的绩效标准有以下几个特征。

（1）衡量可靠，应该以客观的方式衡量行为和结果。

（2）内容有效，与工作绩效活动合理地联系起来。

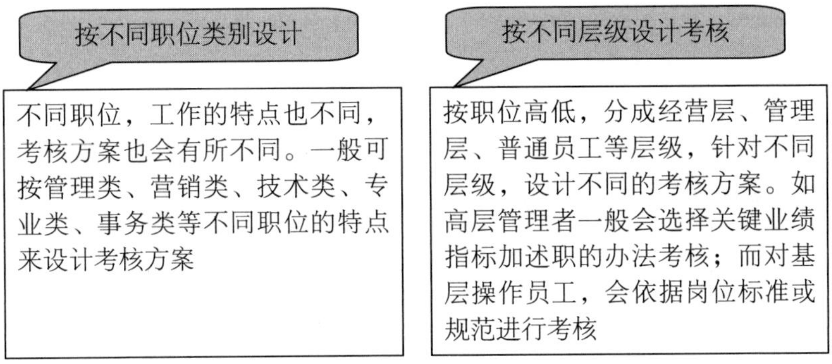

图2-9　考核方案的分类

（3）定义具体，包括所有可识别的行为和结果。

（4）独立，重要的行为和结果应该包含在一个全面的标准之中。

（5）非重叠，标准不应重叠。

（6）全面，不应忽略不重要的行为或结果。

（7）易懂，应以易于理解的方式对标准加以解释和命名。

（8）一致，标准应与组织的目标和文化一致。

（9）更新，应根据组织的变化而定期对标准进行审查。

2.5.3.5　做好管理层的调整

实行绩效考核体制前，企业应先对企业的管理层做一个调整、考核。这个考核分工作态度、工作技能、工作效率、工作成绩、团队意识、沟通能力、配合能力、员工印象几方面。只有先将管理层考核清了、调整到位了，员工才会相信绩效考核体制，才会配合上司的工作，也才会再次调动其工作的积极性。

2.5.3.6　建立有效考核体系

企业需要根据自身的特点建立有效的绩效考核体系，但最重要的一点是将绩效考核建立在量化的基础上，而不能只是模糊的主观评价。完善的考核体系至少应包括以下内容。

（1）详细的岗位职责描述及对员工的合理培训。

（2）尽量将工作量化。

（3）人员岗位的合理安排。

（4）考核内容的分类。

（5）企业文化的建立，如何让人成为“财”而非人“材”是考核前需要考虑的重要问题。

（6）明确工作目标。

（7）明确工作职责。

（8）从工作态度（主动性、合作、团队、敬业等）、工作成果、工作效率等几个方面进行评价。

（9）给每项内容细化出一些具体的档次，每个档次对应一个分数，每个档次都要给予文字的描述以统一标准（比如优秀这个档次一定是该员工在同类员工中表现明显、突出的，并且需要用具体的事例来证明）。

（10）给员工申诉的机会。

2.5.4 绩效反馈

绩效反馈其实就是绩效面谈。面谈前必须做好面谈准备，并掌握面谈技巧，方可进行面谈。绩效反馈如图2-10所示。

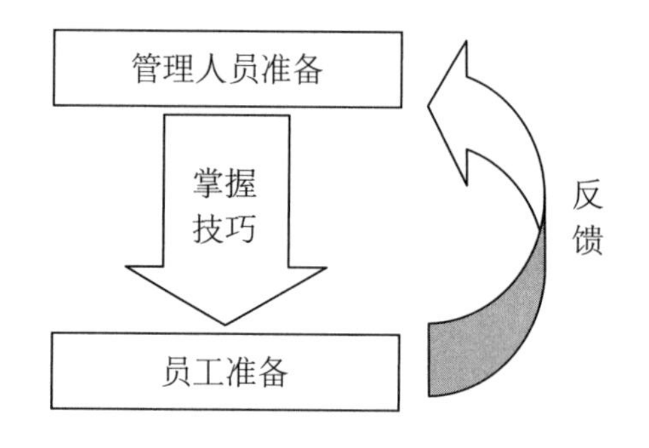

图2-10 绩效反馈

2.5.4.1 管理人员应该做的准备

管理人员作为主导人员，在进行绩效反馈前，应做好以下准备工作。

（1）选择适宜的时间。

（2）准备适宜的场地。

（3）准备面谈的资料。

（4）对待面谈的对象有所准备。

（5）计划好面谈的程序。

2.5.4.2 员工应该做的准备

在进行绩效反馈前，员工应做好以下准备工作。

（1）准备表明自己绩效的资料或证据。

（2）准备好个人的发展计划。

（3）准备好想向管理人员提出的问题。

（4）将自己的工作安排好。

2.5.4.3 绩效沟通

进行绩效沟通时要注意如下几点。

（1）建立和维护彼此之间的信任。

（2）清楚地说明面谈的目的。

（3）鼓励下属说话。

（4）认真倾听。

（5）避免对立和冲突。

（6）集中在绩效，而不是性格特征。

（7）集中于未来而非过去。

（8）该结束时立即结束。

2.5.5　绩效改进

绩效改进的目的在于使员工改变其行为，关键是要分析影响员工进步的各种因素，从而确定、帮其制订改进计划，其运作流程如图2-11所示。

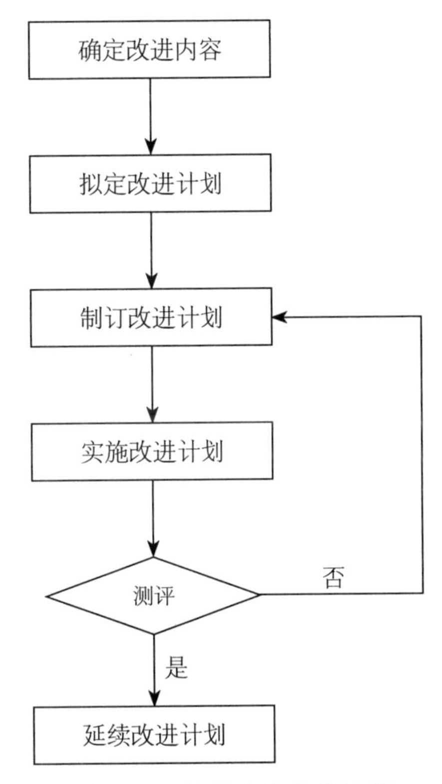

图2-11　绩效改进运作流程

2.5.5.1　确定改进内容

在已确定有改进项目的需要后，第一步就是要找出问题所在：为何绩效未达到可以达到且应达到的水准？

选取待改进项目的工作经由管理人员和员工合力来完成，选取时应先考虑下列几个因素。

（1）管理人员的想法是正确的吗？也许员工自己就能改进一项出现问题的工作的缺点；也许管理人员想改进的项目却早已是员工的优点。

（2）员工认为应该从何处着手？这一项因素可激发员工改进的动机，因为员工通常不会选取他根本不想改进的地方着手。

（3）哪一方面的改进较有成效？立竿见影的经验总使人较有成就感，也有助于再继续其他方面的改进。

（4）对所花的时间、精力和金钱而言，哪一方面的改进最合算？这是一项客观的决策，只需根据事实与逻辑观念考虑即可。

2.5.5.2 拟定改进计划

企业应将所有可能改进绩效的方法列于一张表上，并将其分类为员工能做的、管理人员能做的，以及应改善的环境等，如下所示。

（1）参加管理人员会议。

（2）工作轮调。

（3）与企业里的专家研讨。

（4）研读手册和程序说明。

（5）参加技术部门的研修活动。

（6）暂时派至其他部门。

2.5.5.3 制订改进计划

当准备绩效改进计划时，这些都可能是列入考虑的方法。工作之外的活动，也是绩效改进计划的重要内容。最普遍的是参加活动、读书、积极参与专业组织。

一个有效的绩效改进计划应满足下列四点要求。

（1）实际。计划内容应与待改进的绩效相关。

（2）时间性。计划必须有截止日期。

（3）具体。应做之事必须阐述清楚。

（4）计划要获得认同。管理人员与员工双方都应该接受这个计划并努力实行。

2.5.5.4 实施改进计划

管理人员对计划的完成，在实施时应注意以下事项。

（1）确定员工了解此项计划。

（2）若环境变动，计划需改变时应与员工洽商，并将改变部分写在原计划上。

（3）到期前定期提醒员工，以使其能依计划进行并避免因遗忘而使计划失败。

（4）持续不断地促使计划完成，管理人员需经常提醒员工。

（5）若计划有部分未按进度达成，应予纠正。

员工在遇到妨碍计划完成的事情发生时，应立即反映让管理人员知道。当计划变得不切合实际时，应予以修正。假设有任何事情发生使计划变得不可能或不实际，员工应了解，并提醒管理人员。

2.5.5.5 延续改进计划

一个计划只针对一个项目予以改进，这种做法确实能使工作的一部分获得改善。但何时展开第二项绩效改进计划，这应视实际情况而定。一般来说，当一个绩效改进计划全部或部分完成时，第二项改进计划应已确定好。当然，如果计划不是很复杂，管理人员及员工可以同时执行一个以上的计划。

【案例07】▸▸▸

某企业绩效管理操作流程规划

主要过程	绩效管理流程		责任人	完成时间	备注
	《绩效管理表》流程	数据资料整理流程			
绩效计划（P）	填写《绩效管理表》中“绩效计划”部分	当事人与数据提供人员沟通，要求提供绩效数据	被考核人与上司	每月4号	公司绩效计划日
绩效实施与跟踪（D）	绩效跟踪与帮助	当事人与数据提供人员沟通，要求及时提供绩效数据报表	被考核人与上司	每周例会、每天早会	
绩效考核（C）	—	数据提供到被考核人	相关统计者	每月2号前	
	自评：填写《绩效管理表》中“绩效考核部分”	数据整理打包压缩成：××岗位职位（姓名）绩效资料××××（年份）.rar，发送电子邮件给部门文员及主管	被考核者	每月3号	公司绩效考核日
	上级评价与审核	审核数据的真实性与准确性	被考核者上司	每月3号	直接上级评价主观指标及审核客观指标
	汇总本部门纸质《绩效管理表》并交绩效专员	整理本部门各岗位绩效数据后发电子档给绩效专员	部门文员或主管	每月3号前	
	审核绩效考核结果的真实性与有效性	抽查各岗位绩效数据并存档	绩效专员	每月5号前	—
	审核绩效考核结果的真实性与有效性	必要时查看绩效数据资料	管理部负责人	每月6号前	—
	《绩效管理表》复印件存档，原件发部门文员或主管	—	绩效专员	每月8号前	—
	《绩效管理表》交部门经理审阅	—	部门文员	每月9号前	—
	《绩效管理表》原件交当事人	—	部门负责人	每月10号前	双方进行绩效沟通
结果应用	核算工资/结果存档	—	薪资专员/绩效专员	每月7号前	
绩效改进（A）	绩效改进计划	—	被考核人与上司	每月4号	月度例会

注：以上时间遇节假日顺延。

2.6 绩效数据建模

数据管理是推行绩效管理的重要环节之一。企业的运营、绩效管理的推行不能只依据管理者的魄力和绩效管理负责人的经验来推行。而与经验相反的，就是企业的绩效管理数据分析。

2.6.1 何谓绩效数据

数据也称观测值，是通过实验、测量、观察、调查等环节得出的结果，常以数量或者数值的形式表现。数据分析是指用一定的统计方式，对收集来的大量第一手资料或者第二手资料进行分析，这些分析对象都是以数据形式表现出来的，这样做，可以最大化地开发出这些收集来的数据资料的功能，最大限度发挥出数据的作用。进行数据分析，也是为了提取有用信息，作为参考，然后形成结论。

数据的测量是最简单的，其内容可以是测量各项工作的完成数量、质量、态度水平等。分析阶段则可以通过统计和计算，得出产生问题的原因。控制阶段，能实现控制改进的预期目标。其中，分析阶段是最重要的，起到承上启下的作用，既接收了数据测量收集的结果，也对这些收集来的信息做出了计算，为之后的数据改进打下了良好的基础。

在绩效管理的数据分析中，收集而来的信息业内统一称为“绩效数据”。而这种绩效数据，是企业推行绩效管理的基础，有了它们，企业的绩效数据管理将变得容易很多。

2.6.2 绩效数据的管理环节

关于绩效数据的管理，主要可以分为六个环节。

2.6.2.1 数据体系的建立

这一点无疑是绩效数据管理的基础，没有一个完善的体系是行不通的。既然是体系，该项目的负责人就不能仅仅是一两个人，而应该是由多人、多个部门负责，企业的管理层总揽，各部门明确分工，由财务部门进行统一的监督和管理，这样才能被称为一个较为完备的管理体系。

2.6.2.2 数据的来源与管理

当企业刚取得绩效数据时，这些数据可能显得杂乱无章，看不出规律，让人有种无从下手的感觉，这就需要数据管理了。通过制图、制表等形式对其进行统筹管理，使这些数据看起来能够更加直白易懂。数据的来源也必须准确可靠，在绝大部分企业中，这些数据往往是由财务部针对以往的利润、成本、收入等数据统计得来的。

2.6.2.3 数据的传递

数据不是仅仅拿到手就可以了，也不能仅有财务部能明白其中的含义，还要让企业的领导、各部门负责人甚至普通员工都要了解。这就是数据的传递，在这个过程中，数据的收集和分析者要起关键作用。这样做的最终目的，就是要便于之后的数据分派和任务的下达。

2.6.2.4　数据的分析

数据的分析，需要负责人员具备极高的专业素养，排列图、因果图、散点图、分层法、调查表、散布图、直方图、控制图……这些在管理者看起来极为陌生的方式，其实都是对于数据分析的好方法。进行数据分析的目的，是要了解这些数据的设置是否合理，在进行考核后能否起到设想中的考核作用。

2.6.2.5　数据的审核与维护

数据的审核是极为重要的，不仅在数据收集时就要做好审核工作，在进行数据收集、计算、分析后，也不能丢掉审核工作，因为计算出的结果也不一定是准确无误的。数据同样具备极强的变化性和可移动性，因此还要重视对数据的维护。在这方面，可以建立起属于自己企业的数据库，方便绩效数据的统一管理和留存。

2.6.2.6　数据的改进

数据的改进是绩效数据管理的最后一个环节。通过收集数据信息、分析数据，就是为了方便对企业存在的问题有所了解，然后针对这些问题做出改进，便于企业的进一步发展。而这些，都是在数据统计的基础上做出的。

2.6.3　对绩效数据建模

绩效管理一定要遵循重要的逻辑原则：可衡量方可管理，可管理方可实现。数据是绩效衡量和分析的支撑性要素。只有保证数据的有理有据，才能做到心中有数，才能实现绩效管理的有效推动。

2.6.3.1　绩效数据建模的原则

绩效数据建模的原则如图2-12所示。

2.6.3.2　绩效数据的类别

绩效数据分为经营数据、管理数据和基础数据，如图2-13所示。

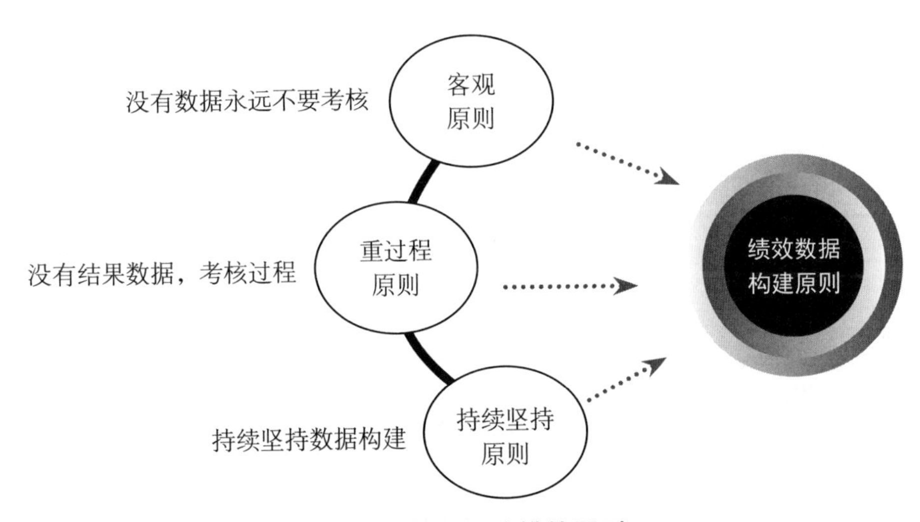

图2-12　绩效数据建模的原则

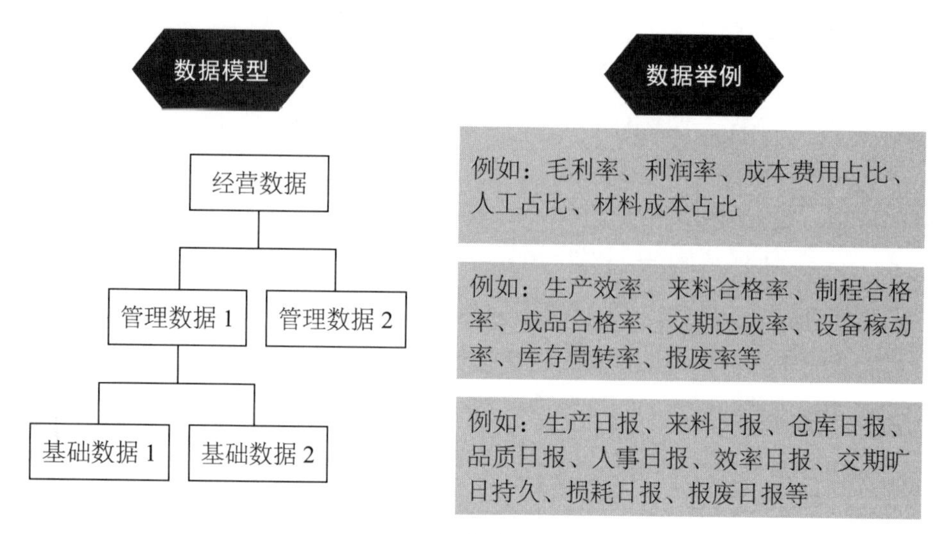

图2-13　绩效数据的类别

2.6.3.3　绩效数据的建模

（1）经营绩效数据的建模内容包括经营指标、数据来源、统计部门、统计频率，如表2-2所示。

表2-2　经营绩效数据模型构建

经营指标	数据来源	统计部门	统计频率/（次/月）
销售业绩	财务报表	财务部	1
毛利率	财务报表	财务部	1
利润率	财务报表	财务部	1
成本率	财务报表	财务部	1
人工占比	财务报表	财务部	1

（2）管理与基础数据的建模内容包括管理数据、基础数据、被考核部门、考核岗位、统计部门、统计频率等，如表2-3所示。

表2-3　管理与基础数据模型构建（PMC采购）

管理数据	基础数据	被考核部门	考核岗位	统计部门	统计频次
仓库账物卡准确率	物料抽盘周报	PMC	PMC经理	财务部	每周
订单达成率	订单达成统计表	PMC	PMC经理	营销部	每周
仓库6S	6S检查表	PMC	PMC经理	环安办	每周
物料准交率	物料准交报表日报	采购部	采购部经理	PMC	每周
采购物料合格率	品质报表	采购部	采购部经理	品控部	每周
采购降成本率	财务月报表	采购部	采购部经理	人力资源部	月

2.7 绩效奖金设计

如何设计考核结果与收入的挂钩，或者说如何设计绩效奖金，是绩效管理规划的重要一环。

2.7.1 抓住绩效奖金设计的主体及顺序

从企业绩效考核表分解与绩效结果实现的流程图（图2-14）来看：公司绩效考核表决定部门绩效考核表，部门绩效考核表决定部门负责人（或干部）绩效考核表，干部绩效考核表决定员工绩效考核表；员工绩效结果决定干部绩效结果，干部绩效结果决定部门绩效结果，部门绩效结果决定公司绩效结果。

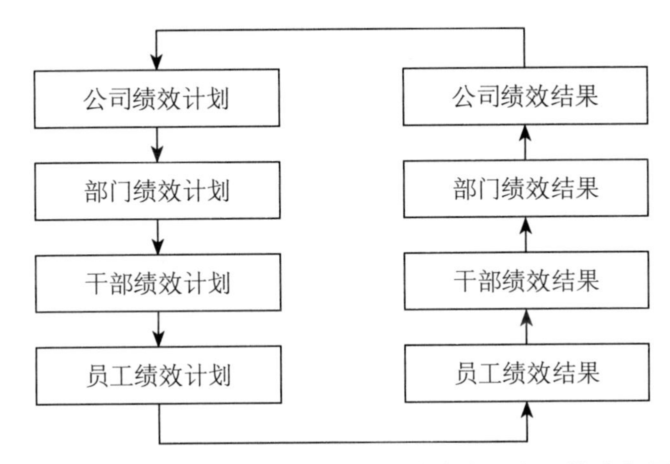

图2-14　企业绩效考核表分解与绩效结果实现的流程图

这里面，员工绩效结果对于整个组织的绩效结果实现起着决定性作用。要保证员工的绩效结果符合当初绩效考核表的期望，就必须设计能够保证员工绩效考核表落地的利益分配机制。所以，在设计考核结果与收入挂钩时，首先必须抓住员工层面的绩效奖金设计，然后才是部门负责人的绩效奖金设计。其中，越是靠近一线、离外部客户越近的员工，其绩效奖金设计的优先性就越应该往前排。因为他们是最直接执行公司各项政策为客户创造价值的岗位，决定了公司战略的落地、政策与计划的兑现，并且考核周期通常为月，甚至更短，经不起任何拖延。

2.7.2 确定标准绩效奖金基数

绩效奖金方案设计中最关键的问题就是标准绩效奖金基数的确定。在借鉴其他企业做法的基础上，采用强制分布法，按不同层级、不同系列和不同岗位类别将员工年度拟定收入与半年度标准绩效奖金、年度标准绩效奖金之间确定一个拆分比例，从而得出员工半年度标准绩效奖金与年终标准绩效奖金。操作过程如下：

第一，根据公司的职务说明书体系，按照工作内容和工作性质不同，将现有岗位划分为高层管理类岗位、非业务类岗位、业务类岗位和生产操作类岗位四个大的类别；

第二，按照专业知识、领导责任、解决问题的复杂程度、对公司营运的影响程度以及人际关系困难度等几项评级标准进行分类和定级，将职位放入不同的类别和级别；

第三，根据员工年度拟定收入，按不同层级、不同系列和不同岗位类别的岗位工资与半年度标准绩效奖金、年终标准绩效奖金间的拆分比例，分别计算员工标准绩效奖金。

具体拆分比例见表2-4。

表2-4　不同岗位类别的岗位工资与半年度标准绩效奖金、年终标准绩效奖金间的拆分比例

岗位系列			岗位工资/%	半年奖金/%	年终奖金/%
高层管理岗位	高层岗位A	总经理	75	8	17
	高层岗位B	财务总监/副总经理	70	10	20
	高层岗位C	总工程师	80	7	13
非业务类岗位	职能中层岗位	财务部经理、物流部经理、人力资源部经理、生产技术部经理、质管部经理	80	7	13
	专业/技术/基层岗位	各职能部门主管、技术工程师	80	7	13
	一般岗位	会计、出纳、文员、质量管理人员、工艺员、后勤辅助人员	85	5	10
业务类岗位	业务A	国内业务部经理、国际业务部经理、商务部经理	50	17	33
	业务B	各业务部门主管、中高级商务员	60	13	27
	业务C	销售员、初级商务员	70	10	20
生产操作类岗位	生产操作A	中高级技师	80	7	13
	生产操作B	一般操作工人	85	5	10

2.7.3　确定绩效评价汇总系数

绩效评价系数不仅是衡量一个组织各阶层员工在考核期内绩效状况的评价尺度，而且绩效评价系数的大小也是最终决定绩效奖金高低的主要因素。确定绩效评价系数的关键是确定不同员工个人绩效、部门/团队绩效和公司绩效在绩效评价过程中所占的权重比例。在企业实践中，对于中高层管理人员更多的做法是考核部门绩效和公司绩效。而对于企业一般员工，如操作工，只考核个人绩效。即他们只要完成企业下达的任务，达到公司的工作要求，他们即完成了本职工作，他们的薪酬不受部门绩效和企业绩效的影响。但是应该看到，企业绩效也就是企业利润，应该来说是企业所有人共同创造的。普通员工虽说对利润的影响力度小，那只不过是考核比例多少的问题。根据普华永道的2004年中国企业绩效管理实施现状调查报告中对各级员工的绩效奖金发放准则这一项可以看出，个人绩效、团队绩效和企业利润对各级员工的绩效奖金发放的影响比重是不一样的，如图2-15所示。

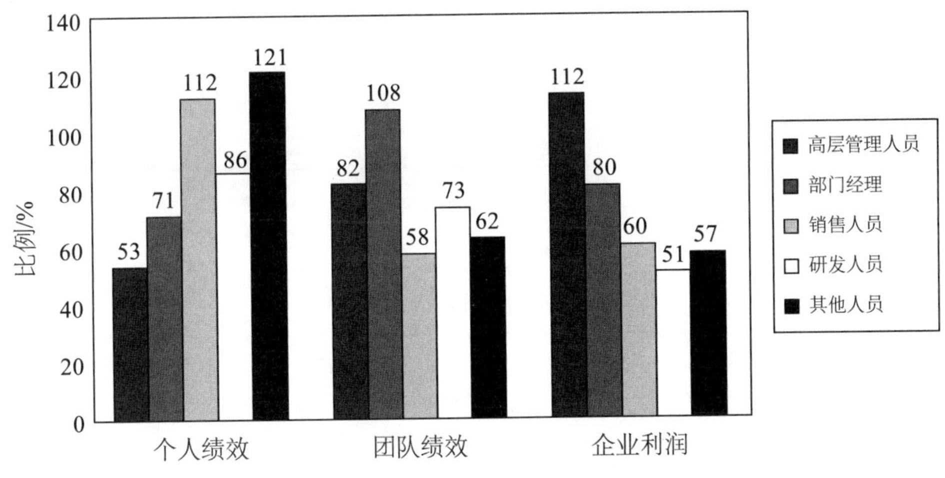

图2-15　各级员工的绩效奖金发放准则

一方面，企业利润、团队绩效及个人绩效分别是高层管理者、部门经理及其他人员绩效奖金发放的主要准则；另一方面，绩效奖金是根据任职者个人绩效、所在部门／团队绩效及企业绩效共同测算的结果。因此，考虑到这两方面的因素和企业实际情况，设计出企业员工绩效评价系数计算方法。

员工绩效评价汇总系数=个人绩效评价系数 × a_1+部门／团队绩效评价系数 × a_2+公司绩效评价系数 × a_3

式中，a_1是个人绩效评价系数的权重；a_2是部门／团队绩效评价系数的权重；a_3是企业绩效评价系数的权重。

具体比例分布参见表2-5。

表2-5　企业绩效业绩比例分布

岗位系列			个人绩效评价系数权重（a_1）/%	部门／团队绩效评价系数权重（a_2）/%	企业绩效评价系数权重（a_3）/%
高层管理岗位	高层岗位A	总经理	20	—	80
	高层岗位B	财务总监/副总经理	20	50	30
	高层岗位C	总工程师	25	50	25
非业务类岗位	职能中层岗位	财务部经理、物流部经理、人力资源部经理、生产技术部经理、质管部经理	50	30	20
	专业/技术/基层岗位	各职能部门主管、技术工程师	60	30	10
	一般岗位	会计、出纳、文员、质量管理人员、工艺员、后勤辅助人员	90	5	5

续表

岗位系列			个人绩效评价系数权重（a_1）/%	部门 / 团队绩效评价系数权重（a_2）/%	企业绩效评价系数权重（a_3）/%
业务类岗位	业务A	国内业务部经理、国际业务部经理、商务部经理	40	40	20
	业务B	各业务部门主管、中高级商务员	60	30	10
	业务C	销售员、初级商务员	90	5	5
生产操作类岗位	生产操作A	中高级技师	85	10	5
	生产操作B	一般操作工人	90	5	5

2.7.4 设计中的关注点

第一，采用“多超多奖、少超少奖、上不封顶、下不保底”的奖金原则，设定个人绩效考核下限，若个人半年 / 年度绩效评估分数低于60分，则取消其当半年 / 年度绩效奖金；同时根据企业和部门完成整体目标情况确定绩效系数，其系数最低可为0。

第二，必须设计一套科学合理的绩效评价指标体系。科学合理的绩效评价指标体系是绩效薪酬实施成功的重要保证。在员工的绩效考评指标体系中。首先要体现企业的战略意图。例如，如果企业本阶段的战略目标主要是解决质量问题，在员工的指标体系中，质量指标的权重就应该最大。如果当前的主要问题是质量和交货期的问题，就要把这两项指标的权重都调高。其次要有团队合作指标，如果个人成绩好，但是团队合作分数低，该员工绩效考评结果就不可能获得高分。另外，必须包含组织的利益，例如，企业服务的成本、客户的满意度等。

第三，绩效奖金要有具体的兑现日期并且要及时兑现，不能拖时间。如果有特殊原因延迟的应该向员工解释清楚。使得员工有清晰、具体的期望。企业向员工传递的信息是：绩高绩效的员工能够及时得到回报。这样的绩效奖金制度创造了高绩效员工得到回报的环境，成为塑造企业文化的动力。

第四，在企业制定绩效奖金体系时要让所有的员工都参与，参与的过程是一个很好的沟通和培训的过程，也是让企业和员工发现问题及树立成功实施的信心的过程。

例1：非业务类职能中层管理人员年终绩效奖金计算。某员工属于非业务类职能中层管理人员，标准年薪假定为5万元，其中：年终奖金折分比例为13%，个人绩效评价系数为0.9（权重为50），部门绩效评价系数是1.2（权重为30），企业绩效评价系数是1.2（权重为20%），则奖金计算如下。

标准年终奖金基数 =年薪5万元×年终拆分比例13% =0.65万元	×	绩效评估系数 =（个人绩效评价系数0.9×50%）+（部门绩效评价系数1.2×30%）+（公司绩效评价系数1.2×20%）=1.05	=	年终绩效奖金 =0.65万元×1.05 =0.68万元

例2：业务类部门经理年终绩效奖金计算。某员工是公司业务类部门经理，标准年薪假定为8万元，其中：年终奖金拆分比例33%，个人绩效评价系数为1（权重为40），部门绩效评价系数为1.2（权重为40%），企业绩效评价系数是1.2（权重为20），则奖金计算如下。

标准年终奖金基数 =年薪8万元×年终拆分比例33% =2.64万元	×	绩效评估系数 =（个人绩效评价系数1×40%）+（部门绩效评价系数1.2×40%）+（公司绩效评价系数1.2×20%）=1.12	=	年终绩效奖金 =2.64万元×1.12 =2.96万元

【案例08】▸▸▸

某企业绩效奖金设计方案

1. 总则

1.1 目标

结合××的行业特点和企业特色，建立适应现代企业管理的绩效奖金体系，进一步完善激励机制，达到吸引、留住企业发展所需人才的目的。

1.2 核心内容

1.2.1 绩效奖金等级：建立宽带绩效奖金体系，明确各职位序列和等级。

1.2.2 绩效奖金水平：根据员工的岗位、经验、学历等因素确定员工的绩效奖金水平。

1.2.3 绩效奖金结构：不同职系员工的绩效奖金结构中固定以及浮动部分的组成比例不同。

1.2.4 奖惩与激励：奖金、绩效奖金调整与公司绩效、部门绩效及个人绩效挂钩。

本方案将重点对以上内容进行设计，并在此基础上完成对××绩效奖金体系的设计。

1.3 原则

1.3.1 总量控制，鼓励创造增量。

（1）工资总额控制在收入的一定比例范围内，使公司具有持续发展能力。

（2）绩效奖金总额的调整要参照企业效益增量情况，在完成目标效益的情况下，可以对企业工资总额进行调整。

（3）在企业控制工资总额的情况下，鼓励各部门提高人均劳动生产率。

1.3.2 体现公平。

（1）员工绩效奖金水平与外部市场绩效奖金的差距要符合企业确定的绩效奖金原则和

绩效奖金政策。

（2）绩效奖金水平应充分体现不同岗位价值的差别和同一岗位上不同员工能力的差别。

1.3.3 体现激励。

（1）绩效奖金分配与业绩考核的实际结果相结合的原则。

（2）绩效奖金分配与工作性质相结合的原则。

1.3.4 简单可行。

简化和统一企业的绩效奖金体系，使得绩效奖金方案具有较强的可操作性。

1.4 适用范围

适用于企业所有在职员工。

2. 绩效奖金管理的组织

建议成立绩效奖金委员会，制定高管绩效奖金福利政策；同时建立以经理办公会为领导、各部门责权利相匹配的中层及以下人员绩效奖金管理组织体系。

2.1 绩效奖金委员会

2.1.1 人员组成。

（1）绩效奖金委员会由企业高管组成。

（2）绩效奖金委员会成员任期与企业高管任期一致。

2.1.2 职责。

（1）根据行业绩效奖金水平及企业经营状况，拟定企业绩效奖金激励规划。

（2）审定绩效奖金激励方案，报邮政集团批准后实施。

2.2 人力资源部、计划财务部、各部门绩效奖金管理的职责

2.2.1 人力资源部。

（1）人力资源部负责中层及以下级别员工绩效奖金激励调整方案的拟定及实施。

（2）根据企业年度经营计划拟定工资总额预算。

（3）拟定各部门工资总额预算。

（4）负责绩效奖金的日常管理工作。

2.2.2 计划财务部。

（1）提供绩效奖金福利相关数据。

（2）绩效奖金的发放。

（3）按照国家有关政策的规定处理、缴纳个人所得税、住房公积金等事项。

2.2.3 各部门。

（1）根据个人考核，对月奖金、季度奖、年终奖进行二次分配。

（2）在工资总额预算的范围内，部门经理制定员工工资调整建议，经主管领导审核后报经理办公会审批，交人力资源部备案。

3. 职系职级划分

3.1 职系职级划分的目的与意义

3.1.1 规范企业的职系职级体系有利于绩效奖金体系的规范化管理，方便企业针对不同的岗位序列（职系）采取不同的绩效奖金策略。

3.1.2 规范企业的职系职级体系有利于企业针对不同的岗位序列采取不同的绩效奖金定级标准，以使绩效奖金定级更加科学。

3.1.3 规范企业的职系职级体系便于企业绩效奖金与市场同类岗位序列绩效奖金水平的对比，以保持企业各岗位序列绩效奖金水平的合理性和竞争性。

3.1.4 规范企业的职系职级体系有利于企业针对不同的岗位序列采取不同的绩效奖金结构，从而实施不同的激励措施。

3.1.5 规范的职系职级体系为员工的发展（晋级、晋职、岗位轮换等）提供清晰、明确的发展通道。

3.2 职系划分

根据不同岗位之间的差异性和相似性，结合 ×× 的实际情况出发，将企业现有岗位划分为五大职系，即：管理职系、营销职系、技术职系、支持辅助职系和劳务派遣职系。

四大职系的岗位职等范围如下表所示。

职系	职级	包含岗位	职位序列
管理职系	管理一级	总经理、书记	S4～S1
		高级资深经理	S5～S2
		副总经理、副书记、（纪委书记）、工会主席	S6～S3
		中心主任、资深经理	S7～S4
	管理二级	中心副主任、部门经理（主任）、（工会副主席）	S12～S6
	高级业务经理		S14～S8
	部门副经理（副主任）		S16～S10
	中心下属部门经理、监察室主任、离退休办主任、战略研究室主任、审计室主任		S16～S10
	业务经理		S16～S10
营销职系	管理三级	经理助理、资深主管、（中心部门副经理）	S20～S14
	一级主管（市场调研主管、资源计划主管、生产主管、计划协调主管、战略管理主管、财务主管、会计主管、管理会计、绩效奖金考核主管、人事主管、工会干事、综合主管）		S24～S17
	二级主管（计划统计主管、核算主管、财务主管派驻、劳动关系管理主管、材料采购主管、质量管理主管、法律事务主管、发运主管、项目管理主管、综合统计主管、纪检员、治安管理主管、文件档案主管）		S26～S19

续表

职系	职级	包含岗位	职位序列
支持辅助职系	管理四级	三级主管（车辆管理主管、综合业务主管、邮品管理主管、票品管理主管、国际发运主管、综合档案主管、纪检员）	S28～S21
	管理五级	一级专员（市场调研专员、策划创意专员、会计、出纳、综合秘书、审核业务、报关员、招投标管理员、绩效奖金考核专员、人事培训专员）	S35～S25
	二级专员（维修保洁专员、资料管理员、资料信息管理员、印制业务员、加工业务员、行政助理、文印）		S39～S29
技术职系	技术一级	资深技术类岗位（总审核师、开发设计总监）	S17～S8
	技术二级	开发设计主管、编审主管、项目策划主管、高级设计、高级编审	S25～S16
	技术三级	中级技术类岗位（常规创意设计主管、年礼创意设计主管、大客户创意设计主管、技术管理主管、业务翻译）	S30～S19
	技术四级	初级技术类岗位（开发设计员、中文编辑、英文编辑、常规策划设计员、年礼创意设计员、大客户创意设计员、网络管理专员、系统管理专员）	S37～S26

3.3 职级划分原则

（1）管理职系分为五级 39 等，高层对应管理职系 1 级；中层对应管理职系 2 ～ 3 级；基层对应管理职系 4 ～ 5 级。

（2）技术职系分为三级 30 等。

（3）营销职系分为三级 26 等。

（4）支持辅助职系分为一级 10 等。

（5）劳务派遣职系分为二级 15 等。

4. 薪酬结构

（1）员工总薪酬 = 基础工资 + 绩效奖金（月绩效 + 年绩效）+ 工龄工资 + 补贴 + 福利。

（2）为保证方案平稳过渡，因此本方案保持员工现有工资不变作为基础工资发放。

（3）绩效奖金分为两部分：月绩效奖金（70%）+ 年绩效奖金（30%）。

（4）工龄工资 = 工龄 ×10 元。

（5）补贴以及员工福利保持现有制度规定不变。

5. 绩效奖金系数以及绩效奖金归级

5.1 绩效奖金系数的确定

绩效奖金系数的考虑因素如下。

5.1.1 幅度：根据本地区以及同行业绩效奖金系数确定企业的最高绩效奖金系数和最低绩效奖金系数，两者的差就是绩效奖金幅度。

5.1.2 级差：确定最低系数后，采取 2% ~ 4% 作为系数级差。同时为保持级差的整体性，因此在一定层级范围内级差保持不变。

5.1.3 根据企业制定的绩效奖金策略对局部某些等级的基准绩效奖金系数进行调整，最终确定各绩效奖金等级的绩效奖金系数。

5.1.4 绩效奖金系数参见《岗位绩效奖金系数归级表》。

5.2 员工绩效奖金计算公式

略。

6. 员工绩效奖金定级办法

在确定了每个岗位在企业统一的绩效奖金体系或职系职级职等体系中的位置后，需要确定每位员工具体的绩效奖金等级。在同一岗位上员工由于经验、学历的不同，其薪资水平应有所差别。员工薪资定级就是根据影响员工个人薪资水平因素的评价结果，确定员工在薪资等级表中的具体位置。

现有岗位员工绩效奖金定级办法如下。

6.1.1 定级因素及权重。

定级要素	经验	学历
权重/%	60	40

6.1.2 员工绩效奖金定级评价因素的评价标准。

定级评价因素	评价标准	备注
经验	超过基本要求8年以上____100分 超过基本要求3～8年（含8年）____80分	人力资源部计算
经验	超过基本要求3年以内（含3年）____60分 低于基本要求1年以内（含1年）____45分 低于基本要求1年以上____30分	人力资源部计算
学历	超过基本要求一级以上____100分 超过基本要求一级____80分 符合基本要求____60分 低于基本要求____30分	人力资源部计算

6.1.3 评价结果与绩效奖金调整的关系。

各因素的评价或评分主要是基于员工实际情况与岗位基本要求的比较，高于岗位要求的分值较高，低于岗位要求的分值较低。具体分值与评价对应关系见下表。

序号	综合得分	绩效奖金等级换算
1	90（含）～100分	上浮二等
2	75（含）～90分	上浮一等
3	60（含）～75分	基准绩效奖金
4	45（含）～60分	下调一等
5	45分以下	下调二等

新员工在试用期，工资定级定到该岗位工资等级的最低等级；试用期满后，员工工资等级原则上定在该岗位的最低级别，可以根据部门经理的考察期考核建议，确定员工工资级别，报主管领导和人力资源部审核。

7. 岗位工资调整管理办法

7.1 整体调整

7.1.1 原则。

（1）企业收入上涨幅度不低于6%，企业整体绩效奖金水平上调，上调额度由经理办公会确定。

（2）企业收入上涨幅度在3%（银行存款利率）与6%之间，不予调整。

（3）企业收入上涨幅度低于3%，公司整体绩效奖金水平进行下调，下调额度由经理办公会确定。

7.1.2 绩效奖金调整。

每年3月份，根据企业上一年度的经营业绩，由绩效奖金委员会确定本年度企业工资水平整体调整政策。人力资源部与计划财务部协同实施。

7.1.3 调整项目。

员工工资总额。

7.2 员工岗位变化发生的岗位工资调整

7.2.1 纵向岗位调整。

（1）如果员工在同一职系中向上调动，工资等级就近就高套入新的岗位工资等级中。

（2）如果员工在同一职系中向下调动，工资等级按照新的岗位基准等级套入。

（3）如果员工在同一职系中平行调动，工资等级不变。

7.2.2 横向岗位调整。

如果员工岗位在不同职系之间调整，工资等级按照新的岗位基准等级套入。

7.3 根据绩效考核结果进行的岗位工资调整

7.3.1 调整原则。

为了激励员工不断提升工作业绩，将部门年度绩效及个人绩效与员工月发工资调整相结合。

7.3.2 调整思路。

（1）员工年度考核为优（比例不超过10%），岗位工资上浮一等。

（2）员工连续两年考核为良，岗位工资上浮一等。

（3）员工年度考核为差（比例不超过5%），岗位工资下调一等。

7.3.3 调整程序。

（1）每年年底，由人力资源部组织对各部门的绩效考核。

（2）第二年3月份由人力资源部根据各部门的绩效考核的结果提出调整方案，报经理办公会批准后实施。

7.3.4 随员工经验、学历变化而进行的岗位工资调整。

（1）调整原则：为激励员工不断提升自身的学历，将员工绩效奖金调整与员工学历、经验变化相结合。

（2）调整思路：自本次绩效奖金实施之日起，每隔两年，由人力资源部对员工学历以及经验进行重新统计，根据统计结果调整员工工资。

8. 绩效奖金日常管理

8.1 绩效奖金计算及支付时间

8.1.1 月发工资计算期间为当月 1 日到当月月底。

8.1.2 支付时间。

固定工资	月奖
当月5日	次月5日

8.1.3 下列各项直接从工资中扣除：

（1）个人收入所得税；

（2）住房公积金、社会保险及医疗保险个人承担部分；

（3）该月应偿还向企业贷款、预支工资及企业代垫款项；

（4）因违反考勤等相关规定扣发的工资。

8.1.4 员工考察期为 6 个月，考察期间享受该岗位最低档工资，考察期满根据部门经理意见确定工资等级。

8.1.5 绩效奖金结算时若有元以下尾数产生时，则一律舍去不计。

8.2 绩效奖金支付的相关规定

8.2.1 考勤。

（1）每月工资计算期间，遇有缺勤，依下列公式计算缺勤工资额，并从该月工资中直接扣除（病假除外）。

[（基础工资＋月奖金＋补贴）÷20.92]× 缺勤天数。

（2）每半年内，累计缺勤达一个月的，扣发一个季度奖金；全年累计缺勤一个月至两个月（含），扣发 50% 的年终奖；全年累计缺勤两个月以上的，扣发年终奖。

（3）员工出现迟到、早退或无故擅离岗位等违反考勤纪律情况，按照《考勤管理办法》执行。

8.2.2 请假与旷工。

（1）病假：非工伤疾病缺勤者，应于 3 日内出示指定医院证明（1 日内可免）。1 个月内，请病假少于 3 天（含 3 天）的，工资全额发放；3 天以上者，按下面的公式扣发相应工资。

[（固定工资＋月奖金＋补贴）÷20.92] ×（休病假天数 −3）。

（2）婚假：工资全额发放。

（3）丧假：按《考勤管理办法》规定，享有 3 天假期，工资全额发放；假满而不归岗的，按缺勤处理。

（4）产假。

①缴纳生育保险的员工，前 3 个月内，工资全额发放；3 ~ 6 个月，只发放基础工资和岗位工资。

②产假期间，月发工资低于当年本市最低工资标准时，按最低工资标准发放。

（5）事假：员工因私事不得不亲自处理时，则应按实际请假日数扣当日工资。但事假须事前提出申请，事后补请者，则视为旷工。

（6）私自外出：员工没有事先请假而私自外出者，以1小时为计算单位，未满1小时者，罚款××元；超过1小时者，按缺勤一日计算。

（7）旷工：员工未事先请假或事后补请的缺勤均视为旷工，每旷工1日扣除当日工资，并将扣发当月奖金。

（8）医疗期：员工医疗期内，在不低于国家最低标准的情况下，支付其基础工资。

（9）下列特别休假，企业应付给规定的工资：

①年度带薪休假时；

②行使公民选举权时；

③公司集会或培训时。

（10）由于企业内部原因或遇意外灾害，于工作日停止出勤时，则不扣除工资。

8.2.3 加班。

（1）员工在规定出勤时间外或休假日仍出勤时，企业应给付加班费。累计加点6个小时，按加班一日计算。

（2）企业员工在工作日加班，加班费____元/工作日；在公休日加班，加班费____元/工作日；在法定节假日加班，加班费____元/工作日。

（3）部门经理在工作日加班，加班费____元/工作日；在公休日加班，加班费____元/工作日；在法定节假日加班，加班费____元/工作日。

8.3 福利与补贴

8.3.1 依法为员工缴纳各项社会保险和住房公积金。

8.3.2 为了建立绩效奖金激励的长效机制，未来为员工提供股权激励、企业年金、补充医疗和养老保险等长期激励方式。

8.3.3 企业在效益好的情况下，为在职员工提供其他福利项目，如带薪休假、过节费、防暑降温费、劳保费、健身费、通信费、健康体检等。

8.3.4 上述福利项目享受标准、享受范围按照国家法律法规及公司相关政策执行。

【案例09】

20××年度利润分红方案

为健全公司激励机制，增强公司管理层对实现公司持续、健康发展的责任感、使命感，开拓企业与员工的双赢局面，确保公司发展目标的实现，特推行年度利润分红方案。

1. 原则

（1）激励方案应与公司的经营业绩挂钩，施行“有利即分，无利不分”。

（2）充分结合部门业绩或个人业绩。

2. 激励对象

（1）公司经理级以上管理人员（不含总裁）。

（2）公司核心骨干：部门主管、高级工程师、业务骨干、核心财务人员等。

3. 年度利润目标与分配比例

（1）公司税后净利润额≥ 350 万元，经理级以上管理人员年底发双薪。

（2）公司税后净利润额≥ 400 万元，计提 10% 净利润做年度利润分红。

（3）公司税后净利润额≥ 500 万元，计提 12% 净利润做年度利润分红。

（4）公司税后净利润额≥ 600 万元，计提 13% 净利润做年度利润分红。

（5）公司税后净利润额≥ 700 万元，计提 14% 净利润做年度利润分红。

（6）公司税后净利润额≥ 800 万元，计提 15% 净利润做年度利润分红。

（7）若某一年度经营环境发生变化，且财务部认为年度利润目标需调整，则可在下一年度中提出新的年度利润目标，经董事会批准后实施。

4. 核算与审计

4.1 核算要素

营业周期：是指以自然年度为一个经营周期，即 1 月 1 日～ 12 月 31 日。

结算日期：营业周期满后 30 日内。

分红基础：按年度利润净额（即收入－成本费用－按规定计提减值准备）。

4.2 影响因素

4.2.1 对公司利润产生重大影响的财务因素，如存货减值准备按公司相关规定在年末一次性计提，并计入年度财务报表。

4.2.2 对库存的准确性在年底进行盘点，对盘点差异一次性计入年度财务报表。年度终了，对坏账进行核查调整。

4.3 报表审计

为了使公司经营管理层监督检查财务报表的真实性、合理性和完整性，可要求或建议财务部在报表编制后，对本激励年度财务报表做出专项解释或会议汇报。

5. 奖金分配与计算

5.1 岗位分红奖金分配方法

总奖金按个人所担任岗位的重要性计算分配系数进行分配，具体分配系数如下。

级别	一级核心部门主管			主管二级部门主管							三级核心人才	合计
岗位	常务副总	市场总监	研发总监	人力资源总监	资材经理	生产经理	采购经理	工程经理	品质经理	财务经理	具体见名单	
分配点数	1	0.8	0.8	0.5	0.6	0.5	0.5	0.5	0.6	0.5	0.15	
人数/人	1	1	1	1	1	1	1	1	1	1	10	20
总点数	1	0.8	0.8	0.5	0.6	0.5	0.5	0.5	0.6	0.5	1.5	7.8
奖金比例/%	12.8	10.3	10.3	6.4	7.7	6.4	6.4	6.4	7.7	6.4	19.2	100

5.2 个人分红奖金计算方法

个人实际奖金 = 岗位分配奖金 ÷ 应出勤天数 × 实际出勤天数 × 年度 KPI 得分对应比例（%）

年度 KPI 得分 =（1 月得分 +2 月得分 +……+12 月得分）/12

年度 KPI 得分对应奖金比例：

KPI分数/分	90～100	80～89	70～79	60～69	低于60
实发奖金/%	100	85	70	60	50

6. 奖金发放

6.1 发放流程

6.1.1 根据审定的资格确认范围，建立《年度利润分红激励对象名单》。

6.1.2 人力资源部拟订《年度分红激励分配方案》报总裁审批。

6.1.3 将《年度分红激励分配方案》向激励对象予以公示，激励对象如对《年度分红激励分配方案》有异议，可在公示期满后 3 天内提出，由总经办和财务部进行核查。

6.1.4 最终《年度分红激励分配方案》确定后，由激励对象在《年度分红激励分配方案》上签名确认。

6.1.5 激励对象在领取时，应签名确认。

6.2 发放方法

6.2.1 对激励对象当年可分配的红利，按照 7 ∶ 3 的比例分两期发放。

第一期发放 70%，于当年《年度分红激励分配方案》经董事会批准后春节前支付。

第二期发放 30%，于下一年度 7 月份进行支付。

6.2.2 年度分红奖励个税部分由个人承担，由财务部代扣代缴。

6.3 其他情形

在分期发放分红时，激励对象如存在取消资格情形，公司有权取消其剩余可分配红利。任职期限内，激励对象有下列情形之一的，决定取消其分配资格：

（1）劳动合同期未满，申请或擅自离（辞）职的；

（2）违反劳动法等法律法规，被公司依法解除劳动合同关系辞退、解雇的；

（3）严重违反公司有关管理制度和规定，损害公司利益的；

（4）在职期间廉洁方面存在问题者，取消当年年终分红，情况严重者，追究法律责任。

（5）分期发放分红中途离职者，不予以发放未发部分的红利；

（6）入职时间不满半年的，当年不享受年终分红；

（7）当年因工作失误造成公司重大事故单次损失金额在 10 万元以上者，取消当年年终分红；

（8）当年因工作失误造成公司累计损失金额在 20 万元以上者，取消当年年终分红。

Chapter 3

第3章 绩效目标设计

3.1 人性需求与绩效的关系

人性化的经营理念目的是要激发每个人的智慧。把每个员工当作资源，就要对其进行激励开发，而我们的企业往往把员工当作是成本，反过来就是考核控制。互联网带给我们的是信息透明和快速分享，这就要求我们的管理者的工作更多体现的是沟通互动协调，而不是权力考核控制。特别是新生代员工都有一种强烈的参与感而不是被管理、被控制。就更需要企业调整管理的关系，那就是少“管”多“理”。绩效主义强调优胜劣汰、胜者为王、败者为寇，这与强调全员参与的经营理念截然不同。人性化管理给我们许多企业极力奉行推崇的“绩效考核主义”敲响了警钟。

管理的核心就是“人性”两字，用分配解决人性的自私，用考核解决人性的懒惰，用晋升解决人性的虚荣，用激励解决人性的恐惧。抓住了“人性”，管理自然就顺了。

我们今天所处的大环境是以创造力为驱动力的，创造和创新需要的是内在的激情，团队的协作，需要一种自发的驱动向上的动力。而不是处在一个“提心吊胆”的环境中。

如果企业员工之间认为其他人的生存跟我无关，同样同事认为你的淘汰跟我无关，那么员工就会认为企业的未来及生存跟我有何关系？同事的付出及困难跟我又有何关系？人与人之间不存在任何的团结、互助及友谊，只有那赤裸裸的竞争、利益、生存与死亡。这样做对真正的人才来说，企业带给他的只是生存而不是生活。

而立之年成熟的关键人才，会选择这种心灵没有归属感的企业吗？

最讲求效率的，莫过于军队了，但军队中讲求团队合作却是非常人性的，负伤的战友绝对不可以被抛弃，甚至可以冒着危险去掩护战友，这就是刚性制度、人性文化下的团队精神，而纯粹“狼性”的做法是抛弃弱者，直接淘汰，但如果战友们没有人在乎你的困难和生命，只在乎各自为政去战斗而击败对手，那么除了金钱谁又会去体现真正的团队精神而拼尽全力呢？

3.2 企业战略目标解码

战略解码就是系统破译公司的战略，将公司的战略转化为全体员工可理解、可执行的行为，让每个员工理解自己的日常工作与战略之间的联系，确保每一个管理者都有意愿根据战略来管理并辅导员工的绩效的过程。同时，战略解码也是将公司战略转化为具体行动的过程，是“化战略为行动”的有效工具。战略解码采用集体研讨的形式，对公司的目标战略进行拆解，同时制订出相应的具体行动计划，以员工能够理解的形式清晰地描述出来，然后将责任逐层分解到人，确保公司战略有效执行。

3.2.1　战略目标解码工具

3.2.1.1　平衡计分卡（BSC）

平衡计分卡（BSC）是平衡管理阶段的主要管理工具，代表着战略解码方法的高阶水平。

BSC战略解码是在战略目标的牵引下，从财务、客户、内部流程、学习与成长四个维度，对战略进行基于组织结构的自上而下的垂直分解。平衡计分卡的4个层面如图3-1所示。

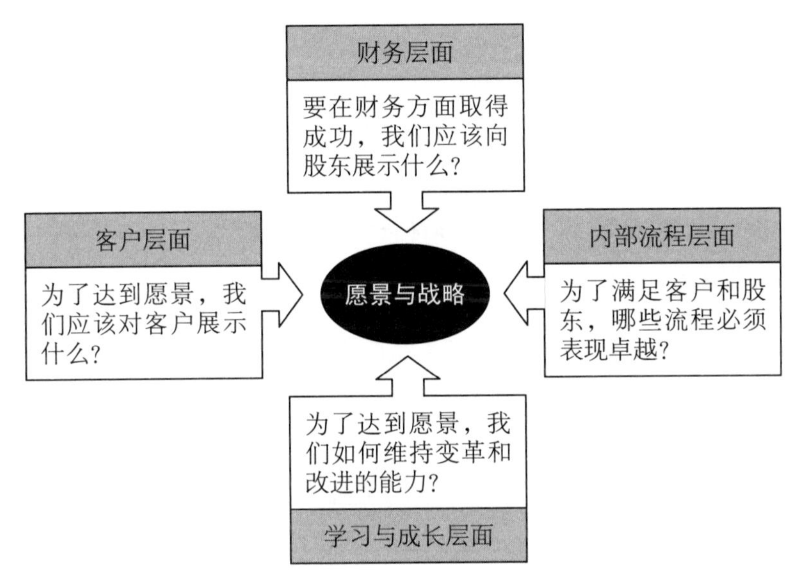

图3-1　平衡计分卡的4个层面

平衡计分卡4个层面的关注点如图3-2所示。

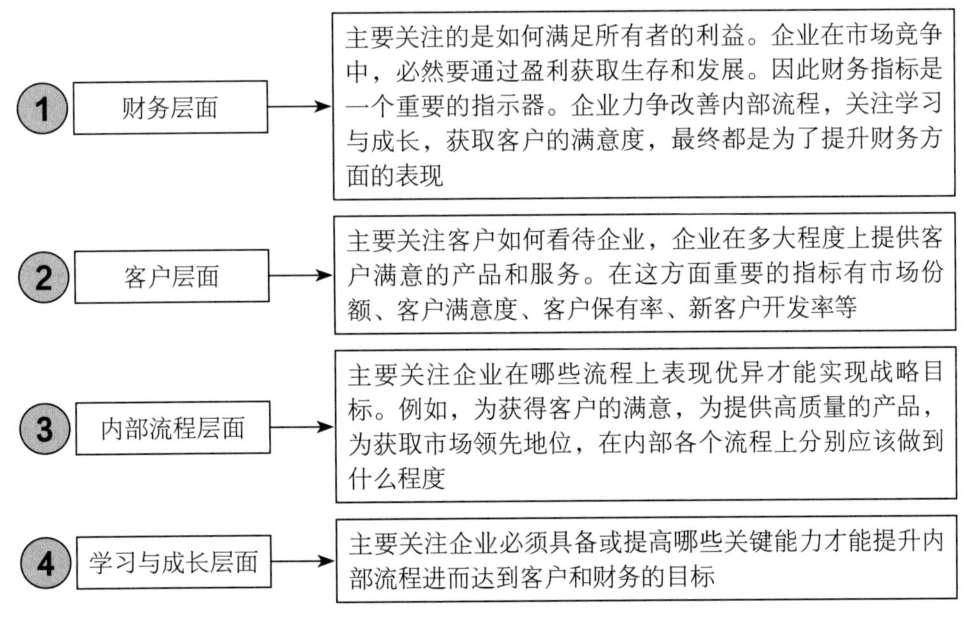

图3-2　平衡计分卡4个层面的关注点

平衡计分卡中的每一项指标都是一系列因果关系中的一环，既是结果又是驱动因素，通过它们把相关部门的目标同组织战略联系在一起。员工的技术素质和管理素质决定产品质量和销售业绩等；产品/服务质量决定顾客满意度和忠诚度；顾客满意度和忠诚度及产品/服务质量等决定财务状况和市场份额。为提高经营成果，必须使产品或服务赢得顾客的信赖；要使顾客信赖，必须提供顾客满意的产品，为此改进内部生产过程；改进内部生产过程，必须对职工进行培训，开发新的信息系统。

3.2.1.2　杜邦分析法

杜邦分析法是由美国杜邦财务公司经理人员所总结的一种综合分析方法，是利用各个主要财务比率之间的内在联系，建立财务比率分析的综合模型，来综合地分析和评价企业财务状况和经营业绩的方法。

杜邦分析法有助于企业管理层更加清晰地看到权益资本收益率的决定因素，以及销售净利润率与总资产周转率、债务比率之间的相互关联关系，给管理层提供了一张明晰的考察公司资产管理效率和是否最大化股东投资回报的路线图。

杜邦分析法以净资产报酬率为起点，按综合到具体的逻辑关系层层分解，直到财务报表原始构成要素或项目。其分解方法如图3-3所示。

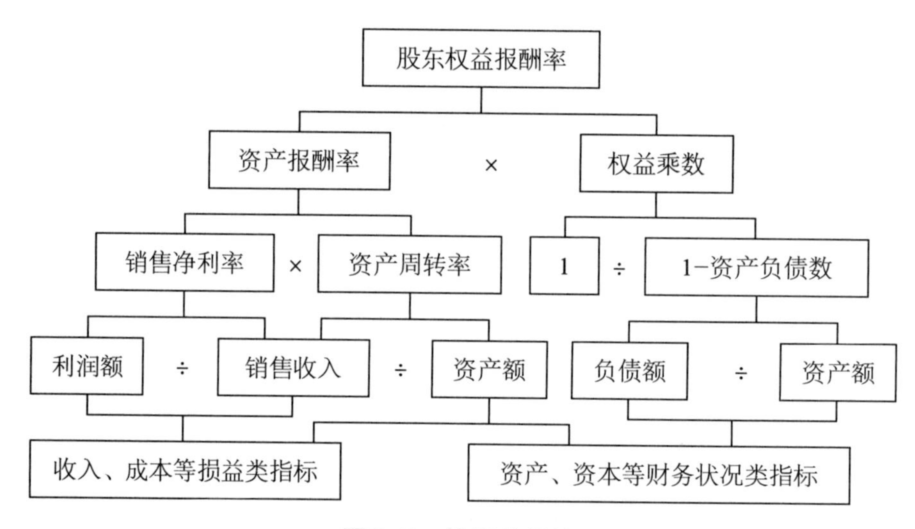

图3-3　杜邦分析法

图3-3中各财务指标之间的关系如下。

（1）股东权益报酬率与资产报酬率及权益乘数之间的关系，这种关系可以表述如下。

$$股东权益报酬率=资产报酬率\times权益乘数$$

（2）资产报酬率与销售净利率及资产周转率之间的关系，这种关系可以表述如下。

$$资产报酬率=销售净利率\times总资产周转率（杜邦等式）$$

（3）销售净利率与净利润及销售净额之间的关系，这种关系可以表述如下。

$$销售净利率=净利润\div销售净额$$

（4）资产周转率与销售净额及资产总额之间的关系，这种关系可以表述如下。

资产周转率=销售净额÷资产平均总额

（5）权益乘数与资产负债率之间的关系，这种关系可以表述如下。

权益乘数=1÷（1−资产负债率）

杜邦财务分析体系在揭示上述几种财务比率之间关系的基础上，再将净利润、总资产进行层层分解，就可以全面、系统地揭示出企业的财务状况以及财务系统内部各个因素之间的相互关系。

3.2.2　解码步骤一：梳理企业战略

企业实施战略绩效管理，首先要进行战略梳理，明确企业战略的主要工作就是战略问题确认，具体步骤如下。

（1）明晰企业愿景与战略目标体系。

（2）对外部环境与行业进行分析。

（3）对内部资源能力进行分析。

（4）确立总体战略及业务战略、分析核心竞争力或关键成功因素、设计职能战略及战略实施计划。

经过以上4步就可以对企业的战略体系有了充分的把握，而绩效管理正是企业实现战略目标的有效手段。战略总目标是企业使命的具体化，是企业追求的较大的目标。所谓企业使命，就是企业在社会、经济发展中所应担当的角色和责任，即企业存在的理由和价值，企业使命通常具有相对的稳定性。

3.2.3　解码步骤二：绘制战略地图

梳理完企业的战略后，接下来的工作是绘制战略地图。

战略地图是以平衡计分卡的4个层面目标（财务层面、客户层面、内部流程层面、学习与成长层面）为核心，通过分析这4个层面目标的相互关系而绘制的企业战略因果关系图。

战略地图绘制的工具就是价值树模型，即运用价值树模型，采用层层剖析的方法，将企业的战略目标按照从上到下的逻辑关系进行层层分解，依次分为财务、客户、内部流程、学习成长四个维度。战略地图4层面的目标如表3-1所示。

表3-1　战略地图4个层面的目标

序号	层面	重点
1	财务层面	财务层面主要是阐明了企业经营行为所产生的可衡量性财务结果，体现了公司对股东价值的增值
2	客户层面	客户层面的重点是公司期望获得的客户和细分市场，公司如何满足内部和外部客户的需求

续表

序号	层面	重点
3	内部流程层面	内部流程层面的重点是为了吸引并留住目标市场的客户，并满足股东的财务回报率期望，公司必须擅长以什么核心经营流程，并符合公司的价值观导向
4	学习与成长层面	学习与成长层面的重点是为了获取这些突破性的业绩与成功，以及组织员工需要具备的什么样的核心知识与创新精神

平衡计分卡的每一个目标一般只需要2个绩效指标就能准确地表达其含义，管理者在具体操作时可以设法将每个维度的目标控制在3个以内。平衡计分卡的两位作者卡普兰教授和诺顿博士认为：平衡计分卡的每个层面需要4～7个指标就可以了，16～25个指标就基本上能够满足需要。4个层面中，财务层面用3～4个指标、客户层面用5～8个指标、内部运营层面用5～10个指标、学习与成长层面用3～6个指标就可以了。

实例

以下列举三个企业战略目标地图。

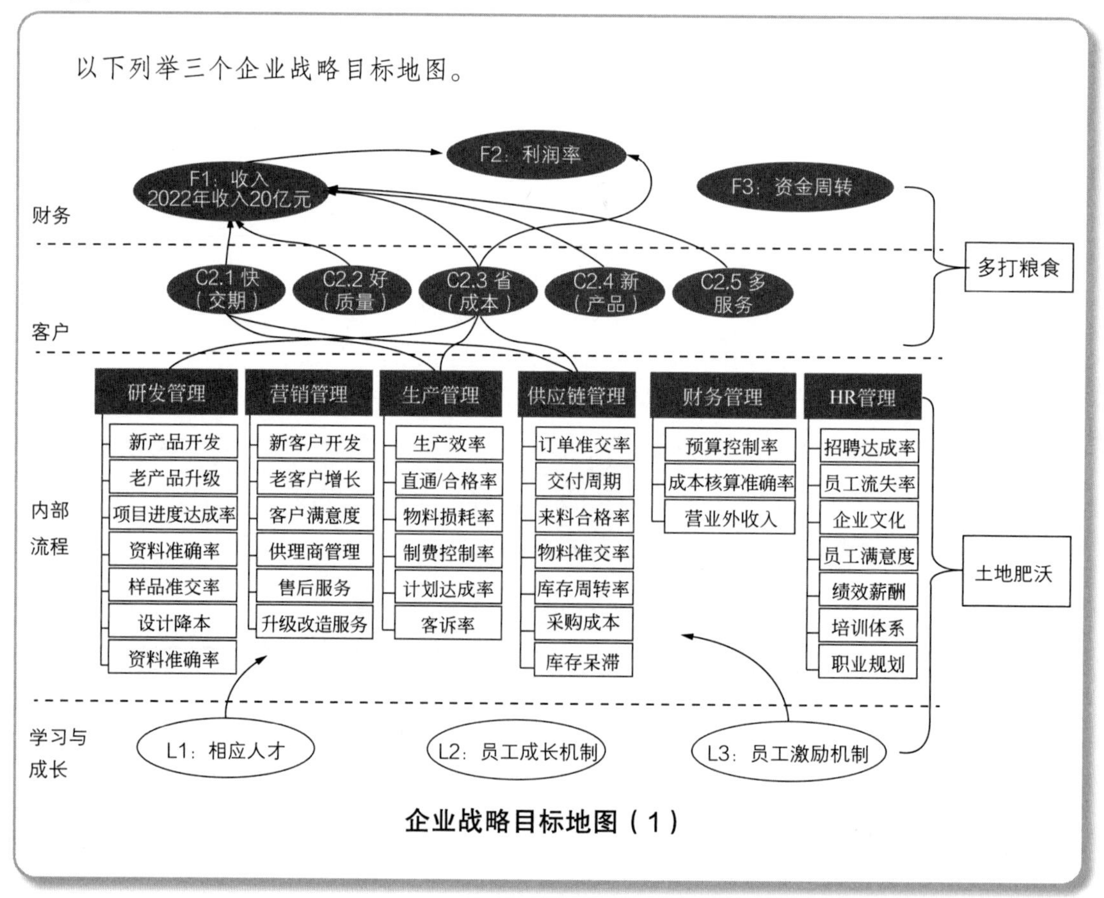

企业战略目标地图（1）

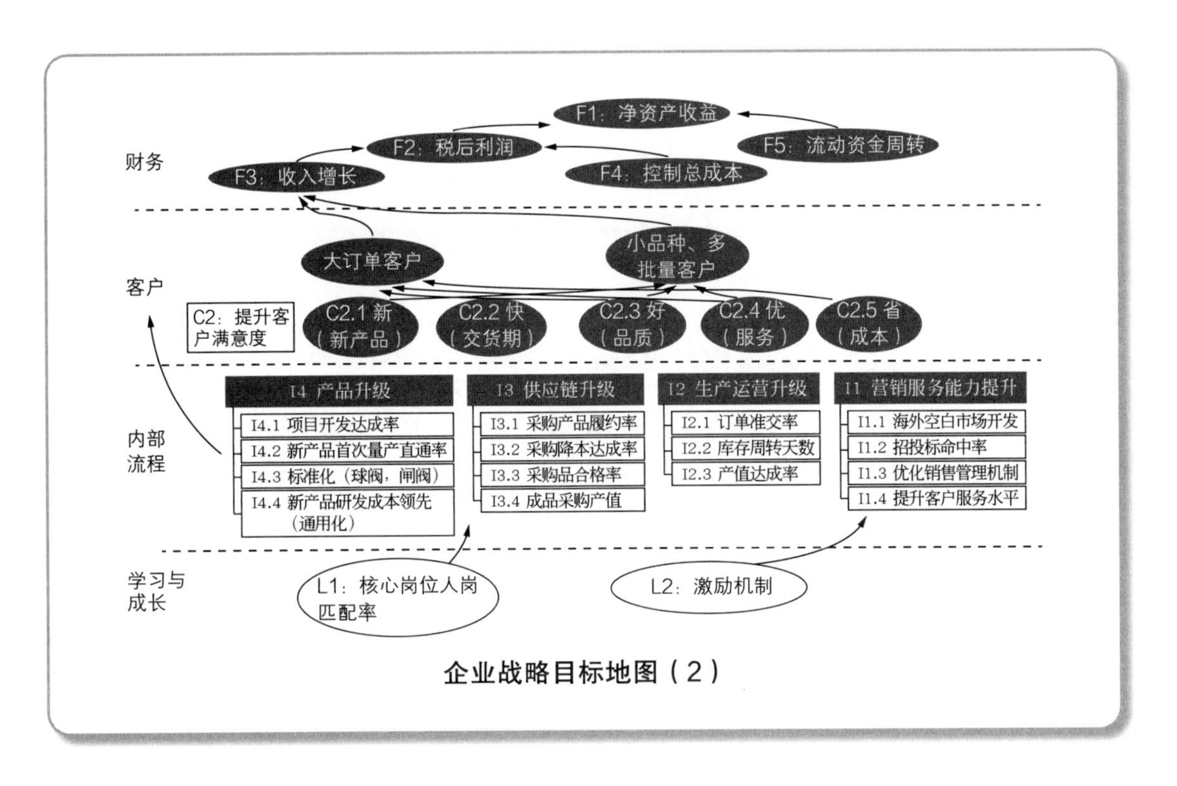

企业战略目标地图（2）

3.2.4 解码步骤三：识别战略主题

企业战略主题可以分为三类，具体描述如表3-2所示。

表3-2　战略主题的分类

序号	战略主题分类	简要描述
1	发展战略诉求主题	发展战略也称为集团战略、企业战略，发展战略主要描述企业的业务范围是什么，现有业务组合及拟进入哪一个领域，采取增长、维持还是收缩的发展战略，产品、地域和客户的选择，是采取单一业务还是多元化，是采取相关多元化还是无关多元化等问题
2	竞争战略诉求主题	竞争战略也称为业务单元战略，竞争战略主要描述各业务单元如何开展竞争，根据战略优势和市场范围，是采取差异化还是集中化的竞争手段
3	职能战略诉求主题	职能战略主要描述通过哪些方面的努力来增强竞争力，如在财务、营销、人力资源、物流、生产、研发、采购等方面采取何种措施来支持和协同企业战略与业务战略，职能战略更强调具体、可操作性

一个企业的任务系统通常具有长期稳定性的特征，即使在较长的一段时间内也不会有大的变化，因而发展战略具有相对稳定性，在中长期内也不会有太大的改变；竞争战略需要随着市场竞争状况的变化进行及时调整，而职能战略则是支持和协同公司战略与业务战略所采取的具体措施。

要识别战略主题，可运用职责分析法（Function Analysis System Technique, FAST）。企业价值链通常包括市场营销、产品开发、采购供应、生产经营、客户服务等核心价值链，除了核心价值链之外还有人力资源、IT信息技术、财务、法律、行政后勤、企业文化等辅助价值链，可以循着企业价值链的核心价值链和辅助价值链对战略主题进行相关性识别并分解到各部门，从各部门中寻找到能够驱动战略主题与目标的因素。

3.2.5 解码步骤四：制定战略目标（年度经营目标）

战略目标，是对企业战略经营活动预期取得的主要成果的期望值。战略目标的设定，同时也是企业宗旨的展开和具体化，是企业宗旨中确认的企业经营目的、社会使命的进一步阐明和界定，也是企业在既定的战略经营领域展开战略经营活动所要达到的水平的具体规定。

由于战略目标是企业使命和功能的具体化，一方面有关企业生存的各个部门都需要有目标；另一方面，目标还取决于个别企业的不同战略。因此，企业的战略目标是多元化的，既包括经济目标，又包括非经济目标；既包括定性目标，又包括定量目标。尽管如此，各个企业需要制定目标的领域却是相同的，所有企业的生存都取决于同样的一些因素。彼得德鲁克在《管理的实践》一书中提出了8个关键领域的目标。

（1）市场方面的目标：应表明该公司希望达到的市场占有率或在竞争中达到的地位。

（2）技术改进和发展方面的目标：对改进和发展新产品，提供新型服务内容的认知及措施。

（3）提高生产力方面的目标：有效衡量原材料的利用，最大限度地提高产品的数量和质量。

（4）物资和金融资源方面的目标：获得物资和金融资源的渠道及其有效的利用。

（5）利润方面的目标：用一个或几个经济目标表明希望达到的利润率。

（6）人力资源方面的目标：人力资源的获得、培训和发展，管理人员的培养及其个人才能的发挥。

（7）职工积极性发挥方面的目标：对职工激励、报酬等措施。

（8）社会责任方面的目标：注意公司对社会产生的影响。

【案例01】

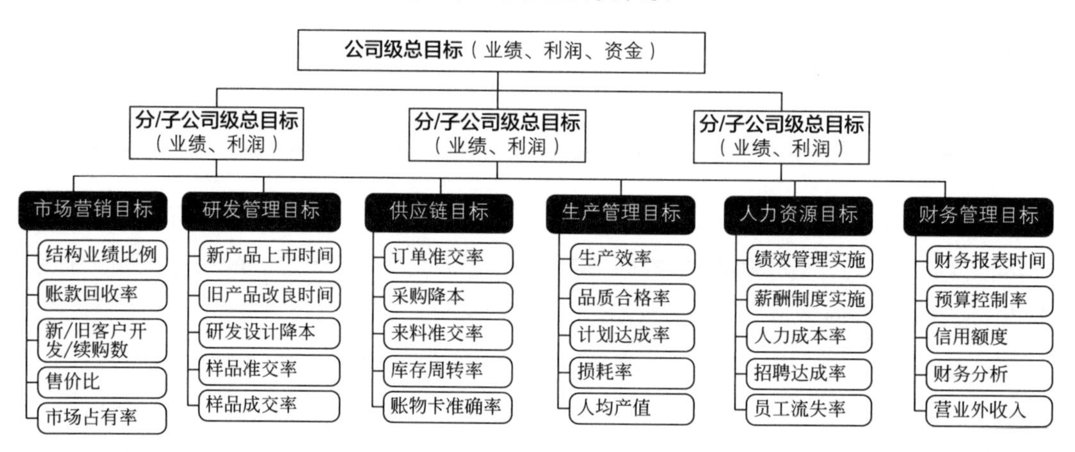

3.3 部门绩效目标设计

3.3.1 绩效目标设计的“三度一动”原则

绩效目标设计时应遵循“三度一动”原则，如图3-4所示。

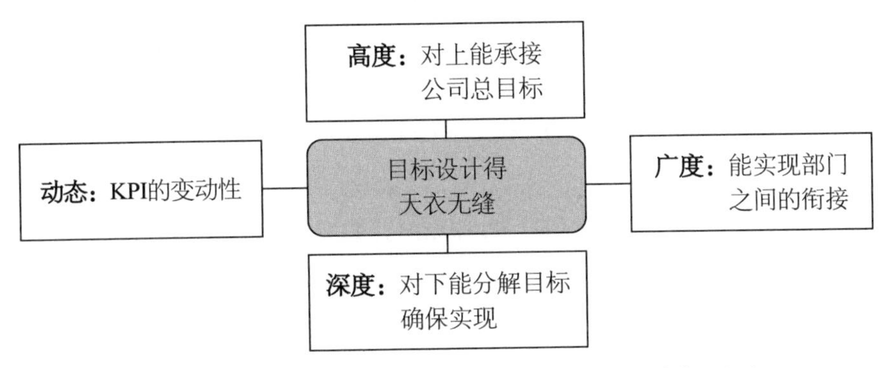

图3-4　绩效目标设计的工具——“三度一动”原则

（1）高度：对上能承接公司总目标，如图3-5所示。

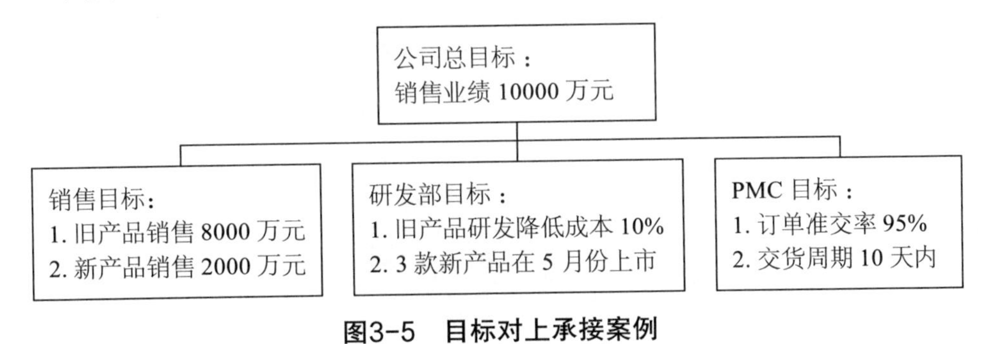

图3-5　目标对上承接案例

（2）广度：能实现部门之间的衔接，如图3-6所示。

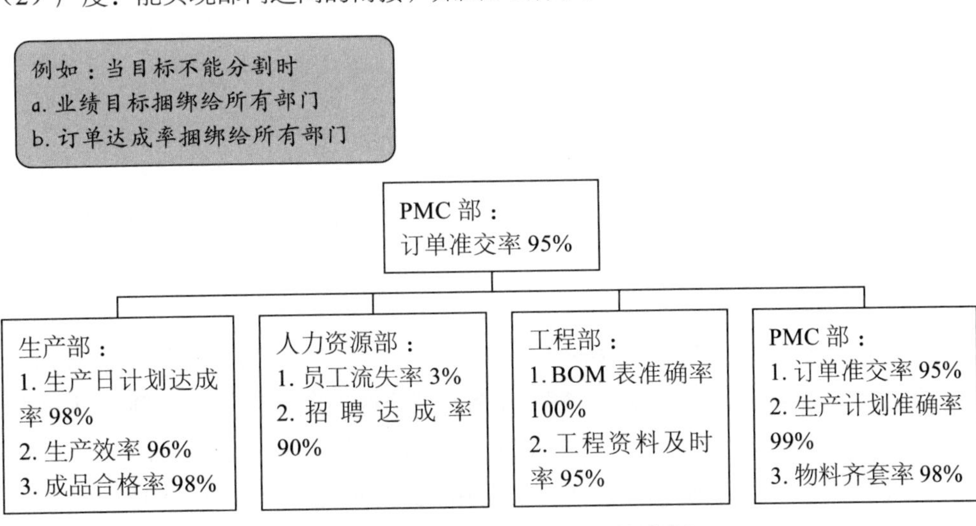

图3-6　目标部门之间的衔接案例

（3）深度：对下能分解目标确保实现，如图3-7所示。

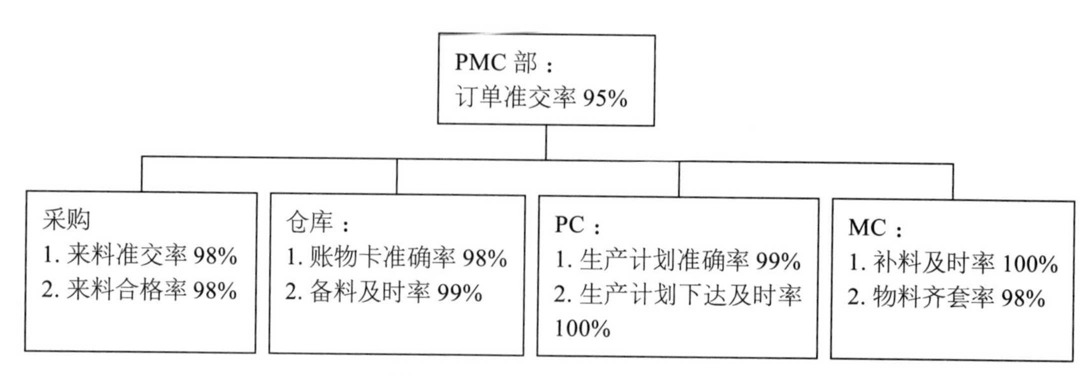

图3-7　目标深度分解案例

（4）动态：KPI的变动性，确保适应当下，如图3-8所示。

图3-8　KPI的变动性

3.3.2　部门绩效目标设计步骤

3.3.2.1　明确部门使命

明确部门使命时应当注意以下几点。

（1）部门使命不是部门所有职责的简单叠加，必须能高度概括部门的工作内容，明确部门的职责与目标。

（2）部门使命是各部门对企业战略的支撑，部门使命必须紧密围绕企业的目标。

（3）部门使命的着重点在于描述部门的价值、意义、定位与作用。明确部门使命的过程是与各部门主管反复磋商研讨的过程，部门使命必须让每个部门主管心悦诚服，明确部门使命是为了落实公司及各部门指标打下良好基础。明确部门使命的同时，企业管理者还需要对企业的价值链流程进行优化与组织架构梳理。明确部门使命、流程优化、组织架构梳理必须同时进行。

3.3.2.2　寻找因果关系

因果关系链分析最合适的工具是价值树模型。价值树模型是在目标（或指标）之间寻找对应的逻辑关系，在运用时可以分别列出企业战略地图中的衡量性目标、对应的关键绩效指标及驱动这些指标的关键驱动流程及对应的关键流程绩效指标。

以下为某企业的价值树模型图示例。

（1）价值树模型图——财务类示例。

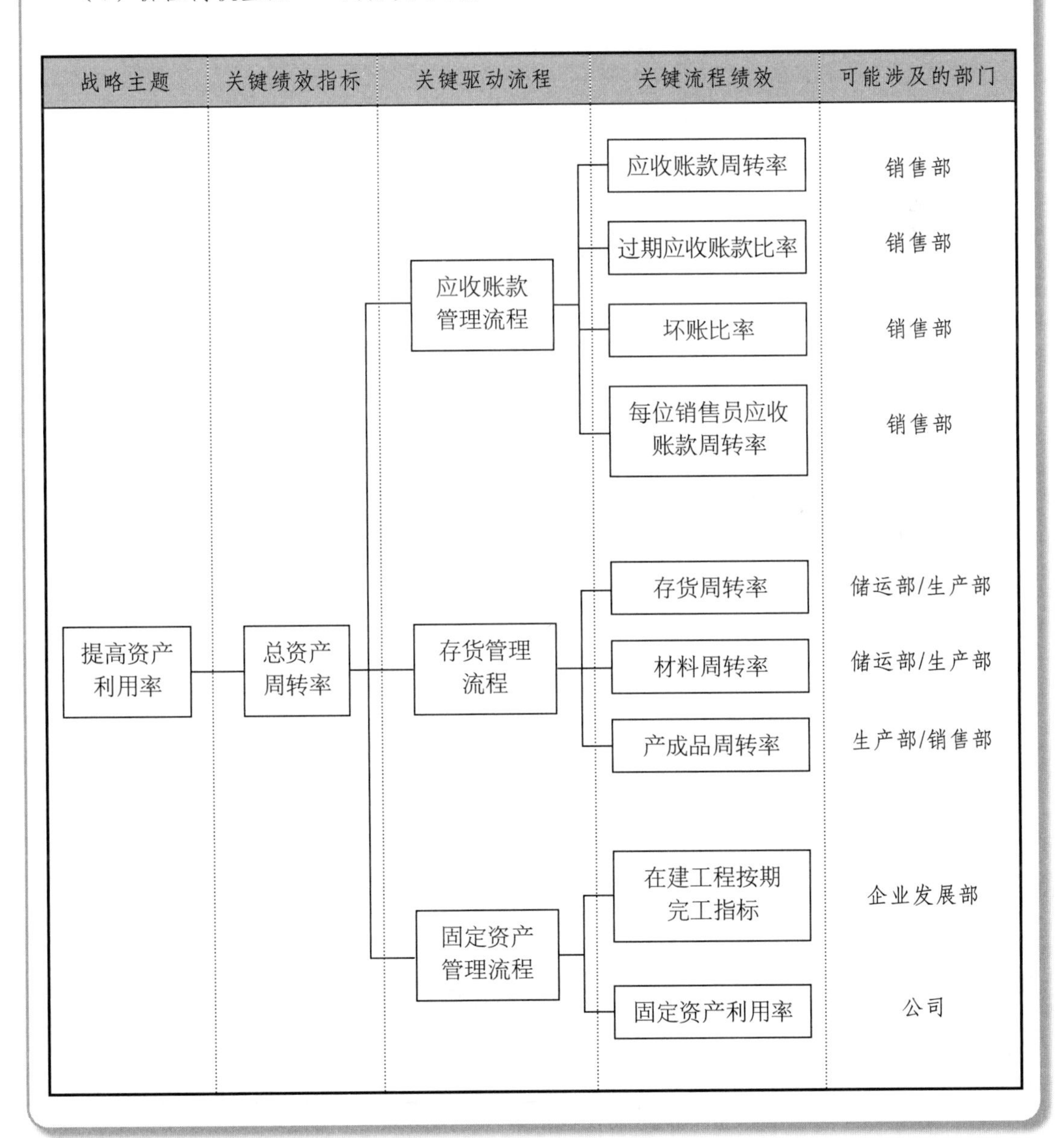

（2）价值树模型图——客户类示例。

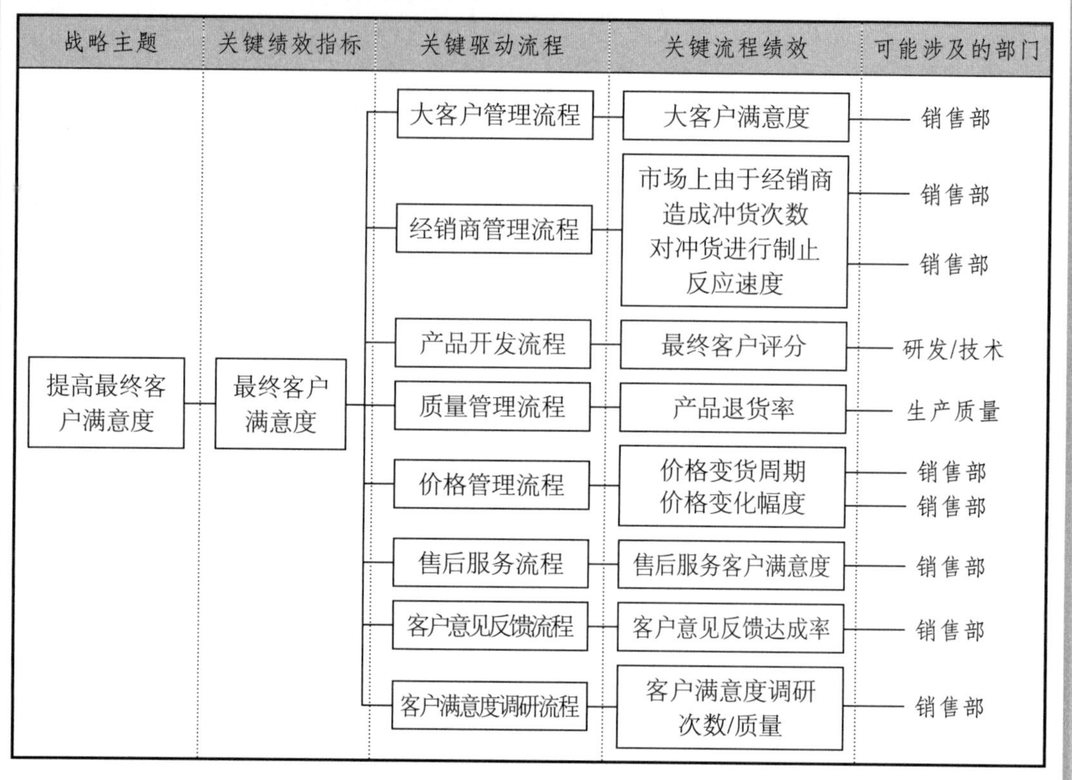

（3）价值树模型图——内部流程类示例。

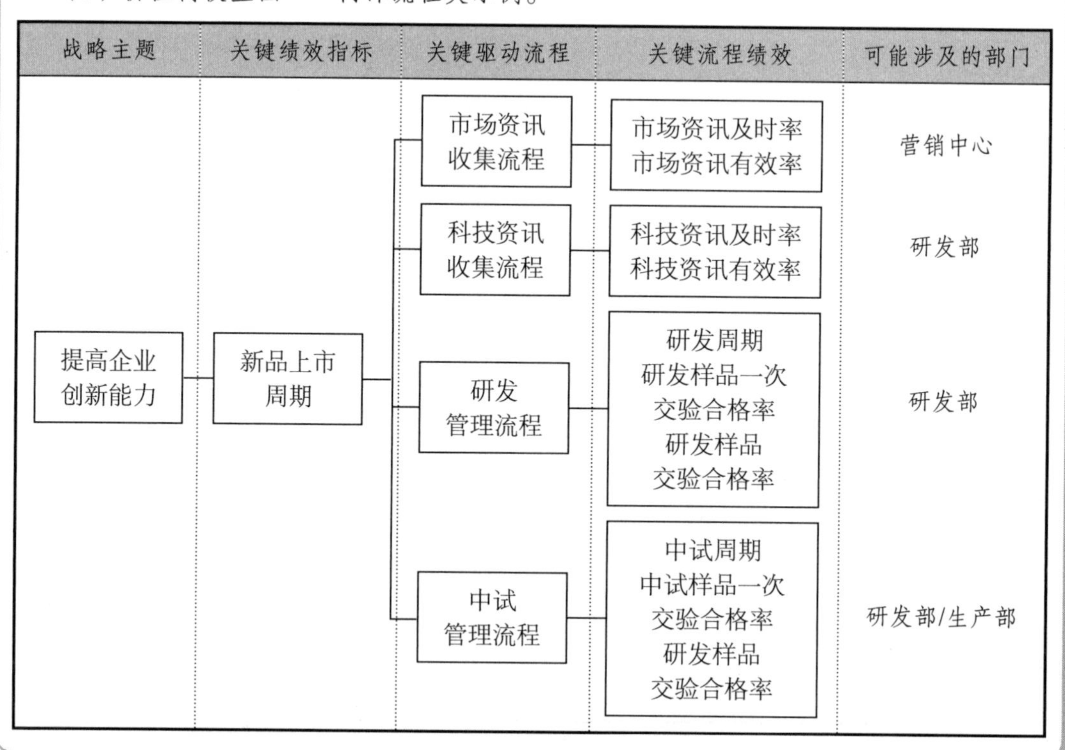

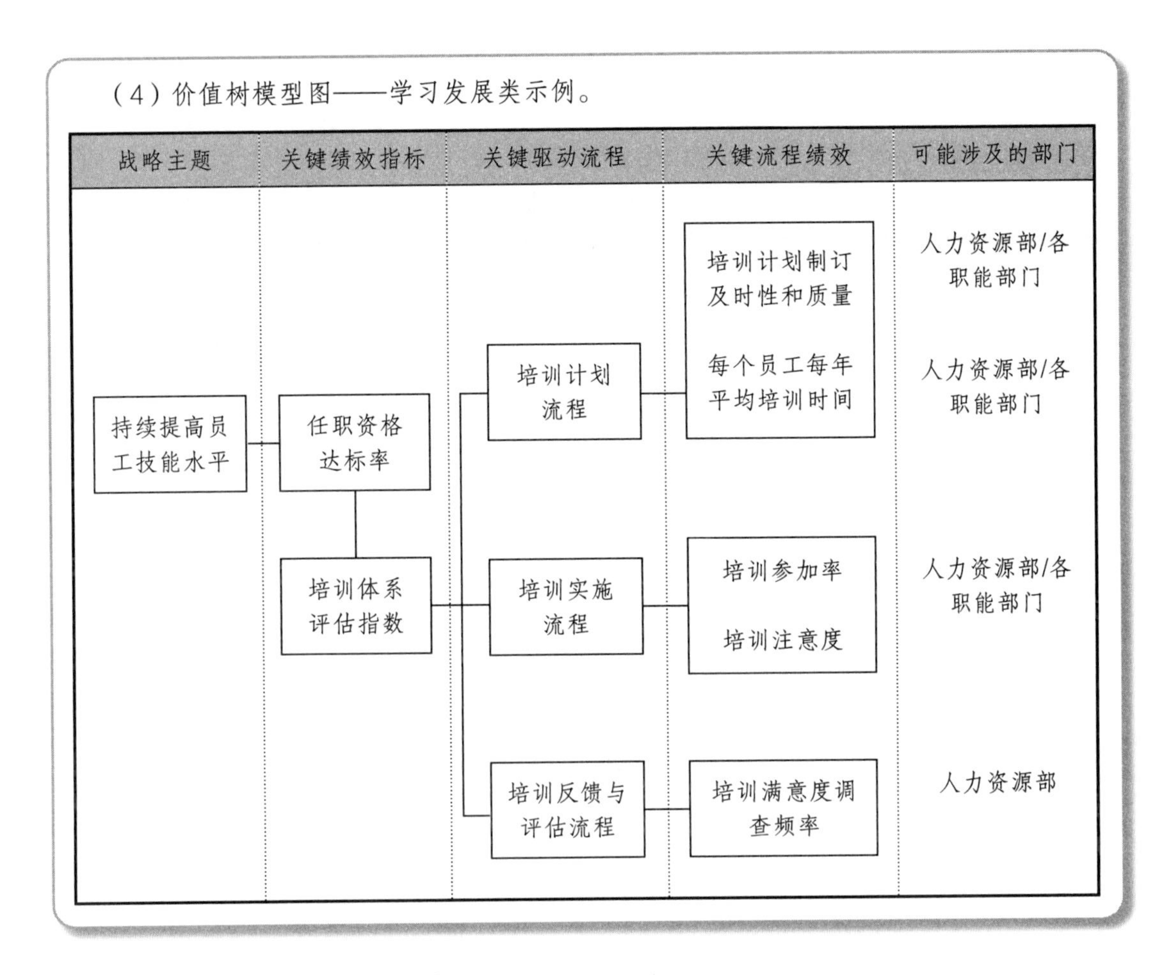

3.3.2.3　建立因果关系分析表

通过价值树模型分析后，原来看似杂乱无章的指标之间就建立了因果逻辑关系。这时就可以将指标放入平衡计分卡中。具体操作时可以使用“因果关系分析表”来完成这项工作，步骤如图3-9所示。

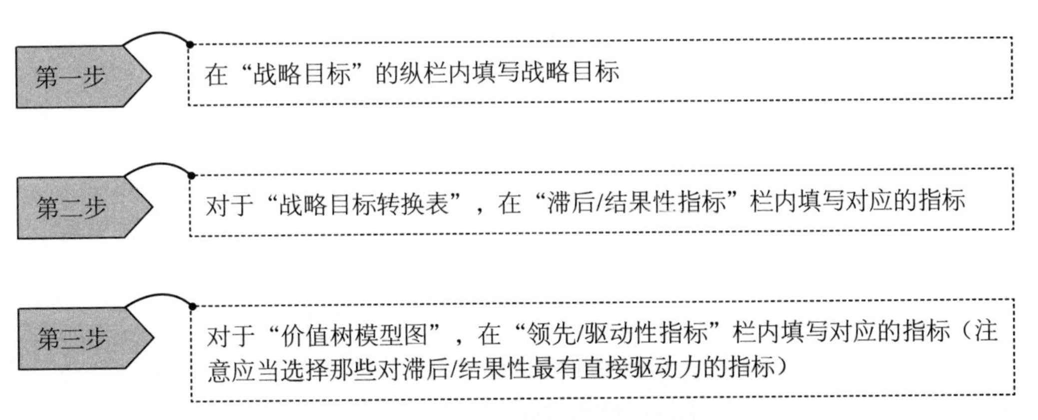

图3-9　价值树模型分析步骤

在做该工作时，要注意滞后性指标与领先性指标之间的对应关系。

因果关系分析表

项目	战略目标	滞后/结果性指标	领先/驱动性指标
财务	2022年实现利润9000万元……	利润	
	2022年产品销售收入达到3亿元……	销售收入	
	2022年实现××型产品销售收入占主营业务收入的70%……	成本费用总额	优秀供应商比例
			新材料对成本降低贡献
			生产定额普及率
顾客	2022年能使90%的关键客户达到满意……	关键客户满意度	客户投诉反应速度
			客户投诉妥善解决率
	2022年一级市场客户达到15家	一级市场客户数量	品牌美誉度
内部过程	2022年能使97%的订单需求得到满足……	订单需求满足率	产能达标
			营销、生产与采购计划有效性
	2022年产品因质量原因发生的退换货率控制在1%以下……	退换货率	产品一次交验合格率
			质量管理体系的建设
学习与成长	2022年实现95%的关键职位员工能力素质达标……	任职资格达标率	任职资格管理体系建设
			培训目标达成率
	2022年获得75%的员工满意……	员工满意度	薪酬满意度 员工合理化建议采纳数量

3.3.2.4　落实企业及各部门指标

部门是实现企业战略的各承接主体，在设计部门指标时要依据平衡计分卡的思想，对企业战略实现的结果和过程同样予以关注，具体可分年度指标与月度指标（也可能是季度指标、半年度指标）等进行综合的设计。最后要明确哪些指标放到公司层面考核，哪些指标放到部门层面考核。通常情况下：那些结果性指标（也称为滞后性指标）放到公司层面考核，以年度考核为主；那些过程性指标（也称为驱动性指标）放到部门层面考核，以月度（季度考核、半年度）考核为主。

企业战略地图及各部门指标示例见表3-3。

表3-3　企业战略地图及各部门指标示例

战略地图内容	公司目标	承接部门	指标名称
I1 销售拓展			
I1.1 海外空白市场开发			
I1.2 招投标命中率			
I1.3 优化销售管理机制			
I1.4 提升客户服务水平	客户满意度	销售	客户满意度
I2 生产满足			
I2.1 产值达成率		生产	生产计划达成率
I2.2 订单履约率			
I2.3 订单及时交货率	订单达成率	生产	订单达成率
I2.4 库存周转天数	库存周转天数	PMC	库存周转天数
I2.5 FQC 合格率		生产	FQC合格率
I2.6 一线员工流失率		生产	一线员工离职率
I2.7 安全工伤次数		企管、生产	安全事故次数
I3 供应链保障			
I3.1 成品采购产值达成率（通用化）			
I3.2 采购产品履约率		供应链	物料准交率
I3.3 采购品合格率		供应链	原辅料合格率
I3.4 铜棒采购周期		供应链	物料准交率
I3.5 采购降本达成率		供应链	采购降低成本计划达成率
I4 研发和品质驱动			
I4.1 新产品研发成本领先（通用化）		研技	产品通用化计划达成率
I4.2 项目开发达成率		研技	研发项目计划达成率
I4.3 新产品首次量产直通率		研技	新产品首次量产直通率
I4.4 标准化（球阀，闸阀）		研技	标准化（球阀，闸阀）计划达成率
I4.5 客验一次合格率		品质	客验合格率
I4.6 专利项申报			
I5 财务控制			
I5.1 资产投入可行性分析			
I5.2 资产稼动率跟踪反馈			
I5.3 全面预算管理		财务	公司年度费用预算控制率

续表

战略地图内容	公司日标	承接部门	指标名称
L1 人力资本建设			
L1.1 关键人才招聘与管理		人力	招聘邀约率
L1.2 加快人才梯队建设		人力	人才队伍建设
L1.3 建立人才评价体系			
L1.4 建立薪酬体系		人力	薪酬绩效体系项目实施达成率
L1.5 建立增量绩效体系		人力	绩效考核覆盖率
L2 组织资本建设提升			
L2.1 优化管理流程，提升运营效率			
L2.2 进一步提升部门管理水平	干部能力提升		
L2.3 企业文化落地，提升组织活力		人力	企业文化项目计划达成率
L3 信息资本建设			
L3.1 优化信息化系统		行政	信息服务及时性
L3.2 推进信息化项目落地			
L4 品质管理体系建设			
L4.1 优化作业标准		品质	品质异常纠正预防措施完成率
L4.2 推进体系文件落地		品质	品质异常纠正预防措施完成率
L4.3 控制产品报废率		品质	品质异常纠正预防措施完成率
L4.4 提高客检一次合格率		品质	客验合格率
L4.5 加快供应商辅导		品质	供应商帮扶达成率

【案例02】▸▸▸

海外销售部20××年度经营目标

关键绩效领域	KPI指标	单位	目标值	指标解释/计算公式	数据提供部门
财务	销售业绩	数值	1.1亿元	本年度销售业绩总额	财务中心
	预算达成率	比值	95%	本部门预算及实际的比率	财务中心

续表

关键绩效领域	KPI指标	单位	目标值	指标解释/计算公式	数据提供部门
客户	大客户开发数量	数值	2个	预计年业绩贡献在2000万元以上的客户开发数量（列出目标大客户）	营销中心
	客户流失率	比值	5%	客户流失和客户保有的情况（客户自身经营不善除外）	营销中心
内部流程	项目订单转化率	比值	100%	新产品立项和实际产生订单的比率	技术中心
	项目回报率	比值	≥3倍	产品生命周期内，项目收益与项目投入比	财务中心
学习与成长	培训计划达成率	比值	100%	实际培训完成项次/当期计划项次	管理中心
	人员流失率	比值	5%	离职人数/期初人数+入职人数（入职一周内离职不计）	管理中心
	稽核监检执行率	比值	95%	以稽核办定期、不定期抽查为准	审计委/稽核办

【案例03】

国内销售部20××年度经营目标

关键绩效领域	KPI指标	单位	目标值	指标解释/计算公式	数据提供部门
财务	销售业绩	数值	2.5亿元	本年度销售业绩总额	财务中心
	货款回收率	比值	90%	月实收货款/到期应收货款	财务中心
	预算达成率	比值	90%	本部门预算及实际的比率	财务中心
客户	大客户开发数量	数值	2	预计年业绩贡献在3000万元以上的客户开发数量（列出目标大客户）	营销中心
	老客户保护率	比值	95%	客户流失和客户保有的情况（客户自身经营不善除外）	营销中心
内部流程	呆滞成品比率	比值	5%	超过交期未交货的呆滞成品金额/当期本部门库存成品金额	生产中心
	项目订单转化率	比值	100%	新产品立项和实际产生订单的比率	技术中心
学习与成长	培训计划达成率	比值	100%	实际培训完成项次/当期计划项次	管理中心
	稽核监检执行率	比值	95%	以稽核办定期、不定期抽查为准	审计委/稽核办

【案例04】▸▸▸

研发部20××年度经营目标

关键绩效领域	KPI指标	单位	目标值	指标解释/计算公式	数据提供部门
财务	预算达成率	比值	95%	本部门预算及实际的比率	财务中心
客户	完成品设计完成数	个	24	从立项到每月产品小批量试做结束，实际完成为准	开发部
	样板设计完成数	个	36	年末处于工业设计或样板阶段的项目	开发部
	新项目准时达成率	分值	80%	（当期应完工项目数－当期超期项目数）/当期应完工项目数	营业部
内部流程	研发流程构建	日期	3月1日	制度实施日期	文控
	产品小批量试做合格率	比值	50%	产品小批量试做合格率（直通率80%以上）	品管部
学习与成长	培训计划达成率	比值	100%	实际培训完成项次/当期计划项次	管理中心
	稽核监检执行率	比值	95%	以稽核办定期、不定期抽查为准	审计委/稽核办

【案例05】▸▸▸

工程部20××年度经营目标

关键绩效领域	KPI指标	单位	目标值	指标解释/计算公式	数据提供部门
财务	预算达成率	比值	95%	部门预算及实际的比率	财务中心
	工程改善	元	200万元	品质、效率、工具、工程工序优化、效率提升等所有改善金额	工程部全员
客户	产品小批量试做前及时完成标准作业程序	比值	100%	产品小批量试做3天前标准作业程序完成	各工程担当
内部流程	量产机种软件管理自体管理体系确立		6月完成	软件专家培训，工程独立管理目标	工程部经理
	现场问题发生后1小时内分析对策	次数	100%	产线知会次数/完成比率	各工程担当
	设备完好率	比值	98%	每月设备完好率统计	设备科

续表

关键绩效领域	KPI指标	单位	目标值	指标解释/计算公式	数据提供部门
学习与成长	培训计划达成率	比值	100%	实际培训完成项次/当期计划项次	管理中心
	人员流失率	比值	5%	离职人数/期初人数+入职人数（入职一周内离职不计）	管理中心
	稽核监检执行率	比值	95%	以稽核办定期、不定期抽查为准	审计委/稽核办

【案例06】▸▸▸

采购部20××年度经营目标

关键绩效领域	KPI指标	单位	目标值	指标解释/计算公式	数据提供部门
财务	采购成本下降	比值	4%	全年采购成本在20××年单价的基础上下降5%	财务中心
	预算达成率	比值	95%	本部门预算及实际的比率	财务中心
客户	来料合格率	比值	94%	当月来料合格总批数/来料合格总批数×100%（主物料）	质量中心
	来料准交率	比值	98%	每月准时回厂总项数/每月计划回厂总项数×100%（仅对量产物料进行考核，产品小批量试做阶段物料推后考核，预约数量短装不影响生产的视为准交）	制管部
	样品来料准时率	比值	85%	每月准时总项数/每月计划总项数×100%	制管部
内部流程	采购内部流程优化	日期	4月30日	日采购部管理文件优化	采购部
	供应商管理升级	日期	12月31日	全面进行供应商评估、供应商开发、供应商辅导与管理，全面提高供应商供应品质与交期	采购部
学习与成长	培训计划达成率	比值	100%	实际培训完成项次/当期计划项次	管理中心
	稽核监检执行率	比值	95%	以稽核办定期、不定期抽查为准	审计委

【案例07】

制管部20××年度经营目标

关键绩效领域	KPI指标	单位	目标值	指标解释/计算公式	数据提供部门
财务	库存周转时间	天	40天	当期存货余额/过去三个月的平均消耗金额×30天	财务中心
	预算达成率	比值	95%	本部门预算及实际的比率	财务中心
客户	订单准交率	比值	90%	按期交货订单数/应交货订单数（订单）×100%	营销中心
	账物卡相符率	比值	98%	相符料号数量/总料号数量×100%	财务中心
内部流程	管理升级项目执行率	比值	100%	参照《管理升级任务书》时间为节点	审计委/稽核办
	呆滞物料处理	次	每月1次	参照《呆滞物料处理办法》时间为节点	审计委/稽核办
	内部流程优化	日期	4月30日	参照附件清单	制管部
学习与成长	培训计划达成率	比值	100%	实际培训完成项次/当期计划项次	管理中心
	人员流失率	比值	5%	离职人数/期初人数+入职人数（入职一周内离职不计）	管理中心
	稽核监检执行率	比值	95%	以稽核办定期、不定期抽查为准	审计委/稽核办

【案例08】

品管部20××年度经营目标

关键绩效领域	KPI指标	单位	目标值	指标解释/计算公式	数据提供部门
财务	预算达成率	比值	95%	本部门预算及实际的比率	财务中心
客户	客户月投诉	件	≤2件/月	客户月度质量批次投诉件数（含客户验货）	销售部
	产品退货率	比值	≤0.8%	退货品数/当期出货总数量×100%	销售部
	重大质量事故	件	0	安全/环保不合格和批量功能缺失的投诉件数	销售部

续表

关键绩效领域	KPI指标	单位	目标值	指标解释/计算公式	数据提供部门
内部流程	产品检验任务完成及时性	比值	98%	在规定时间里实际完成的检验任务数/计划完成的检验任务数100%	制造部/客户服务部
	产品检验的准确性	比值	99%	检验合格批次数/送检总批数×100%	客户服务部
	ES/PP品验证的及时性	比值	98%	实际完成样品确认数/计划验证样品数×100%	开发/品管
	不合格品的处理及时性	比值	95%	实际完成的不合格项/计划完成不合格项×100%	审计委
学习与成长	培训计划达成率	比值	100%	实际培训完成项次/当期计划项次	管理中心
	人员流失率	比值	5%	离职人数/期初人数+入职人数（入职一周内离职不计）	管理中心
	稽核监检执行率	比值	95%	以稽核办定期、不定期抽查为准	审计委/稽核办

【案例09】▸▸▸

人力资源部20××年度经营目标

关键绩效领域	KPI指标	单位	目标值	指标解释/计算公式	数据提供部门
财务	人力资源薪酬总额控制率	比值	95%	实际薪酬与预算薪酬总额比值	财务中心
	行政费用控制率	比值	95%	行政费用实际与预算比例	财务中心
	预算达成率	比值	95%	本部门预算及实际的比率	财务中心
客户	招聘达成率	比值	90%	入职人数/需求人数（各部门编制内人力需求）	管理中心
	公司客户验厂通过率	比值	100%	客户验厂（人权方面）通过率	业务部门数据
	员工满意度提升	比值	60%	每季度组织对员工进行满意度调查	管理中心
内部流程	绩效推行有效性	比值	100%	依据20××年绩效推行计划表实施	稽核办
	安全生产事故	件数	0%	无重大安全生产事故发生	政府数据
	企业文化活动实施率	比值	100%	依据20××年企业活动计划表予以实施	稽核办

续表

关键绩效领域	KPI指标	单位	目标值	指标解释/计算公式	数据提供部门
学习与成长	培训计划达成率	比值	100%	实际培训完成项次/当期计划项次	管理中心
	人员流失率	比值	5%	离职人数/期初人数+入职人数（入职一周内离职不计）	管理中心
	稽核监检执行率	比值	95%	以稽核办定期、不定期抽查为准	审计委/稽核办

【案例10】

财务部20××年度经营目标

关键绩效领域	KPI指标	单位	目标值	指标解释/计算公式	数据提供部门
客户	公司费用预算控制率	比值	95%	公司期间费用总额/公司期间费用预算	财务中心
	预算达成率	比值	95%	本部门预算及实际的比率	财务中心
	内部配合满意度	分值	90%	内部上、下游服务满意度	管理中心
内部流程	财务报表及时率	日期	100%	每月12日前完成内部财务报表编制工作（节日顺延，假日不顺延）	财务中心
	月度财务会议	日期	100%	每月15日前召开公司经营状况及检讨预算达成情况（节日顺延，假日不顺延）	总经办
	车间成本检讨会	日期	100%	每月14日前组织生产中心检讨工单成本（节日顺延，假日不顺延）	生产中心
学习与成长	培训计划达成率	比值	100%	实际培训完成项次/当期计划项次	管理中心
	稽核监检执行率	比值	95%	以稽核办定期、不定期抽查为准	审计委

3.4 具体岗位的绩效目标设计

员工的绩效目标来自组织目标的分解，因此，理论上讲，如果每个员工都完成了各自的绩效目标，整个组织就能完成组织目标。

全面合理的绩效目标应该是以企业发展的战略为导向，以工作分析为基础，结合业务流程来进行，支持组织和公司目标的实现。绩效目标的设计依据如下。

3.4.1　目标分解

考核目标的制定必须在公司发展战略的指导下，根据公司的年度经营计划，将企业的各项目标由公司到部门、由部门到个人，层层分解下去。下面，以一家拟尽快赶超对手成为行业规模第一的公司为例，具体见图3-10。

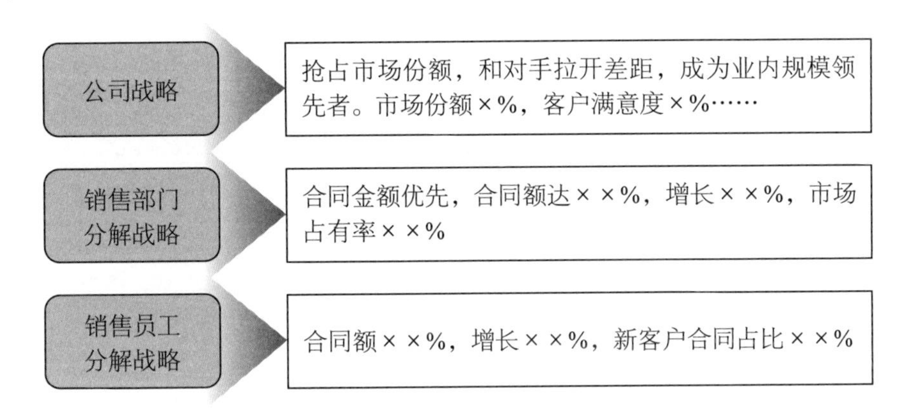

图3-10　目标分解示例

3.4.2　岗位分析

寻找与公司战略目标一致的要素，确定和这些要素相关的部门，把部门职责分解到个人的年度工作目标，结合各个岗位的工作内容和性质，初步确定该岗位绩效考核的各项要素。如某公司今年战略重心是销售规模的提升，加强销售力量是重点，“加强销售力量”的目标分解到人力资源部，可以进行如表3-4所示的分解。

表3-4　“加强销售力量”的目标分解

目标	相应职责/岗位模块	关键要素
建立导向冲锋的销售团队文化	员工关系/企业文化	◆销售团队文化规划 ◆销售团队文化宣传 ◆销售团队标杆建设
建立销售激励体系	薪酬福利/绩效管理	◆激发型激励政策建设 ◆压力传递的绩效管理政策
销售团队能力提升	学习发展/培训管理	◆培训计划 ◆培训时长 ◆讲师队伍建设 ◆知识库建设 ◆培训系统建设
销售团队建设	招聘调配	◆销售队伍有效规划 ◆核心员工稳定 ◆招聘质量 ◆招聘数量

3.4.3 流程分析

流程分析是指按照公司战略目标和价值链的梳理，寻找关键流程，综合考虑个人在业务流程中所扮演的角色、责任以及上下游之间的关系，来最终确定各个员工的当期绩效目标。某公司价值链基础业务提高资产利用率的流程分析如表3-5所示。

表3-5 某公司价值链基础业务提高资产利用率的流程分析

战略主题	绩效指标	关键流程	关键流程绩效	可能涉及的岗位
提高资产利用率	总资产周转率	应收账款管理流程	应收账款周转率	销售经理
			过期应收账款比率	销售经理
			坏账比率	销售经理
			每位销售员应收账款周转率	销售经理
		存货管理流程	存货周转率	生产计划经理
			材料周转率	生产计划经理
			产成品周转率	生产计划经理/销售经理
		固定资产管理流程	在建工程按期完工指标	企业发展部门

3.5 绩效指标（考核表）设计

不管是企业级目标还是部门级目标，都需由企业内部具体的岗位来承担，因此，具体岗位的目标要素设计是构建战略绩效体系的重中之重。

一般来说，绩效指标要素所涉及的内容有：岗位绩效考核表的设计（也有的公司称为KPI协议书、岗位目标责任书、岗位合约、绩效合约等，考核表的具体名称可根据企业需要而定）与考核指标的内容设计。

目前，比较流行的岗位绩效考核表的设计主要是将定量指标（关键业绩指标，Key Performance Indicator, KPI）、定性指标（工作目标设定，Goal Setting, GS）、素质指标（即能力态度指标，Competency Performance Indicator, CPI）相结合。

考核指标的内容包括：指标编号、指标名称、指标定义、计算公司（或考核评分标准）、指标的目标值、指标设定目的、责任人、数据来源、考核周期、考核指标的权重分配以及指标的计分方法等。

【案例11】

开发部经理月份绩效考核表

部门：　　　　开发部姓名：　　　　职务：　　　　经理月份：　　年　月

绩效计划						绩效考核				
（1）指标类别	（2）目标计划岗位	（3）单位	（4）指标解释	（5）目标值/%	（6）配分/分	（7）实际达成目标	（8）达成率（7）/（5）	（9）绩效得分（6）×（8）	（10）数据来源	（11）数据提供
财务	预算达成率	比值	附表一	95	20					财务部
客户	样板完成率	比值	附表一	90	15					营销中心
	产品小批量试做合格率	比值	附表一	50	20					品管部
	新项目产品小批量试做准交率	比值	附表一	50	0					工程部
	BOM（物料清单）准确率	比值	附表一	100	15					制管部
内部流程	新项目节点准时达成率	比值	附表一	50	20					本部门提供稽核审核
学习与成长	培训计划达成率	比值	附表一	100	5					行政部
上级评价	稽核监检执行率	比值	附表一	95	5					稽核
合计：					100					
计划人：			日期：			被考核人：			直接上级：	
上司：			日期：			绩效专员：			行政人事部主管：	

附表一

KPI指标	年度目标解释与计算方法
预算达成率	定义：本部门每月所发生的可控费用的控制率，由财务部负责解释 计算公式：每月可控实际费用/每月可控预算×100%
样板完成数	定义：年末处于工业设计或样板阶段的项目，样板设计完成数量，由营销中心部负责解释 计算公式：简单累加

续表

KPI指标	年度目标解释与计算方法
产品小批量试做合格率	定义：当月产品小批量试做合格率（直通率70%以上）与当月产品小批量试做总批数的比值，由品管部负责解释 计算公式：当月产品小批量试做合格率（直通率70%以上）/当月产品小批量试做总批数×100%
新项目产品小批量试做准交率	定义：当月新项目产品小批量试做按期准交数量与当月新项目产品小批量试做需交总数量的比值，由制管部负责解释 计算公式：当月新项目产品小批量试做按期准交数量/当月新项目产品小批量试做需交总数量×100%
BOM准确率	定义：当月产品BOM表准确数量与当月提供产品BOM表总数量的比值，由制管部负责解释 计算公式：当月提供产品BOM表准确数量/当月提供产品BOM表总数量×100%
新项目节点准时达成率	定义：开发当期项目时间跨度以月为单位，所有项目的每个评审节点之和为当月项目总节点，新项目准时达成节点与项目总节点的比值，由开发部负责解释 计算公式：当期项目准时达成节点/当期项目数应完工总节点×100%
培训计划达成率	定义：各部门每月培训计划及时完成的情况，由行政人事部解释 计算公式：每月实际完成培训课时/每月计划培训课时×100%
稽核监检执行率	定义：部门稽核执行率=稽核抽查执行次数/抽查总次数×100%，由稽核专员负责解释 计算公式：当项配分×部门稽核执行率

【案例12】

市场部经理月份绩效考核表

部门：　　　　市场部姓名：　　　　职务：　　　　经理月份：　　年　月

绩效计划						绩效考核				
(1) 指标类别	(2) 目标计划岗位	(3) 单位	(4) 指标解释	(5) 目标值	(6) 配分/分	(7) 实际达成目标	(8) 达成率(7)/(5)	(9) 绩效得分(6)×(8)	(10) 数据来源	(11) 数据提供
财务	接单业绩（万元）	数值	附表一	896	20					财务部
	销售业绩（万元）	数值	附表一	867	15					财务部
	预算达成率	比值	附表一	95%	20					财务部
客户	账款回收准时率	比值	附表一	90%	15					财务部
	准时出货率	比值	附表一	98%	10					制管部
内部流程	新客户成交数量	每月	附表一	1家	10					财务部

续表

绩效计划						绩效考核				
(1)指标类别	(2)目标计划岗位	(3)单位	(4)指标解释	(5)目标值	(6)配分/分	(7)实际达成目标	(8)达成率(7)/(5)	(9)绩效得分(6)×(8)	(10)数据来源	(11)数据提供
学习与成长	培训计划达成率	比值	附表一	100%	5					行政
上级评价	稽核监检执行率	比值	附表一	95%	5					稽核
合计:					100					
计划人:			日期:			被考核人:			直接上级:	
上司:			日期:			绩效专员:			行政人事部主管:	

附表一

KPI指标	年度目标解释与计算方法
接单业绩(万元)	定义:是指海外市场本月销售接单总额,由财务部负责解释 计算公式:销售接单总额简单累加
销售业绩(万元)	定义:是指海外市场本月销售收入总额,由财务部负责解释 计算公式:销售收入简单累加
预算达成率	定义:本部门每月所发生的可控费用的控制率,由财务部负责解释 计算公式:每月可控实际费用/每月可控预算×100%
账款回收准时率	定义:在合同期限内到期及时回款金额总数与在合同期限内到期账款金额总数的比值,由财务部负责解释 计算公式:在合同期限内到期及时回款金额总数/在合同期限内到期账款金额总数×100%
准时出货率	定义:按期出货订单数与应出货订单数(订单)的比值(不含产品小批量试做订单、不含制管超期订单),由制管部负责解释 计算公式:按期出货订单数/应出货订单数(订单)×100%
新客户成交数量	定义:是指海外市场当月新客户成交数量(以当月客户下首单给工厂为准),由制管部负责解释 计算公式:简单累加
培训计划达成率	见【案例11】开发部经理月份绩效考核表的附表一的解释
稽核监检执行率	见【案例11】开发部经理月份绩效考核表的附表一的解释

【案例13】

工程技术部经理月份绩效考核表

部门：工程技术部姓名：　　职务：经理月份：　　年　月

绩效计划						绩效考核				
（1）指标类别	（2）目标计划岗位	（3）单位	（4）指标解释	（5）目标值	（6）配分/分	（7）实际达成目标	（8）达成率（7）/（5）	（9）绩效得分（6）×（8）	（10）数据来源	（11）数据提供
财务	预算达成率	比值	附表一	95%	20					财务部
客户	产品小批量试做前及时完成标准作业程序	比值	附表一	100%	18					品管部
内部流程	改善件数（收益≥5000元为1件）	件数	附表一	10	17					制造部
	生产异常对应处理及时率	比值	附表一	98%	15					制造部
	订单结案技术资料修订及时率	比值	附表一	100%	10					制管部
学习与成长	人员流失率	比值	附表一	5%	5					行政部
	培训计划达成率（每月按照培训计划安排培训）	比值	附表一	100%	5					行政部
上级评价	异常处理的及时性、有效性	比值	附表一	100%	5					上级
	稽核监检执行率	比值	附表一	95%	5					稽核
合计：					100					
计划人：		日期：				被考核人：			直接上级：	
上司：		日期：				绩效专员：			行政人事部主管：	

附表一

KPI指标	年度目标解释与计算方法
预算达成率	定义：本部门每月所发生的可控费用的控制率，由财务部负责解释 计算公式：每月可控实际费用/每月可控预算×100%

续表

KPI指标	年度目标解释与计算方法
产品小批量试做前及时完成标准作业程序	定义：项目产品小批量试做三天之前完成所有标准作业程序制定、发行，由品管部负责解释 计算公式：产品小批量试做准时发行标准作业程序项目数量/产品小批量试做应发行标准作业程序项目总数量×100%
改善件数（收益≥5000元为1件）	定义：工程部从品质、工序优化、效率等技改金额收益≥5000元计为1件，由制造部负责解释 计算公式：简单累加
生产异常对应处理及时率	定义：以生产异常通知所要求完成时间节点考核工程对异常处理的及时性（工艺异常），由制造部负责解释 计算公式：按时间节点及时处理总件数/按时间节点应处理总件数×100%（时间跨度以月为单位）
订单结案技术资料修订及时率	定义：工程按订单结案要求按时完成技术资料的修订，由制造部负责解释 计算公式：准时修订产品技术资料数量/应修订产品技术资料总数×100%（以产品为单位进行统计）
人员流失率	定义：员工离职的人数与公司总人数之比（入职一周内离职不计），由行政人事部负责解释 计算公式：离职人数/（期初人数+入职人数）×100%
培训计划达成率	见【案例11】开发部经理月份绩效考核表的附表一的解释
异常处理的及时性、有效性	定义：结合工程部门异常处理的及时性和有效性进行评分，具体由上级负责解释
稽核监检执行率	见【案例11】开发部经理月份绩效考核表的附表一的解释

【案例14】

品管部经理月份绩效考核表

部门：　　　　品管部姓名：　　　　职务：　　　　经理月份：　年　月

绩效计划						绩效考核				
（1）指标类别	（2）目标计划岗位	（3）单位	（4）指标解释	（5）目标值	（6）配分/分	（7）实际达成目标	（8）达成率（7）/（5）	（9）绩效得分（6）×（8）	（10）数据来源	（11）数据提供
财务	预算达成率	比值	附表一	95%	20					财务部
客户	客户月投诉≤4件/月	件	附表一	4	15					营销中心

续表

绩效计划						绩效考核				
(1)指标类别	(2)目标计划岗位	(3)单位	(4)指标解释	(5)目标值	(6)配分/分	(7)实际达成目标	(8)达成率(7)/(5)	(9)绩效得分(6)×(8)	(10)数据来源	(11)数据提供
内部流程	来料上线合格率	比值	附表一	98%	20					制造部
	重点供应商辅导计划	家数	附表一	2	10					采购部
	生产异常结案及时率	比值	附表一	100%	15					制造部
	来料检验及时率	比值	附表一	98%	10					制管部
学习与成长	培训计划达成率	比值	附表一	100%	5					行政部
上级评价	稽核监检执行率	比值	附表一	95%	5					稽核
合计:					100					
计划人:			日期:			被考核人:			直接上级:	
上司:			日期:			绩效专员:			行政人事部主管:	

附表一

KPI指标	年度目标解释与计算方法
预算达成率	定义:本部门每月所发生的可控费用的控制率,由财务部负责解释 计算公式:每月可控实际费用/每月可控预算×100%
客户月投诉≤4件/月	定义:客户月度质量批次投诉件数(含客户验货),由营销中心负责解释 计算公式:简单累加
来料上线合格率	定义:上线不良批数与领料总批数的比值(不良率在N%以上),由制造部负责解释(批次以来料上线不良品质异常联络单为准) 计算公式:上线不良批数/领料总批数×100%
重点供应商辅导计划	定义:每月辅导重点供应商2家(需附辅导报告),由采购部负责解释 计算公式:简单累加
生产异常结案及时率	定义:由品管部门造成的异常处理及时率(数据以发出的异常联络单为准),由制造部负责解释 计算公式:品质异常及时结案数/品质异常应及时结案数×100%
来料检验及时率	见【案例11】开发部经理月份绩效考核表的附表一的解释
培训计划达成率	定义:各部门每月培训计划及时完成的情况,由行政人事部解释 计算公式:每月实际完成培训课时/每月计划培训课时×100%
稽核监检执行率	见【案例11】开发部经理月份绩效考核表的附表一的解释

【案例15】

制管部经理月份绩效考核表

部门：　　　　　　　　制管部姓名：　　　　　　　　职务：　　　　　　　　经理月份：　　年　月

绩效计划						绩效考核				
（1）指标类别	（2）目标计划岗位	（3）单位	（4）指标解释	（5）目标值	（6）配分/分	（7）实际达成目标	（8）达成率（7）/（5）	（9）绩效得分（6）×（8）	（10）数据来源	（11）数据提供
财务	库存周转天数	天	附表一	60	25					财务部
	预算达成率	比值	附表一	95%	20					财务部
客户	订单准交率	比值	附表一	89%	15					营销中心
	账物卡相符率	比值	附表一	98%	5					财务部
内部流程	上线工单物料齐套率	比值	附表一	100%	15					制造部
	订单结案及时率（物料、标准）	比值	附表一	90%	10					本部门提供稽核审核
学习与成长	培训计划达成率	比值	附表一	100%	5					行政
上级评价	稽核监检执行率	比值	附表一	95%	5					稽核
合计：					100					
计划人：			日期：			被考核人：			直接上级：	
上司：			日期：			绩效专员：			行政人事部主管：	

附表一

KPI指标	年度目标解释与计算方法
库存周转天数	定义：当期存货余额与过去三个月的平均消耗金额×30天的比值（不含模具库存金额），由财务部负责解释 计算公式：当期存货余额/过去三个月的平均消耗金额×30天
预算达成率	定义：本部门每月所发生的可控费用的控制率，由财务部负责解释 计算公式：每月可控实际费用/每月可控预算×100%
订单准交率	定义：按期交货订单数与应交货订单数（订单）的比值（不含PP订单），由营销中心负责解释 计算公式：按期交货订单数/应交货订单数（订单）×100%
账物卡相符率	定义：相符料号数量/总料号数量（以财务抽盘为准）的比值，由财务部负责解释 计算公式：相符料号数量/总料号数量×100%

续表

KPI指标	年度目标解释与计算方法
上线工单物料齐套率	定义：以生产部门产前领料物料齐套工单数为准（以工单为单位进行统计），由制造部负责解释 计算公式：物料齐套工单数量/应齐套物料工单数量×100%
订单结案及时率（物料、标准）	定义：对完工的订单做订单结案物料的处理及标准的修订，由制管部负责解释 计算公式：已做订单结案处理数量/应做订单结案数量×100%
培训计划达成率	见【案例11】开发部经理月份绩效考核表的附表一的解释
稽核监检执行率	见【案例11】开发部经理月份绩效考核表的附表一的解释

【案例16】

采购部经理月份绩效考核表

部门：　　采购部姓名：　　职务：　　经理月份：　　年　月

绩效计划						绩效考核				
（1）指标类别	（2）目标计划岗位	（3）单位	（4）指标解释	（5）目标值/%	（6）配分/分	（7）实际达成目标	（8）达成率（7）/（5）	（9）绩效得分（6）×（8）	（10）数据来源	（11）数据提供
财务	采购成本下降	比值	附表一	1	20					财务部
	预算达成率	比值	附表一	95	20					财务部
客户	来料合格率	比值	附表一	86	15					品管部
	来料准交率	比值	附表一	93	15					制管部
	样品物料准交率	比值	附表一	65	10					开发部
内部流程	新供应商开发达成率	比值	附表一	100	10					上级
学习与成长	培训计划达成率	比值	附表一	100	5					行政
上级评价	稽核监检执行率	比值	附表一	95	5					稽核
合计：					100					
计划人：			日期：			被考核人：			直接上级：	
上司：			日期：			绩效专员：			行政人事部主管：	

附表一

KPI指标	年度目标解释与计算方法
预算达成率	定义：本部门每月所发生的可控费用的控制率，由财务部负责解释 计算公式：每月可控实际费用/每月可控预算×100%
财务报表及时率	定义：每月12日前完成内部财务报表编制工作（节日顺延，假日不顺延），由财务部负责解释 计算公式：在当月规定时间内提交视为100%达成
仓库库存抽盘及时率	定义：当月每周不低于2次对仓库库存抽盘总次数与当月应抽盘次数的比值，由制管部负责解释 计算公式：当月抽盘总次数/当月应抽盘次数×100%
预算检讨会召开及时率	定义：当月预算检讨会议准时（此会议时间控制在财务分析之前）召开，由财务部负责解释 计算公式：准时召开则100%达成，否则为0
财务分析会召开及时率	定义：当月财务分析会议准时（此会议时间定在每月15日）召开，由财务部负责解释 计算公式：准时召开则100%达成，否则为0
培训计划达成率	见【案例11】开发部经理月份绩效考核表的附表一的解释
稽核监检执行率	见【案例11】开发部经理月份绩效考核表的附表一的解释

【案例17】▸▸▸

行政人事部经理月份绩效考核表

部门：　　　　　行政人事部姓名：　　　　　职务：　　　　　经理月份：　　年　月

绩效计划						绩效考核				
（1）指标类别	（2）目标计划岗位	（3）单位	（4）指标解释	（5）目标值/%	（6）配分/分	（7）实际达成目标	（8）达成率（7）/（5）	（9）绩效得分（6）×（8）	（10）数据来源	（11）数据提供
财务	预算达成率	比值	附表一	95	20					财务部
客户	招聘达成率	比值	附表一	75	25					本部门提供稽核审核
	公司客户验厂通过率	比值	附表一	100	5					
	伙食满意度	比值	附表一	60	10					
内部流程	绩效数据提供及时性	比值	附表一	100	20					
	企业文化活动实施率	比值	附表一	100	5					

（续表）

绩效计划						绩效考核				
（1）指标类别	（2）目标计划岗位	（3）单位	（4）指标解释	（5）目标值/%	（6）配分/分	（7）实际达成目标	（8）达成率（7）/（5）	（9）绩效得分（6）×（8）	（10）数据来源	（11）数据提供
学习与成长	人员流失率	比值	附表一	5	10					本部门提供稽核审核
上级评价	稽核监检执行率	比值	附表一	95	5					稽核
合计：					100					
计划人：			日期：			被考核人：			直接上级：	
上司：			日期：			绩效专员：			行政人事部主管：	

附表一

KPI指标	年度目标解释与计算方法
预算达成率	定义：本部门每月所发生的可控费用的控制率，由财务部负责解释 计算公式：每月可控实际费用/每月可控预算×100%
招聘达成率	定义：当月入职人数与需求人数（各部门编制内人力需求）的比值，由行政人事部负责解释 计算公式：入职人数/需求人数×100%
公司客户验厂通过率	定义：当月客户验厂（人权方面）通过率，由行政人事部负责解释 计算公式：客户验厂通过总数/客户验厂应通过总数×100%
伙食满意度	定义：每月组织1次对员工进行满意度调查（覆盖员工20%），由行政人事部负责解释 计算公式：调查总得分数/调查总人数（调查问卷分数为100分制）
绩效数据提供及时性	定义：参照《绩效管理办法》时间节点及时、完整、准确地提交绩效数据，由行政人事部负责解释 计算公式：绩效数据提供合格总数/绩效数据提供总数×100%
企业文化活动实施率	定义：当月企业文化活动计划实施执行率，由行政人事部负责解释 计算公式：企业文化活动已实施数量/企业文化活动计划实施数量×100%
人员流失率	定义：员工离职的人数与公司总人数之比（入职一周内离职不计），由行政人事部负责解释 计算公式：离职人数/（期初人数+入职人数）×100%
稽核监检执行率	定义：部门稽核执行率=稽核抽查执行次数/抽查总次数×100%，由稽核专员负责解释 计算公式：当项配分×部门稽核执行率

【案例18】

财务部经理月份绩效考核表

部门：　　财务部姓名：　　职务：　　经理月份：　年　月

绩效计划						绩效考核				
(1)指标类别	(2)目标计划岗位	(3)单位	(4)指标解释	(5)目标值	(6)配分/分	(7)实际达成目标	(8)达成率(7)/(5)	(9)绩效得分(6)×(8)	(10)数据来源	(11)数据提供
财务	预算达成率	比值	附表一	95%	20					财务部
内部流程	财务报表及时率	比值	附表一	100%	15					上级
	仓库库存抽盘及时率	比值	附表一	100%	10					制管部
	预算检讨会召开及时率	比值	附表一	100%	20					财务部
	财务分析会召开及时率	日期	附表一	每月14日	25					财务部
学习与成长	培训计划达成率	比值	附表一	100%	5					行政部
上级评价	稽核监检执行率	比值	附表一	95%	5					稽核
合计：					100					
计划人：			日期：			被考核人：			直接上级：	
上司：			日期：			绩效专员：			行政人事部主管：	

附表一

KPI指标	年度目标解释与计算方法
预算达成率	定义：本部门每月所发生的可控费用的控制率，由财务部负责解释 计算公式：每月可控实际费用/每月可控预算×100%
财务报表及时率	定义：每月12日前完成内部财务报表编制工作（节日顺延，假日不顺延），由财务部负责解释 计算公式：在当月规定时间内提交视为100%达成
仓库库存抽盘及时率	定义：当月每周不低于2次对仓库库存抽盘总次数与当月应抽盘次数的比值，由制管部负责解释 计算公式：当月抽盘总次数/当月应抽盘次数×100%

续表

KPI指标	年度目标解释与计算方法
预算检讨会召开及时率	定义：当月预算检讨会议准时（此会议时间控制在财务分析之前）召开，由财务部负责解释 计算公式：准时召开则100%达成，否则为0
财务分析会召开及时率	定义：当月财务分析会议准时（此会议时间定在每月15日）召开，由财务部负责解释 计算公式：准时召开则100%达成，否则为0
培训计划达成率	见【案例11】开发部经理月份绩效考核表的附表一的解释
稽核监检执行率	见【案例11】开发部经理月份绩效考核表的附表一的解释

Chapter 4

第4章 绩效考核实施

4.1 归集考核数据

考核数据的收集统计是否及时真实和准确有效，将直接影响和决定考核结果。具体怎么来做，各企业可能做法不一。有的会及时收集数据，而有的到考核时才开始收集数据；有的由部门自行统计，有的由专门的绩效专员进行统计。

4.1.1 确保考核数据收集的便利性

企业在设置绩效考核指标时，要考虑到有利于绩效考核数据的收集。

（1）对于绩效考核数据，必须考虑到各部门统计的口径、标准、方法及数据来源是否保持一致，如生产车间的良品率，统一品保部和生产车间的计算方式、数据来源。

（2）对有些绩效指标必须设置，且数据无法收集的情况，必须建立或找到相关流程和制度来保证绩效考核数据的收集。

4.1.2 确保绩效考核数据收集的及时性和有效性

企业要尽量避免在月底对绩效考核数据的收集，平时应注意收集考核数据。

（1）如考核指标为“投诉次数”，应在每周固定时间询问绩效对接员是否有相关投诉记录及如何解决的，是否是有效投诉。询问投诉窗口是否有投诉（包括口头投诉和文本投诉）及投诉是如何解决的。

（2）如考核指标为“仓库盘点”，应定时检查盘点记录，并参与抽盘。

4.1.3 对绩效考核数据收集人员进行培养

（1）在条件允许的情况下，在各事业部/中心设置绩效考核数据收集的部门负责人和岗位。

（2）加强对数据收集人员的培训，每周与数据收集人员进行一次沟通，并接受数据收集人员的咨询，必须保证数据收集人员无异议。

（3）对数据收集人员的业绩进行肯定，并将此项工作纳入绩效考核，不设权重，采用倒扣分制和加分制。

4.1.4 明确对提供虚假数据的惩罚

在数据收集过程中，可能会出现作假的情况，比如，因数据收集难度大想走捷径、怕得罪同事而改写数据、将明显不属于统计范围内的数据也计算进来。类似这种情况，公司应该制定明确的制度，对其严肃处理，根据情节轻重，给予不同轻重的处分。严厉打击徇私舞弊的行为。

4.1.5　确绩效考核数据统计收集的途径

4.1.5.1　从组织层面进行收集

明确各部门的职责划分，确定各部门的工作流转衔接，打破部门间的界面盲区。需要对界面管理做出清晰的界定，如财务部需要收集的数据，界面由谁来管理；生产部门的绩效数据，界面由谁来管理；人力资源部由谁来收集数据，界面又由谁来管理。

对于部门之间职责划分有模糊地带的情况，人力资源部要有相应的职权去打破各部门之间的界面盲区，进行密切的配合。如仓库的抽盘需要计划部或财务部进行盘点，在与计划部或财务部进行沟通的过程中，他们会从自身的工作需要和强度去考虑要不要接受此项工作。这时候就需要人力资源部强势介入，要求计划部或财务部定期进行盘点，以获取考核仓库的绩效数据。

4.1.5.2　从工作流程层面进行收集

（1）是否明确提供数据的上下权责。

（2）是否设立了数据的子流程，也就是工作细化到人。

（3）是否对流程各步骤间的界面进行管控。

（4）是否有专人对全流程负责。

4.1.6　考核数据收集与统计的时间及方法

考核数据收集与统计的时间及方法，要根据公司内部不同的部门和不同工作性质要求而定，有些部门及岗位可以按天、周、月、季度或是时段规定期等进行统计，但有些部门只能按季度或是更长时间进行统计。时间长短由工作性质来确定比例合适，否则统计的数据也不会准确。考核目标的数据能按天统计的，避免按周统计，能按周统计的就不要按月统计。在越短时间内拿到的数据可靠性就越高，避免夜长梦多的事情发生。

4.1.7　考核数据统计周期

4.1.7.1　生产部

每天统计当天的目标有生产达成率、QA 抽检合格率、QC 检查合格率、物料超损耗率等项目，将这些目标汇总，做成日报表。每周统计生产设备漏保养次数，这个目标是监督生产设备工程部的目标，此目标并非生产部目标。将每日统计的目标进行汇总平均，得出周目标，做成周报表、月报表。

4.1.7.2　品质部

品质的统计方法与生产部雷同，抽检批数合格率、首检准备率、漏判与误码判次数，也是每日统计，周统计，月统计。这些目标都必须及时反映生产品质情况，以便相关管理人员做出相应的改善方法。

4.1.7.3 开发部

开发部的目标相对于整个公司来说，数据统计周期是比较长的，一般情况下都是一个季度一次，很难在一个月内能完成一个项目的开发周期。对于电子产品来说，正常的开发周期是3个月，有的需要时间更长一些，这也要看产品的复杂性。开发部的目标有设计验证合格率、产品开发进度准时率、开发成本超预算等。

4.1.7.4 职能性部门

所有职能部门都按月进行统计，职能部门的数据不会像生产部门那么及时，只要安排时执行工作，就不会影响正常运作。

如果生产性部门影响一天，损失就不是一个小数目。员工工资、因不能及时按合同规定时间正常发货而不得不走航空快递而产生的运费等，这些都是增加出来的成本。

4.1.8 明确考核数据的验证部门

为了目标数据的准确、可靠，所有目标都必须有下工序或下工序部门验证，如生产达成率，生产部统计后，PMC还需进行验证数据的准确性，当然也不是每天都验证，每周是要验证一次的。生产部周报的目标数与PMC的周报所统计的目标数不同时，则按PMC的数据为准。所以生产部门计算出最终目标时，需与PMC核对是否相同。

如果数据有差异，在周会上总经理应要求两个部门做出解释，谁都不会在会议上浪费大家时，也不想因为做解释而丢面子，所以大家都会在报表审核前就将这些数据核实。

有了部门间的相互监督与统计，数据的准确度相对会高，而且也会及时。只要部门的目标及时地统计出来，就不怕岗位的目标数据不及时了，由绩效人员定期跟进，时间长了就形成习惯了，习惯就成了自然。

4.1.9 考核数据的收集与汇总

相关数据提报人在规定的时间，按公司的要求，按时提报相关考核指标汇总表或台账，就能知道考核数据结果，所以收集考核数据，必须先收集考核汇总表及台账。

收集前，此表须经提报人自查，上级审核检查后，交绩效考核专员汇总，然后交由各考核部门按数据结果进行考核。

审核检查的目的是保证数据的质量，管理者应当确认有关绩效的数据是否准确、是否完整以及适用性如何，如果发现数据中有不符合要求的地方，或者还需要对某些数据进行证实时，管理者要把这些数据和通过另一种渠道（如工作样本分析、错误报告、投诉记录、管理者反馈等）收集的数据进行对比，以判断所收集的原始信息的准确性和可信性。

【案例01】

某企业绩效数据规划与统计

1. 绩效指标管理一览表

部门	姓名	职务	绩效计划				绩效考核	数据统计频率	数据构建状况（是/否）	完成率
			（2）目标计划岗位	（3）单位	（5）目标值	（6）配分/分	（11）数据提供			
海外销售部		经理	接单业绩（万元）	数值	896	20	财务部	日/次		
海外销售部		经理	销售业绩（万元）	数值	867	15	财务部	日/次		
海外销售部		经理	预算达成率	比值	95%	20	财务部	月/次		
海外销售部		经理	账款回收准时率	比值	90%	15	财务部	日/次		
海外销售部		经理	准时出货率	比值	98%	10	制管部	日/次		
海外销售部		经理	新客户成交数量	每月	1家	10	财务部	月/次		
海外销售部		经理	培训计划达成率	比值	100%	5	行政部	月/次		
海外销售部		经理	稽核监检执行率	比值	95%	5	稽核	日/次		
开发部		经理	预算达成率	比值	95%	20	财务部	月/次		
开发部		经理	样板完成率	比值	90%	15	营销中心	日/次		
开发部		经理	产品小批量试做合格率	比值	50%	20	品管部	日/次		
开发部		经理	新项目产品小批量试做准交率	比值	50%	0	工程部技术	日/次		
开发部		经理	BOM准确率	比值	100%	15	制管部	日/次		
开发部		经理	新项目节点准时达成率	比值	50%	20	本部门提供稽核审核	周/次		
开发部		经理	培训计划达成率	比值	100%	5	行政部	月/次		
开发部		经理	稽核监检执行率	比值	95%	5	稽核	日/次		
工程部技术		经理	预算达成率	比值	95%	20	财务部	月/次		
工程部技术		经理	产品小批量试做前及时完成标准作业程序	比值	100%	18	品管部	日/次		
工程部技术		经理	改善件数（收益≥5000元为1件）	件数	10	17	制造一部–模具塑胶部	日/次		
工程部技术		经理	生产异常对应处理及时率	比值	98%	15	制造一部–模具塑胶部	日/次		

续表

部门	姓名	职务	绩效计划				绩效考核	数据统计频率	数据构建状况（是/否）	完成率
			（2）目标计划岗位	（3）单位	（5）目标值	（6）配分/分	（11）数据提供			
工程部技术		经理	订单结案技术资料修订及时率	比值	100%	10	制管部	周/次		
工程部技术		经理	人员流失率	比值	5%	5	行政部	日/次		
工程部技术		经理	培训计划达成率（每月按照培训计划安排培训）	比值	100%	5	行政部	月/次		
工程部技术		经理	异常处理的及时性、有效性	比值	100%	5	工程部技术	日/次		
工程部技术		经理	稽核监检执行率	比值	95%	5	稽核	日/次		
工程部设备		经理	预算达成率	比值	95%	20	财务部	月/次		
工程部设备		经理	工装治具达成率	比值	100%	20	制造一部-模具塑胶部	日/次		
工程部设备		经理	改善件数（收益≥5000元为1件）	件数	5	15	制造一部-模具塑胶部	日/次		
工程部设备		经理	改善件数（收益≥5万元为1件）	件数	1	10	制造一部-模具塑胶部	日/次		
工程部设备		经理	生产异常对应处理及时率	比值	98%	20	制造一部-模具塑胶部	日/次		
工程部设备		经理	设备完好率	比值	98%	5	制造一部-模具塑胶部	日/次		
工程部设备		经理	培训计划达成率（每月按照培训计划安排培训）	比值	100%	5	行政部	月/次		
工程部设备		经理	稽核监检执行率	比值	95%	5	稽核	日/次		
品管部		经理	预算达成率	比值	95%	20	财务部	月/次		
品管部		经理	客户月投诉≤4件/月	件	4	15	营销中心	日/次		
品管部		经理	来料上线合格率	比值	98%	20	制造一部-模具塑胶部	日/次		
品管部		经理	重点供应商辅导计划	家数	2	10	采购部	月/次		
品管部		经理	生产异常结案及时率	比值	100%	15	制造一部-模具塑胶部	日/次		

续表

部门	姓名	职务	绩效计划				绩效考核	数据统计频率	数据构建状况（是/否）	完成率
			（2）目标计划岗位	（3）单位	（5）目标值	（6）配分/分	（11）数据提供			
品管部		经理	来料检验及时率	比值	98%	10	制管部	日/次		
品管部		经理	培训计划达成率	比值	100%	5	行政部	月/次		
品管部		经理	稽核监检执行率	比值	95%	5	稽核	日/次		
制管部		经理	库存周转天数	天	60	25	财务部	月/次		
制管部		经理	预算达成率	比值	95%	20	财务部	月/次		
制管部		经理	订单准交率	比值	89%	15	营销中心	日/次		
制管部		经理	账物卡相符率	比值	98%	5	财务部	周/次		
制管部		经理	上线工单物料齐套率	比值	100%	15	制造一部-模具塑胶部	日/次		
制管部		经理	订单结案及时率（物料、标准）	比值	90%	10	本部门提供稽核审核	周/次		
制管部		经理	培训计划达成率	比值	100%	5	行政部	月/次		
制管部		经理	稽核监检执行率	比值	95%	5	稽核	日/次		
采购部		经理	采购成本下降	比值	1%	20	财务部	月/次		
采购部		经理	预算达成率	比值	95%	20	财务部	月/次		
采购部		经理	来料合格率	比值	86%	15	品管部	日/次		
采购部		经理	来料准交率	比值	93%	15	制管部	日/次		
采购部		经理	样品物料准交率	比值	65%	10	开发部	日/次		
采购部		经理	新供应商开发达成率	比值	100%	10	采购部	月/次		
采购部		经理	培训计划达成率	比值	100%	5	行政部	月/次		
采购部		经理	稽核监检执行率	比值	95%	5	稽核	日/次		
行政人事部		经理	预算达成率	比值	95%	20	财务部	月/次		
行政人事部		经理	招聘达成率	比值	75%	25	本部门提供稽核审核	日/次		
行政人事部		经理	公司客户验厂通过率	比值	100%	5	本部门提供稽核审核	日/次		
行政人事部		经理	伙食满意度	比值	60%	10	本部门提供稽核审核	月/次		
行政人事部		经理	绩效数据提供及时性	比值	100%	20	本部门提供稽核审核	月/次		

续表

部门	姓名	职务	绩效计划				绩效考核	数据统计频率	数据构建状况（是/否）	完成率
			（2）目标计划岗位	（3）单位	（5）目标值	（6）配分/分	（11）数据提供			
行政人事部		经理	企业文化活动实施率	比值	100%	5	本部门提供稽核审核	月/次		
行政人事部		经理	人员流失率	比值	5%	10	本部门提供稽核审核	日/次		
行政人事部		经理	稽核监检执行率	比值	95%	5	稽核	日/次		
财务部		经理	预算达成率	比值	95%	20	财务部	月/次		
财务部		经理	财务报表及时率	比值	100%	15	财务部	月/次		
财务部		经理	仓库库存抽盘及时率	比值	100%	10	制管部	周/次		
财务部		经理	预算检讨会召开及时率	比值	100%	20	财务部	月/次		
财务部		经理	财务分析会召开及时率	日期	每月14日	25	财务部	月/次		
财务部		经理	培训计划达成率	比值	100%	5	行政部	月/次		
财务部		经理	稽核监检执行率	比值	95%	5	稽核	日/次		

2. 绩效指标统计情况总表

数据统计部门	统计数量	已完成数量	完成比率	稽核时间
财务部	21			每周不定时3次
行政人事部	17			每周不定时3次
稽核	11			每周不定时3次
制管部	10			每周不定时3次
品管部	6			每周不定时3次
开发部	4			每周不定时3次
营销中心	3			每周不定时3次
工程技术	2			每周不定时3次
采购部	2			每周不定时3次

【案例02】

某企业经营目标数据统计指南

序号	承接部门	类型	管理指标（KPI）	单位	目标值	计算方式	考核周期	统计部门	基础表单	统计报表	备注
1	营销中心	财务	销售业绩	万元	8000	简单累加		财务部			
2	营销中心	财务	毛利率	比值	≥52%	标准成本/销售价格×100%		财务部			
3	营销中心	财务	账款回收率	比值	≥90%	已收到应收款总额/到期应收款总额×100%		财务部			
4	营销中心	客户	有效线索转化率（新客户成交）	比值	≥3%	按当期实际成交新客数量简单累加/当期分配之询盘数量×100%		营销中心			
5	营销中心	客户	成品出货及时率	比值	100%	准时出货项数/总需求出货项数×100%		资材部			
6	营销中心	客户	客户满意度	分值	≥95分	满意度调查平均得分		营销中心			
7	营销中心	内部营运	有效线索收集率（国内）	比值	≥50%	有效线索收集数量÷平台累加询盘数×100%		营销中心			
8	营销中心	内部营运	有效询盘数（外贸）	条/月	210条/月	当期询盘数量累加之和		营销中心			
9	营销中心	内部营运	营销手册完善	日期	5月31日	按时间完成时间计算		管理部			
10	营销中心	内部营运	错退率	比值	≤0.2%	损失简单累加之和÷当期销售额×100%		财务部			
11	营销中心	学习与发展	培养达到高级、中级业务人员人数	人数/年	14	简单累加		管理部			
12	营销中心	学习与发展	培训计划达成率	比值	100%	每月实际完成培训课时/每月计划培训课时×100%		管理部			
13	研发中心	财务	设计降低成本金额	万元/年	≥200	（降低成本前成本－改善后成本）×订单数量		财务部			

续表

序号	承接部门	类型	管理指标（KPI）	单位	目标值	计算方式	考核周期	统计部门	基础表单	统计报表	备注
14	研发中心	客户	报价及时率	比值	≥90%	按时报价项数/报价总需求项数×100%		营销中心			
15	研发中心	客户	样品直通率	比值	≥90%	按时且合格的项数/总需求项数×100%		营销中心			
16	研发中心	内部营运	项目计划达成率	比值	≥95%	项目计划按时完成节点数/项目计划总节点数×100%		稽查			
17	研发中心	内部营运	技术资料错误次数	次/月	0次	简单累加		资材部			
18	研发中心	内部营运	研发体系建设	日期	3月31日	以实际完成时间做记录		管理部			
19	研发中心	培训发展	培训计划达成率	比值	100%	每月实际完成培训课时/每月计划培训课时×100%		管理部			
20	工厂	财务	物料损耗率	比值	≤0.1%	当月生产报废金额/当月生产入库金额×100%		财务部			
21	工厂	财务	人均产值	元/H	≥205	当月入库总产值/全厂投入总工时		财务部			
22	工厂	财务	库存周转次数	次/月	≥0.6	出库的原材料总金额÷原材料平均在库金额		财务部			
23	工厂	财务	呆滞物料消耗金额	万元/年	60	简单累加		财务部			
24	工厂	财务	物料成本占入库金额比例	比值	≤42%	订单物料采购金额/订单销售金额×100%		财务部			
25	工厂	客户	订单准交率	比值	≥95%	准交订单项数/总项数×100%		营销中心			
26	工厂	客户	品质合格率	比值	≥98%	一次合格批次/生产总批次×100%		管理部			
27	工厂	内部营运	安全事故	次/月	0次	简单累加		资材部			

续表

序号	承接部门	类型	管理指标（KPI）	单位	目标值	计算方式	考核周期	统计部门	基础表单	统计报表	备注
28	工厂	内部营运	生产计划达成率	比值	≥98%	每日按计划生产完成项数/每日计划完成项数×100%		财务部			
29	工厂	内部营运	账物卡准确率	比值	≥98%	抽盘合格项数/总抽盘项数×100%		财务部			
30	工厂	内部营运	物料齐套率	比值	≥98%	准时齐套工单笔数/总工单笔数×100%		车间			
31	工厂	内部营运	员工离职率	比值	≤5%	离职人数/月平均在职人数×100%		管理部			
32	工厂	学习与发展	培训计划达成率	比值	100%	每月实际完成培训课时/每月计划培训课时×100%;		管理部			
33	管理部	财务	物流费用降低成本	比值	≥10%	（2022年物流费用−2021年物流费用）/2021年运费×100%		财务部			
34	管理部	财务	办公费用降低成本	比值	≥10%	（2022年人均办公费用−2021年人均办公费用）/2021年办公费用×100%		财务部			
35	管理部	财务	人工费用降低成本（间接人员）	比值	≥5%	（2022年人工费用−2021年人工费用）/2021年人工费用×100%		财务部			
36	管理部	客户	招聘计划达成率	比值	≥90%	当月实际招聘人数/当月需招聘人数×100%		管理部			
37	管理部	客户	员工离职率	比值	≤5%	离职人数/月平均在职人数×100%		管理部			
38	管理部	内部营运	实施绩效考核	日期	5月31日	时间内达成		管理部			
39	管理部	内部营运	安全事故	次数	0	简单累加		管理部			

续表

序号	承接部门	类型	管理指标（KPI）	单位	目标值	计算方式	考核周期	统计部门	基础表单	统计报表	备注
40	管理部	内部营运	SCRM系统导入	日期	4月15日	时间内达成		管理部			
41	管理部	内部营运	员工关怀计划实施	日期	5月1日	时间内达成		管理部			
42	管理部	学习与发展	培训计划达成率	比值	100%	每月实际完成培训课时/每月计划培训课时×100%		管理部			
43	品质部	财务	品质损失金额	万元/年	≤12	简单累加		财务部			
44	品质部	客户	客诉次数	次/年	≤40	简单累加		营销中心			
45	品质部	客户	客诉处理关闭率	比值	100%	按时按质完成改善的客诉项数/客诉总项数×100%		资材部			
46	品质部	内部营运	物料上线异常次数	次/月	≤2	简单累加		资材部			
47	品质部	内部营运	品质体系建设	日期	6月30日	以实际完成时间做记录		管理部			
48	品质部	内部营运	首件检验及时率	比值	100%	按时完成检验和记录的项数/首件总报检项数×100%		一厂和二厂			
49	品质部	学习与发展	培训计划达成率	比值	100%	每月实际完成培训课时/每月计划培训课时×100%		管理部			
50	财务部	财务方面	净利润率	比值	≥20%	净利润额/销售收入×100%		财务部			
51	财务部	财务方面	回款率	比值	≥90%	当期实际收款/当期应收账款×100%		财务部			
52	财务部	客户方面	财务报表及时性	日期	次月15日	按期限考核，每月15日出财务报表，节假日顺延		总经办			

续表

序号	承接部门	类型	管理指标（KPI）	单位	目标值	计算方式	考核周期	统计部门	基础表单	统计报表	备注
53	财务部	客户	供应商对账及时率	比值	100%	已按规定核账的供应商和客户数量/累计应核账的供应商和客户数量×100%		财务部			
54	财务部	内部营运	税务管控及时率	比值	100%	每月15日之前申报和缴纳，节假日顺延		财务部			
55	财务部	内部营运	月度财务经营分析会	次/月	1	按期限考核，每月25日前组织财务经营分析会，节假日顺延		总经办			
56	财务部	学习与发展	培训计划达成率	比值	100%	每月实际完成培训课时/每月计划培训课时×100%；		管理部			

【案例03】▸▸▸

绩效指标数据采集清单（采集部门——采购部）

一、采购部

被考核部门	被考核岗位	被考核人	绩效考核指标	计算公式	数据负责人	实际发生值	
						明细	11月
×××			合同规范性	考核被财务部发现的不符合次数（包括价格差错）	—	不规范次数	
×××			合同规范性	考核被财务部发现的不符合次数（包括价格差错）	—	不规范次数	
×××			异常处理及时性	对供应商产品不合格需要退货等处理的及时性进行考核界定：两天内算及时	—	不及时次数	
			合同规范性	考核被财务部发现的不符合次数（包括价格差错）	—	不规范次数	
×××			合同规范性	考核被财务部发现的不符合次数（包括价格差错）	—	不规范次数	
×××			合同规范性	考核被财务部发现的不符合次数（包括价格差错）	—	不规范次数	

续表

被考核部门	被考核岗位	被考核人	绩效考核指标	计算公式	数据负责人	实际发生值	
						明细	11月
×××			异常处理及时性	对供应商产品不合格需要退货等处理的及时性进行考核界定：两天内算及时	—	不及时次数	
			合同规范性	考核被财务部发现的不符合次数（包括价格差错）	—	不规范次数	
×××			异常处理及时性	对供应商产品不合格需要退货等处理的及时性进行考核界定：两天内算及时	—	不及时次数	
			合同规范性	考核被财务部发现的不符合次数（包括价格差错）	—	不规范次数	
×××			包材合格率	对包材的合格率进行考核	—	合格批次数	
						总批次数	
						合格率	
			异常处理及时性	对供应商产品不合格需要退货等处理的及时性进行考核界定：两天内算及时	—	不及时次数	
			合同规范性	考核被财务部发现的不符合次数（包括价格差错）	—	不规范次数	
×××			包材合格率	对包材的合格率进行考核	—	合格批次数	
						总批次数	
						合格率	
			异常处理及时性	对供应商产品不合格需要退货等处理的及时性进行考核界定：两天内算及时	—	不及时次数	
			合同规范性	考核被财务部发现的不符合次数（包括价格差错）	—	不规范次数	

编制/日期：　　　　　　　　本部门领导审批/日期：

二、其他部门

部门	绩效考核指标	计算公式	数据负责人	实际发生值	
				明细	11月
×××	出入库及时性	对出入库的及时性进行考核 要求仓库及时办理出入库，以报检后8小时内入库作为符合依据	—	不及时次数	

编制/日期：　　　　　　　　本部门领导审批/日期：

【案例04】▸▸▸

数据采集清单（采集部门——财务中心）

一、财务中心

考核部门/项目	指标	计算公式	明细	实际发生值		四季度	年度
				11月	12月		
公司级指标	呆滞	对公司原材料、毛坯、半成品、配件、包材呆滞进行考核	呆滞金额				
	经营性现金流	经营现金流=经营产生的现金流−息税−投资收益−股息支付引起的现金流 其中经营产生的现金流=从顾客处收到的现金−向供应商支付的现金	金额				
总经理	净利率（累计）	对公司的净利润进行考核 20××年度净利润目标为××万元	净利率				
生产副总经理	库存总额	对公司除成品外的其他库存总额进行考核	库存总额				
	人均产值	对制造中心的人均生产效率进行考核	制造中心人均产值				
财务中心	资金计划准确率	对当期资金计划的准确性进行考核 P=（计划金额−实际支出金额）/计划金额	计划金额				
			实际支出金额				
	应收账款周转天数（总）	—	销售金额：				
			月初应收账款总额：				
			月末应收账款总额：				
			应收账款周转天数：				
国际事业部	人均产值	对人均产值提升进行考核（人数取一线人员）	人均产值（一线）				
国内事业部	人均产值	对人均产值提升进行考核（人数取一线人员）	人均产值（一线）				
锻压部	人均产值	对人均产值提升进行考核（人数取一线人员）	人均产值（一线）				

续表

考核部门/项目	指标	计算公式	明细	实际发生值		四季度	年度
				11月	12月		
总装	部门预算费用	P=（实际花费金额-预算金额）/预算金额×100%	实际花费金额：				
			预算金额：				
精工	部门预算费用	P=（实际花费金额-预算金额）/预算金额×100%	实际花费金额：				
			预算金额：				
国内事业部	部门预算费用	P=（实际花费金额-预算金额）/预算金额×100%	实际花费金额：				
			预算金额：				
××科技	部门预算费用	P=（实际花费金额-预算金额）/预算金额×100%	实际花费金额：				
			预算金额：				
××车间	部门预算费用	P=（实际花费金额-预算金额）/预算金额×100%	实际花费金额：				
			预算金额：				
锻压部	部门预算费用	P=（实际花费金额-预算金额）/预算金额×100%	实际花费金额：				
			预算金额：				
			预算金额：				
工程部	部门预算费用	P=（实际花费金额-预算金额）/预算金额×100%	实际花费金额：				
			预算金额：				
采购部	部门预算费用	P=（实际花费金额-预算金额）/预算金额×100%	实际花费金额：				
			预算金额：				
国际营销中心	部门预算费用	P=（实际花费金额-预算金额）/预算金额×100%	实际花费金额：				
			预算金额：				
国内营销中心	部门预算费用	P=（实际花费金额-预算金额）/预算金额×100%	实际花费金额：				
			预算金额：				
财务中心	部门预算费用	P=（实际花费金额-预算金额）/预算金额×100%	实际花费金额：				
			预算金额：				
企管中心	部门预算费用	P=（实际花费金额-预算金额）/预算金额×100%	实际花费金额：				
			预算金额：				
研技部	部门预算费用	P=（实际花费金额-预算金额）/预算金额×100%	实际花费金额：				
			预算金额：				
品质部	部门预算费用	P=（实际花费金额-预算金额）/预算金额×100%	实际花费金额：				
			预算金额：				

续表

考核部门/项目	指标	计算公式	明细	实际发生值		四季度	年度
				11月	12月		
各中心专项指标	产值达成率（总）	P=实际产值/计划产值×100% （备注1：产值=当期入库数量×销售不含税价格 备注2：该产值为公司整体产值）	当期实际产值：				
			当期计划产值：				
			产值完成率：				
国际事业部专项指标	产值达成率（国际事业部）	P=实际产值/计划产值×100% （备注：产值=当期入库数量×销售不含税价格）	当期实际产值：				
			当期计划产值：				
			产值完成率：				
国内事业部专项指标	产值达成率（国内事业部）	P=实际产值/计划产值×100% （备注1：产值=当期入库数量×销售不含税价格）	当期实际产值：				
			当期计划产值：				
			产值完成率：				
			当期计划产值：				
			产值完成率：				
车间专项指标	产值达成率（阀球）	P=实际产值/计划产值×100% （备注1：产值=当期入库数量×市场价格 备注2：不含税）	当期实际产值：				
			当期计划产值：				
			产值完成率：				
			当期计划产值：				
			产值完成率：				
国际事业部	账卡物相符率（配件仓）	P=抽查账卡物相符项数/抽查总项数×100%	抽查账卡物相符项数：				
			抽查总项数：				
			账卡物相符率：				
	账卡物相符率（包材仓）	P=抽查账卡物相符项数/抽查总项数×100%	抽查账卡物相符项数：				
			抽查总项数：				
			账卡物相符率：				
	账卡物相符率（半成品）	P=抽查账卡物相符项数/抽查总项数×100%	抽查账卡物相符项数：				
			抽查总项数：				
			账卡物相符率：				
	账卡物相符率（成品）	P=抽查账卡物相符项数/抽查总项数×100%	抽查账卡物相符项数：				
			抽查总项数：				
			账卡物相符率：				

续表

考核部门/项目	指标	计算公式	明细	实际发生值		四季度	年度
				11月	12月		
国内事业部	账卡物相符率（成品）	P=抽查账卡物相符项数/抽查总项数×100%	抽查账卡物相符项数：				
			抽查总项数：				
			账卡物相符率：				
	账卡物相符率（配件包材）	P=抽查账卡物相符项数/抽查总项数×100%	抽查账卡物相符项数：				
			抽查总项数：				
			账卡物相符率：				
国内事业部	账卡物相符率（半成品）	P=抽查账卡物相符项数/抽查总项数×100%	抽查账卡物相符项数：				
			抽查总项数：				
			账卡物相符率：				
车间	账卡物相符率（原材料）	P=抽查账卡物相符项数/抽查总项数×100%	抽查账卡物相符项数：				
			抽查总项数：				
			账卡物相符率：				
	账卡物相符率（配件）	P=抽查账卡物相符项数/抽查总项数×100%	抽查账卡物相符项数：				
			抽查总项数：				
			账卡物相符率：				
	账卡物相符率（毛坯）	P=抽查账卡物相符项数/抽查总项数×100%	抽查账卡物相符项数：				
			抽查总项数：				
			账卡物相符率：				
工程部	工模夹具、刀量器具账卡物相符率	P=抽查账卡物相符项数/抽查总项数×100%	抽查账卡物相符项数：				
			抽查总项数：				
			账卡物相符率：				
国内销售中心	销售开票达成率	P=实际接单额/目标接单额×100% 上期未完成的目标，累计到下一期的考核目标中 按开票核算 考核目标1.0亿元（税后）	实际开票金额：				
			目标开票金额：				
			开票目标达成率：				
	应收款周转率	P=360/应收账款周转率 =平均应收账款×360天/销售收入 =平均应收账款/平均日销售额	期初				
			期末				
			出货金额（含税）				
			周转天数				

续表

考核部门/项目	指标	计算公式	明细	实际发生值		四季度	年度
				11月	12月		
国内销售中心	坏账率	对国际营销中心的坏账情况进行考核 中信保除外	坏账率				
	成品库存	对国内成品库存总额进行考核	库存金额：				
	水司毛利率	对国内营销各分项目的综合毛利率进行考核 P=（销售收入－成本）/销售收入	毛利率				
	渠道毛利率		毛利率				
	OEM毛利率		毛利率				
国际营销中心	销售开票达成率	P=（实际销售金额/目标销售金额）×100%	实际销售金额：				
			目标销售金额：				
			销售目标达成率：				
	应收款周转率	P=360/应收账款周转率 =平均应收账款×360天/销售收入 =平均应收账款/平均日销售额	期初				
			期末				
			出货金额（不含税）				
			周转天数				
	销售毛利率	对国际销售的综合毛利率进行考核 P=（销售收入－成本）/销售收入	毛利率				
	坏账率	对国际营销中心的坏账情况进行考核 中信保除外	坏账次数				
	成品库存周转天数	P=（期初成品库存+期末成品库存）/2×期间天数/（期间发货金额）×100%	期间发货金额：				
			期初库存金额：				
			期末库存金额：				
			成品库存周转天数：				
	成品库存金额	对国际成品库存总额进行考核	库存总额：				
战略成品部	产值达成率	按年度计划目标产值达成情况	实际产值				
			计划产值				
			产值达成率				
	合同规范性	考核被财务部发现的不符合次数（包括价格差错）	不规范次数				

续表

考核部门/项目	指标	计算公式	明细	实际发生值		四季度	年度
				11月	12月		
采购部	合同规范性	考核被财务发现的不符合次数（包括价格差错）	不规范次数				
企管中心	人工成本占产值比	P=人工成本总额/当月产值×100%	人工成本总额：				
			当月产值：				
			人工成本占产值比：				

【案例05】▸▸▸

绩效指标数据采集清单（采集部门——车间）

一、车间

被考核部门	被考核岗位	被考核人	绩效考核指标	计算公式/界定	数据负责人	实际发生值	
						明细	11月
×××			批量报废次数（本组）	单批次8%以上报废算批量报废	×××	批量报废次数	
			一线离职率（本组）	对车间一线员工因组长原因造成离职进行考核（7天内离职、优化的不计入其中）	×××	离职人数	
			产品合格率（本组）	针对内部客户验货的情况进行考核 P=合格批次数/客户验货批次数×100%	×××	合格批次数	
						客户验货批次数	
						产品合格率	
×××			批量报废次数（本组）	单批次8%以上报废算批量报废	×××	批量报废次数	
			一线离职率（本组）	对车间一线员工因组长原因造成离职进行考核（7天内离职、优化的不计入其中）	×××	离职人数	
			产品合格率（本组）	针对内部客户验货的情况进行考核 P=合格批次数/客户验货批次数×100%	×××	合格批次数	
						客户验货批次数	
						产品合格率	

编制/日期：　　本部门领导审批/日期：　　相关（本）部门会签/日期：

二、仓库

被考核部门	被考核岗位	被考核人	绩效考核指标	计算公式/界定	数据负责人	实际发生值	
						明细	11月
仓库	仓管员	×××	出入库及时性	对出入库及时性进行考核	×××	不及时次数	
仓库	仓管员	×××	出入库及时性	对出入库及时性进行考核	×××	不及时次数	

【案例06】

绩效指标数据采集清单（采集部门——品质部）

一、品质部

被考核岗位	被考核人	绩效考核指标	计算公式/界定	数据负责人	实际发生值	
					明细	11月
品质部门		客户验货合格率（国际事业部）	P=合格批次数/客户验货批次数×100%	×××	合格批次数	
					客户验货批次数	
					客户验货合格率	
		客户验货合格率（国内事业部）	P=合格批次数/客户验货批次数×100%	×××	合格批次数	
					客户验货批次数	
					客户验货合格率	
×××		客户投诉次数	对发生在考核期内因精工检验问题造成的客户有效投诉的总次数进行考核	×××	客户投诉次数	
×××		客户投诉次数	对发生在考核期内因总装、来料检验问题造成的客户有效投诉的总次数进行考核	×××	客户投诉次数	
		批量报废次数	考核因品质原因造成的批量报废； 定义： 1.一批次中超过500个产品报废 2.数量不足500个的批次，一批中超过3%报废	×××	批量报废次数	
×××		客户投诉次数	对发生在考核期内因品质原因造成的客户有效投诉的总次数进行考核	×××	客户投诉次数	
		总装上线合格率	对精工、零配件来料流入总装上线的品质进行考核，上线装配后发现不合格的，以“不合格品处置联络单”为依据 P=合格批次数/总上线批次数×100%	×××	合格批次数	
					总上线批次数	
					总装上线合格率	

续表

被考核岗位	被考核人	绩效考核指标	计算公式/界定	数据负责人	实际发生值	
					明细	11月
×××		客户投诉次数	对发生在考核期内因品质问题造成的客户有效投诉的总次数进行考核（在2018年1月1日前发货的、因客户安装问题的不算入考核范围）	×××	客户投诉次数	
		批量报废次数	考核因品质原因造成的批量报废； 定义： 1.一批次中超过500个产品报废 2.数量不足500个的批次，一批中超过3%报废	×××	批量报废次数	
×××		重大品质立项	每季度必须有1个并且结案	×××	立项结案个数	
		纠正预防措施计划完成率	月末制订下个月的预防纠正措施计划，提交领导审批，月度考核完成率 P=实际完成/需完成数	×××	实际完成	
					计划需完成数	
					计划完成率	
主管	×××	质量验厂不符合项数	对质量验厂的不符合项数进行考核	×××	不符合项数	
		验厂不符合项封闭及时性	对质量验厂不符合项封闭的及时性进行考核		不及时次数	
		检验规范标准更新及时性	对检验规范标准的更新及时性进行考核		不及时次数	
×××		品质数据提交及时性	对品质周、月报、其他数据等提交的及时性进行考核	×××	不及时次数	
		品质档案完整性	对品质档案的完整性进行考核		缺漏次数	
主管	×××	外协入厂合格率	对外购成品的入库品质进行考核 P=成品合格批次数/成品总批次数×100%	×××	成品合格批次数	
					成品总批次数	
					外协入厂合格率	
		外协成品客诉次数	针对由于成品采购造成的质量投诉进行考核		外协成品客诉次数	
		客户验货合格率（外购产品）	针对客户验货的情况进行考核 P=合格批次数/客户验货批次数×100%		合格批次数	
					客户验货批次数	
					客户验货合格率	

二、采集制造部数据

被考核部门	被考核岗位	被考核人	绩效考核指标	计算公式	实际发生值		
					明细	11月	备注
国际事业部	负责人	×××	总装品质稽核	无	品质稽核得分：		
			精工品质稽核	无	品质稽核得分：		
			总装FQC合格率	对FQC合格率进行考核	检验合格数：		
					检验总数：		
					检验合格率：		
			顾客投诉次数	对发生在考核期内的客户有效投诉的总次数进行考核	投诉次数：		
国内事业部	厂长	×××	品质稽核	无	品质稽核得分：		
			FQC合格率	对FQC合格率进行考核	检验合格数：		
					检验总数：		
					检验合格率：		
			顾客投诉次数	对发生在考核期内的客户有效投诉的总次数进行考核	投诉次数：		
××科技	厂长	×××	品质稽核	无	品质稽核得分：		
			客验合格率（配件）	P=检验合格数/检验总数×100%	检验合格数：		
					检验总数：		
					检验合格率：		
××车间			客验合格率（阀球）	P=检验合格数/检验总数×100%	检验合格数：		
					检验总数：		
					检验合格率：		
锻压部	部门级数据		品质稽核	无	品质稽核得分：		
			批量报废次数	（1）整批500个以上，报废数量在500个以上或损失价值在1000元以上的算为一次 （2）整批500个以下小批量50%报废的算为一次	批量报废次数		
			客户验货合格率	P=检验合格数/检验总数×100%（国际和国内事业部QC统计，品质部汇总提供数据）	检验合格数：		
					检验总数：		
					检验合格率：		
					检验总数：		
					检验合格率：		
成品仓库			错漏发	成品错漏发	错漏发次数		

三、采集其他中心数据

指标编号	被考核部门	被考核岗位	被考核人	绩效考核指标	计算公式	数据负责人	支撑性表单	实际发生值		
								明细	11月	备注
	研技部	负责人	×××	样品一次合格率	针对常规打样产品的首次检验的合格率进行考核 一次合格率：样品第一次提交给品质部检验的合格率 二次合格率：首次检验不合格被品质中心退回，需进行二次打样的 三次合格率：需要进行三次打样 P=首次检验合格样品规格数/样品检验规格总数×100%	×××	—	合格样品规格数：		
								样品检验规格总数：		
								检验合格率：		
	采购部	负责人	×××	配件合格率	除毛坯、铜棒以外的生产物资 P=生产物资合格批次数/总生产物资批次数×100%	×××	品质报表	采购交付合格批次数：		
								总采购批次数：		
								采购质量合格率：		
				毛坯合格率	P=毛坯合格批次数/总批次数×100%		品质报表	采购交付合格批次数：		
								总采购批次数：		
								采购质量合格率：		
				铜棒采购质量合格率	P=铜棒采购交付合格批次数/总铜棒采购批次数×100%		品质报表	采购交付合格批次数：		
								总采购批次数：		
								采购质量合格率：		
	战略成品部	负责人	×××	成品外购质量投诉次数	无	×××	—	成品外购质量投诉次数：		
				成品采购质量合格率	P=成品采购交付合格批次数/总成品采购批次数×100%		品质报表	采购交付合格批次数：		
								总采购批次数：		
								采购质量合格率：		

编制/日期：××× 本部门领导审批/日期： 相关（本）部门会签/日期：

【案例07】▸▸▸

绩效指标数据采集清单（采集部门——国际营销中心）

一、采集制造部、采购部数据

<table>
<tr><th rowspan="2">被考核部门</th><th rowspan="2">被考核岗位</th><th rowspan="2">被考核人</th><th rowspan="2">绩效考核指标</th><th rowspan="2">计算公式/界定</th><th rowspan="2">数据负责人</th><th rowspan="2">支撑性表单</th><th colspan="3">实际发生值</th></tr>
<tr><th>明细</th><th>11月</th><th>备注</th></tr>
<tr><td colspan="3" rowspan="3">国际事业部</td><td rowspan="3">订单履约率</td><td rowspan="3">对国际事业部的订单履约情况进行考核
P=按时入库票数/订单总数×100%
以评审的日期为界定
一季度按发货，后续按评审入库时间</td><td rowspan="3">×××</td><td rowspan="3">订单履约率统计表</td><td>按时入库票数：</td><td></td><td rowspan="3"></td></tr>
<tr><td>订单总数：</td><td></td></tr>
<tr><td>订单履约率：</td><td></td></tr>
<tr><td colspan="3" rowspan="3">战略成品部</td><td rowspan="3">成品采购订单履约率</td><td rowspan="3">P=及时到位批次数/需求总批次数×100%（按照发货时间界定）</td><td rowspan="3">×××</td><td rowspan="3">成品订单统计表</td><td>按时入库票数：</td><td></td><td rowspan="3"></td></tr>
<tr><td>订单总数：</td><td></td></tr>
<tr><td>订单履约率：</td><td></td></tr>
</table>

二、采集其他中心数据

<table>
<tr><th rowspan="2">被考核部门</th><th rowspan="2">被考核岗位</th><th rowspan="2">被考核人</th><th rowspan="2">绩效考核指标</th><th rowspan="2">计算公式/界定</th><th rowspan="2">数据负责人</th><th colspan="3">实际发生值</th></tr>
<tr><th>明细</th><th>11月</th><th>备注</th></tr>
<tr><td colspan="3" rowspan="3">×××</td><td rowspan="3">自主品牌（VG和HLV）销售占比</td><td rowspan="3">P=品牌产品销售额/销售总额×100%
界定：所有品牌产品（包括品牌组和其他组销售的品牌产品）</td><td rowspan="3">×××</td><td>品牌产品销售额：</td><td></td><td></td></tr>
<tr><td>销售总额：</td><td></td><td></td></tr>
<tr><td>品牌产品销售占比：</td><td></td><td></td></tr>
<tr><td colspan="3" rowspan="2">财务</td><td rowspan="2">成本核算及时准确率</td><td rowspan="2">对公司产品成本核算的及时性和准确性进行考核
原则上营销提交报价申请单后，最多2日内给予产品成本核算回复</td><td rowspan="2">×××</td><td>延迟次数</td><td></td><td></td></tr>
<tr><td>差错次数</td><td></td><td></td></tr>
<tr><td rowspan="3">研技部</td><td rowspan="3">负责人</td><td rowspan="3">×××</td><td rowspan="3">样品及时交付率</td><td rowspan="3">P=及时交付合格样品规格数/需求样品规格数×100%</td><td rowspan="3">×××</td><td>需求合格样品规格数：</td><td></td><td></td></tr>
<tr><td>及时交付样品规格数：</td><td></td><td></td></tr>
<tr><td>样品准交率：</td><td></td><td></td></tr>
</table>

续表

被考核部门	被考核岗位	被考核人	绩效考核指标	计算公式/界定	数据负责人	实际发生值		
						明细	11月	备注
研技部	负责人	×××	样品客户反馈合格率	P=（提交总规格数－客户反馈不合格规格数）/提交总规格数×100%	×××	客户反馈不合格样品规格数：		
						提交总规格数；		
						样品客户反馈合格率：		
品质部			样品客户反馈合格率	P=（提交总规格数－客户反馈不合格规格数）/提交总规格数×100%	×××	客户反馈合格样品规格数：		
						提交总规格数；		
						样品客户反馈合格率：		
			验货投诉次数	验货过程中的检具、配合功能测试等，考核验货人员的满意度，关键事件记录	×××	投诉次数		
			成品检验及时率	考核自检报告出具的及时性	×××	自检报告出具不及时次数		
			客诉回复完成率	P=当月实际完成数/当月需完成数	×××	当月实际完成		
						当月需完成数		
						客诉回复完成率		
×××车间			样品及时交付率	P=及时交付合格样品规格数/需求样品规格数×100%	×××	需求合格样品规格数：		
						及时交付样品规格数：		
						样品准交率：		
采购部			样品及时交付率（毛坯）	P=及时交付合格样品规格数/需求样品规格数×100%	×××	需求合格样品规格数：		
						及时交付样品规格数：		
						样品准交率：		
采购部			样品及时交付率（配件）	P=及时交付合格样品规格数/需求样品规格数×100%	×××	需求合格样品规格数：		
						及时交付样品规格数：		
						样品准交率：		
通用化			已发布的标准件发现错误	对于已建立的标准件发布后，被内部客户发现错误进行考核	×××	错误次数		

编制/日期：××× 本部门领导审批/日期： 相关（本）部门会签/日期：

4.2 如何对绩效情况进行评估

在确认数据充分而且没有错误后，才可以根据这些数据对员工的绩效完成情况进行评估。在评估中管理者根据员工不同的工作特点和情况可以采取不同的评估方式。评估时要保证重要的评价指标没有遗漏、评价标准与工作绩效紧密相关、评价的过程公正有效。

当各部门的考核数据提报及审核后，相关考核数据就要应用到个人绩效考核表中，依考核表权重得出各项考核分数，再汇总出考核总分，经被考核人上级审批后，由上级与被考核人确认并面谈，然后经被考核人签字后，报绩效考核专员，由绩效考核专员汇总、分析，并报薪酬专员核算绩效工资。

【案例08】▸▸▸

总经理绩效得分表

任职者：×××　　　　　　　　考核方式：月度监督/半年度考核

考核指标		定义	权重	目标	半年度实绩	考核评分标准	数据来源	考核得分	实际得分
财务指标	总资产周转率	根据《年度经营计划书》设定总资产周转率为：×××××	30%	1.2		N=实际/目标×权重	财务中心		
	净资产收益率	根据《年度经营计划书》设定净资产收益率为：×××××	40%	15%		N=实际/目标×权重	财务中心		
	存货周转率	根据《年度经营计划书》设定净资产收益率为：×××××	30%	4		N=实际/目标×权重	财务中心		
董事会交办的跟进事项		（1）根据董事会讨论决定事项或经营战略会会议决议需推行事项 （2）经营管理严重失职，造成损失达100万元以上	加减分项			按时完成、反馈积极并且效果良好的，+5分；未完成或不反馈的，−5分；介于上述之间的，由董事长视情况判断在−5～5分的范围内进行加分或减分	董事会		
合计									

【案例09】▸▸▸

董事长秘书绩效得分表

任职者：×××　　　　考核频次：季度

考核指标		定义	权重	目标	实绩	考核评分标准	数据来源	考核得分	实际得分
财务指标	总资产周转率	根据《年度经营计划书》设定总资产周转率为：×××××	30%	1.2		N=实际/目标×权重（120%封顶）	财务中心		
	净资产收益率	根据《年度经营计划书》设定净资产收益率为：×××××	40%	15%		N=实际/目标×权重（120%封顶）	财务中心		
	存货周转率	根据《年度经营计划书》设定净资产收益率为：×××××	30%	4		N=实际/目标×权重（100%封顶）	财务中心		
董事会交办的跟进事项		（1）根据董事会讨论决定事项或经营战略会议决议需推行事项。（2）经营管理严重失职，造成损失达100万元以上	加减分项			按时完成、反馈积极并且效果良好的，+5分；未完成或不反馈的，−5分；介于上述之间的，由董事长视情况判断在−5～5分的范围内进行加分或减分	董事会		
合计（50%）									
工作目标任务书（50%）							合计		

【案例10】▸▸▸

生产副总绩效得分表

任职者：×××　　　　考核频次：季度

考核指标	定义	权重	目标	底线	实绩	考核评分标准	数据来源	考核得分	实际得分
产值达成率	P=实际入库产值金额/目标产值金额×100% 考核目标×××万元（税后）	25%	×××	×××	×××	N=（实际−底线）/（目标−底线）×权重 在没有申请的情况下，实绩＞目标，	财务中心		

续表

考核指标	定义	权重	目标	底线	实绩	考核评分标准	数据来源	考核得分	实际得分
产值达成率	若当月接单小于目标接单，则按接单目标的完成情况进行考核					给予一定的加分，在有申请的情况下，权重的100%封顶			
订单履约率	对国际和国内事业部的订单履约情况进行考核 P=按时入库票数/订单总数×100% 以评审的日期为界定	35%	90%	25%		N=实绩/目标×权重 在没有申请的情况下，实绩>目标，给予一定的加分，在有申请的情况下，权重的100%封顶	营销中心		
客户投诉次数	对发生在考核期内的客户有效投诉的总次数进行考核	15%	4			N=目标/实绩×权重	品质部		
存货周转天数	对锻压部周转天数进行考核	5%	7			N=目标/实绩×权重	财务中心		
	对采购周转天数进行考核	5%	13						
	对国际事业部周转天数进行考核	5%	37						
部门费用预算差异率（累计）	对本部门累计实际支出费用与预算的差异情况进行考核，特殊情况可审批，审批流程以预算委员会规定为准，绩效管理部最终以预算委员会数据为准	10%	0%			未超预算满分，超预算0分	预算委员会（财务数据）		
总经办跟进事项	根据总经理审定的“总经办事项跟进表”进行推进，各部门需积极配合并按时、保质、保量完成各项任务	加减分项	—			按时完成、反馈积极并且效果良好的，+5分；未完成或不反馈的，−5分；介于上述之间的，由总经办视情况判断在−5～5分的范围内进行加分或减分，最终由绩效小组讨论决定	总经办/内审部		
合计									

【案例11】▸▸▸

运营副总绩效得分表

任职者×××：　　　　　　　　考核频次：季度

考核指标	定义	权重	目标	底线	实绩	考核评分标准	数据来源	考核得分	实际得分
净利率	对公司的净利润进行考核	30%	6%			P>6.1%，N=权重×150 6.1%≥P>6%，N=权重×130 6%≥P≥5.9%，N=权重×100 5.9%>P≥5.5%，N=权重×800 5.5%>P≥5%，N=权重×600 P<5%，N=权重×40	财务中心		
年存货周转次数	对公司年存货周转次数进行考核	50%	6			P>8，N=权重×150 8≥P>7，N=权重×130 7≥P>6，N=权重×110 6≥P≥5.7，N=权重×100 5.7>P≥5.5，N=权重×800 5.5>P≥5，N=权重×600 P<5，N=权重×40	财务中心		
经营性现金流	经营现金流=经营产生的现金流−息税−投资收益−股息支付引起的现金流 其中经营产生的现金流=从顾客处收到的现金−向供应商支付的现金	20%	5500	4500		底线≤P≤目标，不扣分 P>目标时，N=实绩/目标×权重 P<底线时，N=实绩/底线×权重	财务中心		
总经办跟进事项	根据总经理审定的“总经办事项跟进表”进行推进，各部门需积极配合并按时、保质、保量完成各项任务	加减分项	—			按时完成、反馈积极并且效果良好的，+5分；未完成或不反馈的，−5分；介于上述之间的，由总经办视情况判断在−5至5分的范围内进行加分或减分，最终由绩效小组讨论决定	总经办/内审部		
合计									

【案例12】▸▸▸

财务副总绩效得分表

任职者：×××　　　　考核月份：　　　　考核频次：季度

考核指标	定义	权重	目标	实绩	考核评分标准	数据来源	考核得分	实际得分
成本核算及时准确率	基于“单单利”原则，对公司产品成本核算的及时性和准确性进行考核 原则上营销提交报价申请单后，最多2日内给予产品成本核算回复	20%	100%		产品成本报价延迟一天扣2分，明显差错一次扣5分；提交给总经办的成本报表出现明显差错，一次扣5分	营销中心总经办内审部		
财务费用下降	在××年预算的基础上，控制公司财务费用下降 目标：900万元，全年下降100万元	25%	900万元		年度考核，N=实绩/目标×权重	财务中心		
存货周转天数	对公司的周转库存天数进行考核	20%	65		N=实际/目标×权重×100%	财务中心		
部门费用预算差异率（累计）	对本部门累计实际支出费用与预算的差异情况进行考核，特殊情况可审批，审批流程以预算委员会规定为准，绩效管理部最终以预算委员会数据为准 P=（预算额－实绩）/预算额	10%	0		未超预算满分，超预算0分	预算委员会（财务数据）		
风险管控到位率	（1）对应收/应付风险款项的通报进行考核，每周汇报总经办领导一次 （2）对公司存货风险进行预警，每周将预警信息发送总经办领导一次 （3）对公司税务方面的规范性进行考核，考核由于税务原因给公司带来的损失	15%	100%		按要求进行风险检查、通报，漏操作一次扣5分 出现税务方面的损失，本指标一票否决	总经办/内审部		
资金计划准确率	对当期资金计划的准确性进行考核 P=（计划金额－实际支出金额）/计划金额	10%	100%		P=0，N=120%×权重 0%＜P≤±2%，N=100%×权重 ±2%≤P＜±5%，N=60%×权重 其他，N=0	财务中心		

续表

考核指标	定义	权重	目标	实绩	考核评分标准	数据来源	考核得分	实际得分
对公司管理重大影响事件	在公司管理过程中发生重大影响事件，为公司创收或带来损失，由本部门或内审部提报，内审部介入核实，总经理审批执行	加减分项	—		加减分值由总经办裁定，增扣10分封顶	总经办/内审部		
合计								

【案例13】

品质部经理绩效得分表

任职者：×××

考核指标	定义	权重	目标	底线	实绩	考核评分标准	数据来源	考核得分	实际得分
客户投诉次数	对发生在考核期内的客户有效投诉的总次数进行考核	45%	14			N=目标/实绩×权重	品质部		
样品客户反馈合格	对客户反馈的样品因研发、品质原因造成的不合格数进行考核	10%	0			不合格一个规格数扣5分	营销中心		
客户验货合格率	针对客户验货的情况进行考核 P=合格批次数/客户验货批次数×100%	10%	99%	95%		N=（实绩−底线）/（目标−底线）×权重	品质部		
错漏检次数	对下属的错漏检，造成影响生产进度的进行承担	25%	0			发生一次扣5分	制造部		
累计预算达成率（部门）	对部门的预算达成率进行考核，特殊情况可审批，审批流程以财务规定为准，绩效管理部最终以财务数据为准	10%	0			未超预算满分，超预算0分	财务中心		

续表

考核指标	定义	权重	目标	底线	实绩	考核评分标准	数据来源	考核得分	实际得分
检测及时性	对针对研技部的样品/外购的产品的检测及时性进行考核	减分项	0			超过一次扣5分	研技部		
总经办跟进事项	根据总经理审定的“总经办事项跟进表”进行推进，各部门需积极配合并按时、保质、保量完成各项任务	加减分项	—			按时完成、反馈积极并且效果良好的，+5分；未完成或不反馈的，−5分；介于上述之间的，由总经办视情况判断在−5～5分的范围内进行加分或减分，最终由绩效小组讨论决定	总经办/内审部		
合计									

【案例14】▸▸▸

研技部经理绩效得分表

任职者：×××　　　　考核月份：　　　　考核频次：季度

考核指标	定义	权重	目标	底线	实绩	考核评分标准	数据来源	考核得分	实际得分
技术交底履约率	对订单评审技术资料移交履约率情况进行考核	10%	0			不及时一次扣3分	各制造部计划		
图纸准确率	对从研技部发送出去的资料的准确性、设计差错及损失进行考核，包括纸质图纸、上传至系统内的图纸等	25%	0			未造成直接损失的超过5次以上每次扣5分，造成返工或损失金额≤500元的1次扣5分，金额超500元为失误事件1次扣10分，包括内部和外部由于研发原因造成的投诉	各制造部计划/品质部		
BOM准确率	对发出去的BOM资料的准确性进行考核	25%	0			差错一次扣5分	各制造部计划		

续表

考核指标	定义	权重	目标	底线	实绩	考核评分标准	数据来源	考核得分	实际得分
样品履约率	对样品履约的及时性进行考核	15%	98%	90%		N=（实绩−底线）/（目标−底线）×权重 在没有申请的情况下，权重的120%封顶；在有申请的情况下，权重的100%封顶	营销中心		
样品反馈合格率	P=（提交总规格数−客户反馈不合格规格数）/提交总规格数×100%	15%	0			不合格一个规格数扣5分	营销中心		
累计预算达成率（部门）	对部门的预算达成率进行考核，特殊情况可审批，审批流程以财务规定为准，绩效管理部最终以财务数据为准	10%	0			未超预算满分，超预算0分	财务中心		
技术品质创新	对技术、品质上的创新为公司带来收益的进行加分	加分项	—			由研技部提报，提交总经办审批进行加分，5分/项，10分封顶	总经办		
对公司管理重大影响事件	在公司管理过程发生重大影响事件，为公司创收或带来损失，由本部门或内审部提报，内审部介入核实，总经理审批执行	加减分项	—	0		加减分值由总经办裁定，增扣10分封顶	总经办/内审部		
合计									

【案例15】

营销部经理绩效得分表

任职者：××× 考核月份： 考核频次：季度

考核指标	定义	权重	目标	底线	实绩	考核评分标准	数据来源	考核得分	实际得分
销售达成率（国际）	P=实际出货额/目标出货额×100% 上期未完成的目标，累计到下一期的考核目标中 考核目标8.6亿元（税后）按开票核算	40%	8289	5802.3		N=（实绩−底线）/（目标−底线）×权重×100（130%封顶）	财务中心		

续表

考核指标	定义	权重	目标	底线	实绩	考核评分标准	数据来源	考核得分	实际得分
销售毛利率	对销售的综合毛利率进行考核 P=（销售收入－成本）/销售收入	20%	20%			N=实际/目标×权重	财务中心		
成品库存	对成品库存总额进行考核	10%	2500			N=目标/实绩×权重	财务中心		
自主品牌销售占比	对品牌产品销售情况进行考核 P=自主品牌销售占比/目标占比	10%	15%			N=实际/目标×权重	营销中心		
部门费用预算差异率（累计）	对本部门累计实际支出费用与预算的差异情况进行考核，特殊情况可审批，审批流程以预算委员会规定为准，绩效管理部最终以预算委员会数据为准	10%	0			未超预算满分，超预算0分	预算委员会（财务数据）		
应收款周转天数	对营销中心业务的应收账款周转天数进行考核	10%	70			N=目标/实绩×权重	财务中心		
呆滞报废金额	对因本部门原因造成的呆滞报废金额进行考核（历史遗留原因及非营销原因不纳入考核）	扣分项	—			报废金额每1万元扣1分（不满1万按1万元算，10分封顶）	财务中心		
坏账率	对营销中心的坏账情况进行考核	扣分项	0%			发生一次扣10分	财务中心		
对公司管理重大影响事件	在公司管理过程中发生重大影响事件，为公司创收或带来损失，由本部门或内审部提报，内审部介入核实，总经理审批执行	加减分项	—	0		加减分值由总经办裁定，增扣10分封顶	总经办/内审部		
合计									

【案例16】▸▸▸

企管中心经理绩效得分表

任职者：××× 考核月份： 考核频次：季度

考核指标	定义	权重	目标	实绩	考核评分标准	数据来源	考核得分	实际得分
人力成本占产值比	P=集团公司人力成本总额/产值总额×100%	20%	11.5%		N=目标/实际×权重	财务中心		
绩效考核覆盖率	对公司绩效考核覆盖率进行考核 除了经审批不考核的二、三线人员外，其他人100%覆盖	20%	99%		N=实际/目标×权重	企管中心/内审部		
招聘达成率	针对集团公司所有人员的招聘计划完成情况进行考核 P=及时到位人数/需求人数×100%	20%	90%		N=实际/目标×权重	企管中心/内审部		
离职率	对公司员工的累计离职率进行考核	15%	3.75%		N=目标/实际×权重	企管中心/内审部		
二、三方验厂通过率	对公司二、三方验厂的通过率进行考核 P=验厂通过次数/验厂总次数×100%	15%	0		一次验厂失败扣5分	总经办		
部门费用预算差异率（累计）	对本部门累计实际支出费用与预算的差异情况进行考核，特殊情况可审批，审批流程以预算委员会规定为准，绩效管理部最终以预算委员会数据为准 P=（预算额－实绩）/预算额	10%	0		未超预算满分，超预算0分	预算委员会（财务数据）		
对公司管理重大影响事件	在公司管理过程中发生重大影响事件，为公司创收或带来损失，由本部门或内审部提报，内审部介入核实，总经理审批执行	加减分项	—		加减分值由总经办裁定，增扣10分封顶	总经办/内审部		
合计								

【案例17】

采购经理绩效得分表

考核时间：　　　　月　　　　　　　　一级部门：采购部

担当：×××　　　　　　　　　　　　　分管领导：×××

考核指标	定义	权重	目标	底线	实绩	考核评分标准	数据来源	考核得分	实际得分
铜棒及时交付率	对铜棒交期进行考核 （1）按交货排程的系统入库时间考核 （2）按款数考核	50%	98%	50%		N=（实绩−目标）/（目标−底线）×权重 在没有申请的情况下，实绩>目标，给予一定的加分；在有申请的情况下，权重的100%封顶	制造部计划		
配件及时交付率	对配件交期进行考核 （1）按交货排程的系统入库时间考核 （2）按款数考核	20%	98%	55%		N=（实绩−目标）/（目标−底线）×权重 在没有申请的情况下，实绩>目标，给予一定的加分；在有申请的情况下，权重的100%封顶	制造部计划		
毛坯及时交付率	对毛坯交期进行考核 （1）按交货排程的系统入库时间考核 （2）按款数考核	10%	98%			N=（实绩−目标）/（目标−底线）×权重 在没有申请的情况下，实绩>目标，给予一定的加分，在有申请的情况下，权重的100%封顶	制造部计划		
外协库存	对外协的库存进行考核	10%	1210			在目标内满分，超出目标的： $0\% \le P < 5\%$，$N=80\%\times$权重 $5\% \le P < 10\%$，$N=60\%\times$权重 $10\% \le P < 15\%$，$N=40\%\times$权重 $P \ge 15\%$，$N=0$	财务中心		
部门费用预算差异率（累计）	对本部门累计实际支出费用与预算的差异情况进行考核，特殊情况可审批，审批流程以预算委员会规定为准，绩效管理部最终以预算委员会数据为准	10%	0			未超预算满分，超预算0分	财务中心		

续表

考核指标	定义	权重	目标	底线	实绩	考核评分标准	数据来源	考核得分	实际得分
合同规范性	对合同提交的及时性、书写的规范性进行考核	扣分项	100%			不规范一次扣1分	财务中心		
对公司管理重大影响事件	在公司管理过程中发生重大影响事件，为公司创收或带来损失，由企管中心提报，内审部介入核实，总经理审批执行	加减分项	—			加减分值由总经办裁定，增扣20分封顶	总经办/内审部		
合计									

4.3 考核结果如何应用

绩效的应用范围很广，它的结果可以供管理人员为人力资源管理的决策提供信息，还可以用于员工个人在绩效改进、职业生涯发展方面提供借鉴。

4.3.1 管理应用

管理应用，指的是将绩效评估的结果应用于人力资源管理中计划、招聘、甄选、薪酬、晋升、调配、辞退等各项具体工作的决策中。

4.3.1.1 用于招聘决策

通过分析员工的绩效评估结果，人力资源管理人员对企业各个岗位的优秀人才所应该具备的优秀品质与绩效特征，会有更深的理解，这会为招聘过程的甄选环节提供十分有益的参考。例如，通过对企业优秀基层管理人员绩效特征的分析，如果这些特征主要是“能吃苦”“有一定的管理能力”“有良好的人际能力”等，那么在以后招聘基层管理人员时，甄选的标准就会进行针对性的调整或改进，以便更好地满足企业绩效提升的需要。

通过分析员工的绩效评估结果，如果发现员工在工作能力或态度上存在欠缺，而又无法通过及时而有效的培训得到解决，人力资源部就要考虑制订或改进相应的招聘计划，注重招聘工作能力强、态度端正的人才，以满足提升工作绩效的实际需要。

4.3.1.2 用于员工报酬分配和调整

绩效评估结果应用于薪酬决策方面主要有三种形式，具体包括以下内容。

（1）用于确定奖金分配方案。即决策短期薪酬，也可称为“刺激薪资”。

（2）作为调整员工固定薪酬的依据。这部分薪酬是以员工的劳动熟练程度、所承担工作的复杂程度、责任大小及劳动强度为基准确定的。

（3）作为福利、津贴制度变革的尝试。

20××年××月绩效考核工资表见表4-1。

表4-1　20××年××月绩效考核工资表

序号	部门	岗位	姓名	薪级薪档	月绩效工资/元	本月绩效考核得分/分	本月实发绩效工资/元
制表人（签名/日期）：					副总经理（签名/日期）：		

4.3.1.3　用于人员调配和职位变动

依据绩效评估的结果决定人员调配和职位变动，对于人力资源相宜、事人相称目标的达成，具有举足轻重的作用。通过绩效管理活动，可以掌握员工各种相关的工作信息，如劳动态度、岗位适合度、工作成就、知识和技能的运用程度等。根据这些信息，企业更易于正确地做出人力资源决策，有效地组织员工提升、晋级、降职、降级等人力资源管理工作。

4.3.1.4　用于确定员工培训需求

基于绩效评估的培训决策流程如图4-1所示。

图4-1中的模型提供了运用绩效评估结果确定培训需求的具体思路与过程。在对绩效评

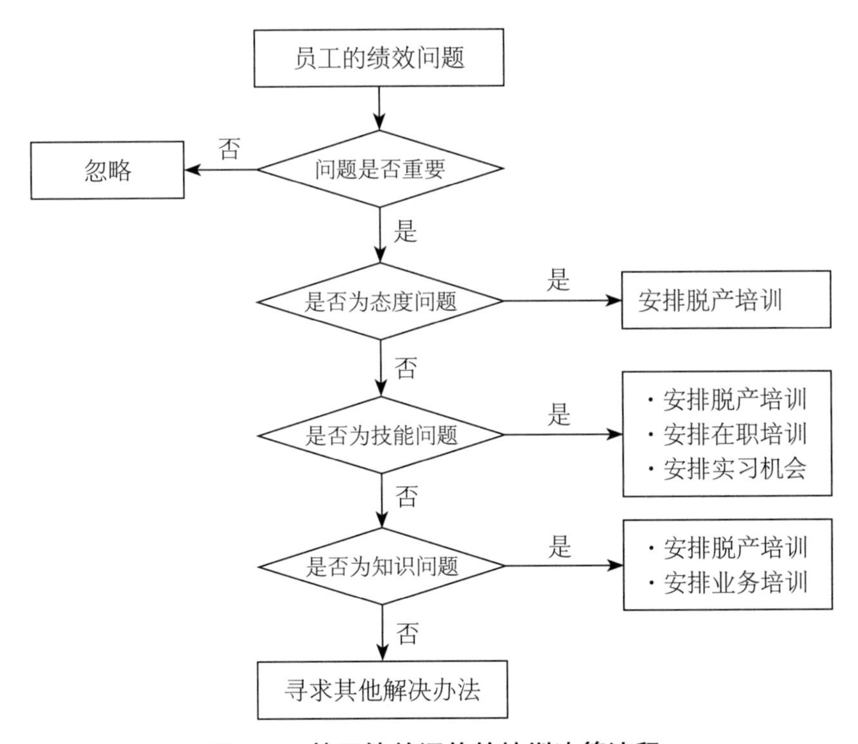

图4-1　基于绩效评估的培训决策流程

估结果分析的基础上，要找出绩效差距的问题与原因（属于知识不足、能力欠缺，还是态度方面需要转变），进而拟订出针对性的员工培训内容与方案。对于有效地改进所存在的问题，提高培训绩效无疑是个帮助。

4.3.2 开发应用——个人发展计划

个人发展计划（Individual Development Plan，IDP），是指员工在一定时期内完成的有关工作绩效和工作能力改进与提高的系统计划。它是一种直接从绩效评估延伸出来的实际且有效的由一系列表格组成的绩效改进计划。

4.3.2.1 个人发展计划的目的

（1）帮助员工在现有工作上改进绩效。

（2）帮助员工发挥潜力，使其在经过一系列学习之后能有升迁的可能，其重点仍是改进现有工作绩效。

4.3.2.2 个人发展计划的内容

（1）有待提升的项目。

（2）提升这些项目的原因。

（3）目前水平和期望达到的水平。

（4）提升这些项目的方式。

（5）设定达到目标的期限。

4.3.2.3 制订个人发展计划的步骤

制订个人发展计划的步骤如图4-2所示。

4.3.2.4 制订个人发展计划的过程

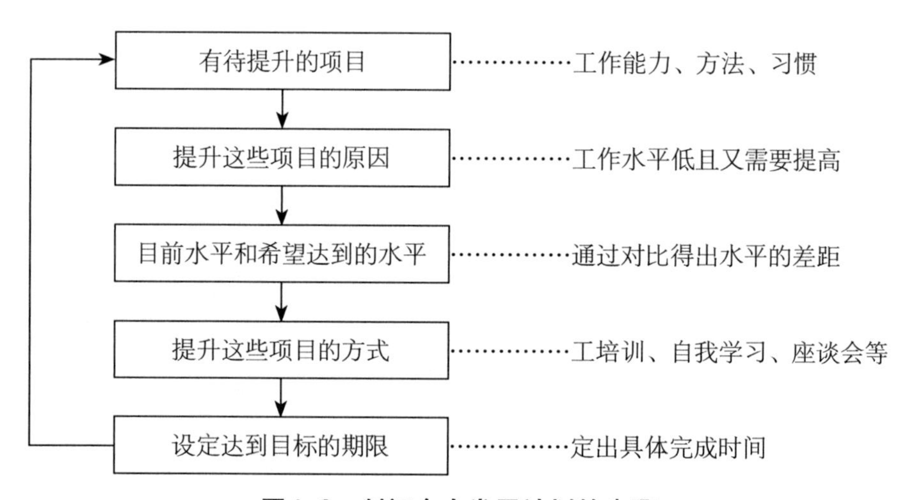

图4-2 制订个人发展计划的步骤

（1）管理者与员工进行绩效评估沟通。在管理者的帮助下，员工会很快认识到自己在工作当中哪些方面做得好，哪些方面做得不够好，认识到目前存在的绩效差距。

（2）管理者与员工共同就员工绩效方面存在的差距分析原因，找出员工在工作能力、方法或工作习惯方面有待提升的方面。

（3）管理者与员工根据未来的工作目标的要求，选取员工目前存在的工作能力、方法或工作习惯方面有待提升的地方中最为迫切需要提升的地方作为个人发展项目。

（4）双方共同制定改进这些工作能力、方法、习惯的具体行动方案，制定个人发展项目的期望水平和目标实现期限以及改进的方式。必要时确定实施过程中的检查核实计划，以便分步骤地达到目标。

（5）列出提升个人发展项目所需的资源，并指出哪些资源需要哪些人员义不容辞地提供帮助。

4.4 考核结果面谈

在最终的绩效考核结果生效之前，管理者还必须与下属就考核结果进行讨论，面谈的主要目的是使管理者和下属对绩效考核结果形成共识，使下属接受绩效考核结果。

4.4.1 考核结果面谈计划

对企业的绩效面谈要有计划地进行，为此应该制订一个绩效面谈计划，如表4-2所示。

表4-2　绩效面谈安排表

年　　月

序号	责任中心	部门	被考核者姓名	岗位名称	日期	时间安排	备注

4.4.2 绩效面谈准备

要保证绩效面谈的效果，管理者和员工都必须有充分的事先准备。绩效面谈前，管理者最重要的准备工作应当是相关数据和分析的准备，也就是要求管理者在面谈前一定要进行绩效诊断。

4.4.2.1　管理者应做的准备

绩效反馈面谈前管理者应做的准备如表4-3所示。

表4-3　绩效反馈面谈前管理者应做的准备

序号	准备事项	详细内容
1	选择适当的时间	（1）和员工约定一个双方都比较空闲的时间。例如，不要选择接近下班的时间 （2）计划好面谈将要花费的时间，有利于把握面谈反馈的进度和双方工作安排
2	选择适当的地点	（1）主管办公室、小型会议室或类似咖啡厅等休闲地点 （2）还应注意安排好谈话者的空间距离和位置。距离太近，会造成压抑感；距离太远，沟通双方无法清晰地获得信息
3	准备面谈评估资料	（1）充分了解被面谈员工过去和现在的情况，包括其教育背景、家庭环境、工作经历、性格特点、职务以及业绩情况等 （2）面谈所需的其他资料，包括员工绩效评估表、员工日常工作表现的记录等
4	计划好面谈的程序	（1）计划好如何开始。采取什么样的开场白取决于具体的谈话对象和情境 （2）计划好面谈的过程。先谈什么，后谈什么，要达到何种目的，运用什么技巧 （3）计划好在什么时候结束面谈以及如何结束面谈

4.4.2.2　员工应做的准备

绩效反馈面谈前员工应做的准备如下。

（1）回顾上一绩效周期的表现与业绩，准备一些表明自己绩效状况的事实。

（2）对自己的职业发展有一个初步的规划，正视自己的优缺点和有待提高的能力，以便和主管一起制订改进计划。

（3）面谈是个双向交流的过程，准备好向管理者提问的问题，解决自己工作过程中的疑惑和障碍。

（4）事先安排好工作时间，避开重要的和紧急的事情。

4.4.3　面谈过程的控制

建立彼此的信赖关系是绩效沟通面谈成功的首要前提。管理者要清楚地说明面谈的目的和作用，要能够充分调动员工参与讨论的积极性，赢得员工的合作。管理者要注意倾听员工的意见，倾听有利于管理者全面了解情况，印证自己的判断，把握交流的基调，问得多、讲得少，有利于为面谈营造一个积极的氛围。面谈的主要内容如下。

（1）回顾和讨论过去一段时间工作的进展情况，包括工作态度、工作绩效、企业文化建设等。

（2）双方讨论计划完成情况及效果、目标是否实现。

（3）管理者对员工做出评估。

（4）管理者主管向员工提出工作建议或意见。

（5）管理者提出对员工的要求或期望。

（6）讨论可以从管理者那里得到的支持和指导。

（7）讨论员工工作现状及存在的问题，如工作量、工作动力、与同事合作、工作环境、工作方法。

（8）在分析工作优缺点的基础上提出改进建议或解决办法。

（9）管理者阐述本部门中短期目标及做法。

（10）员工阐述自己的工作目标，双方努力把个人目标和本部门目标结合起来。

（11）共同讨论并确定下个绩效期的工作计划和目标，以及为此目标应采取的相应措施。

员工绩效考核面谈表见表4-4。

表4-4　员工绩效考核面谈表

<table>
<tr><th>姓名</th><th>部门</th><th>职类</th><th>考核时间</th><th>考核结果</th></tr>
<tr><td></td><td></td><td></td><td></td><td></td></tr>
<tr><td colspan="2">工作中成功的方面</td><td colspan="3"></td></tr>
<tr><td colspan="2">工作中需要改善的地方</td><td colspan="3"></td></tr>
<tr><td colspan="2">原因分析</td><td colspan="3"></td></tr>
<tr><td colspan="2">绩效改进措施/计划
（含完成时间）</td><td colspan="3"></td></tr>
<tr><td colspan="2">上期绩效改进措施/计划实施情况</td><td colspan="3"></td></tr>
<tr><td colspan="2">需要得到怎样的支持和资源</td><td colspan="3"></td></tr>
<tr><td colspan="5">面谈双方签名：
被考核人：　　　　　　　　考核人：　　　　　　　　日期：</td></tr>
<tr><td>绩效管理部
审核意见</td><td colspan="4"></td></tr>
<tr><td>备注</td><td colspan="4"></td></tr>
</table>

注：本表由被考核者在绩效面谈时填写。

4.4.4　确定绩效改进计划

在绩效面谈中，双方在分析绩效结果引发的原因时，对于达成的共识应当及时记录下来，同时也对下阶段的绩效重点和目标进行计划，这就使整个绩效管理的过程形成一个不断提高的循环。面谈结束后，双方要将达成共识的结论性意见或双方确认的关键事件或数据，及时予以记录、整理，填写在员工考核表中。对于达成共识的下期绩效目标也要进行整理，形成新的考核指标和考核标准。

绩效改进计划

__________先生/女士：

在______年____月____日至______年____月______日的考评周期中，你的考评结果未能达到绩效目标的要求。根据公司绩效管理相关规定，并基于你能正确认识到工作表现中存在的不足及有改进的愿望，经公司批准，给予你绩效改进的机会。有关改进计划内容如下。

一、绩效表现中存在的不足

____

____

二、原因分析与改进举措

____

____

____

三、绩效改进计划

1.绩效改进期：______个月，自______年___月___日起至______年___月___日止。

2.绩效改进的具体目标：

目标项	目标	目标值	衡量标准	考核权重
业绩目标				
能力提升目标				

3.结果应用：若绩效改进期考核合格，则公司继续履行与你的劳动关系；否则，公司将对你的岗位进行调整或解除与你的劳动关系。

员工本人签字：　　　　　　　　　　日期：　　　年　　月　　日

直接上级签字：　　　　　　　　　　日期：　　　年　　月　　日

企管中心签字：　　　　　　　　　　日期：　　　年　　月　　日

4.5 如何维护绩效的权威

4.5.1 严格执行绩效考核制度

绩效考核制度是实现战略目标的指挥棒，是激励约束机制能够高效持续运行的基础保证。实现严格执行绩效考核制度的措施包括以下内容。

（1）要制定责任目标，并与责任人签订。

（2）逐月予以考核，逐项予以落实，对照目标责任书，得出考核结果，提交工资核算部门，连挂考核，奖罚兑现。

（3）责任目标制定要合理，奖罚措施公平公正，尺度把握准确，便于考核兑现。

（4）日常督查考核，直接对企业管理者负责即对一把手负责，其他人员不得干预，避免考核时有失公允。

（5）考核结果要公示。

（6）考核人员素质水平要高，业务能力要强，敢于碰硬，敢于负责。

4.5.2 绩效评价必须客观实际

绩效评价必须客观实际——事实之下，当面沟通求共识。

企业应将绩效指标做成可衡量的定量的指标，就是确保绩效考核时尽量少出现争议的现象。而要在绩效管理制度中明确直接上级的绩效负责制，就是为了明确直接上级的评价权威，以减少在定性的指标中进行评价时的扯皮行为。

作为考核中的部分动作，绩效评价虽然由直接上司做出，但必须与员工个人进行面对面沟通。

（1）进行定性评价必须理由充分。这样的理由可以是平时的绩效沟通与辅导记录；也可以是借助360度的评价结果参考。但这样的记录与评价必须客观、实际，且要有员工在当时的确认。

（2）绩效评价必须当面沟通。绩效定性指标的评价不是考卷，可以对照标准答案进行划钩就行。对定性指标的确定，一定要做较详细的评价报告，这是对员工的看重与尊重，也是人性化管理的体现。评价报告的最终确认，需要与部下进行当面沟通。要对报告中的问题与话语进行详细的解释，让员工明白这是为什么。而如果部下对某点有不同看法，则要通过沟通进行适当调整或修正，直到双方都能够接受，避免出现绩效评价的异议冲突。

4.5.3 绩效申诉，维护绩效公正

绩效申诉，是指由于评价对象对评价结果持有异议，依照法律、法规或规章制度向有权受理申诉的机构提起申诉申请，受理部门依照规定的程序对相应的评价过程和结果进行审查、调查并提出解决办法的过程。

绩效申诉程序作为一个反转绩效结果的可能性，是对工作执行人的一种保护，也是对绩

效考核实施者的一个约束。可以起到制约管理者滥用职权的作用。所以在绩效管理中形成领导与部下之间的相互制约作用。

（1）绩效申诉一定是沿级申诉。作为绩效的实际执行者与责任人，要申诉绩效必须沿级申诉。而不能跨越多级申诉。这是对上司的尊重，也是给自己的退路。

（2）申诉可让领导者必须认真对待绩效管理。制约的存在让各级管理者必须认真对待绩效考核。出现绩效结果异议往往都是平时绩效沟通不良的问题。所以管理者必须做到以理服人，让部下口服心服。

（3）绩效申诉的发生会影响后续工作和谐。作为制约绩效管理者的绩效申诉是把双刃剑，往往一出现，就表示绩效管理实施中出现了问题。往往都是领导、部下皆有责任，同时有可能影响后续的工作和谐。

所以，领导和部属一般都不愿意绩效申诉的情况发生，因而，双方应尽量在绩效考核或定性评价的沟通中达成共识。但它又是一个制约、保证绩效考核中公平性的工具，属于一个有用却让人不愿意出现的又必不可少的绩效管理工具。

绩效考核申诉表见表4-5。

表4-5　绩效考核申诉表

<table>
<tr><td>申诉人姓名</td><td></td><td>部门</td><td></td><td>职位</td><td></td></tr>
<tr><td>申诉事项</td><td colspan="5"></td></tr>
<tr><td>申诉原因摘要</td><td colspan="5"></td></tr>
<tr><td>面谈时间</td><td colspan="2"></td><td>接待人</td><td colspan="2"></td></tr>
<tr><td rowspan="4">处理记录</td><td colspan="5">问题简要描述：</td></tr>
<tr><td colspan="5">调查情况：</td></tr>
<tr><td colspan="5">建议解决方案：</td></tr>
<tr><td colspan="5">协调结果：</td></tr>
<tr><td colspan="6">经办人：</td></tr>
<tr><td colspan="6">备注：</td></tr>
</table>

Chapter 5

第5章 绩效检讨改进

5.1 绩效考核流程与制度的检讨

5.1.1 绩效考核流程与制度检讨的内容

绩效考核流程与制度检讨的内容如下所示。

（1）绩效考核数据的准确性与真实性。

（2）指标的有效性、合理性。

（3）目标设定的合理性、适宜性、充分性。

（4）考核权重配分的合理性。

（5）指标的关联性。

（6）各部门对绩效考核理解的正确性及其应用的合理性。

（7）《绩效管理办法》的合理性与适宜性。

5.1.2 绩效考核流程与制度检讨的方式

绩效考核流程与制度检讨可以定期召开会议的方式来进行。

5.1.3 绩效考核流程与制度检讨的工具

企业在对绩效考核流程与制度进行检讨时，可以运用表5-1。

表5-1 绩效管理检讨——各部门汇总表

1. 绩效考核数据的准确性与真实性

部门	KPI指标	单位	目标值	准确性（是否按附表指标定义与计算方法、频次）与真实性（总表与分表数据的一致性）	改善对策

2. 指标的有效性、合理性

部门	KPI指标	单位	目标值	有效性（当月指标数据能达到管理需求的结果）与合理性（指标的定义及计算方法是否合乎常规的逻辑性）	改善对策

3. 目标设定的合理性、适宜性、充分性

部门	KPI指标	单位	目标值	合理性（目标的设定是否合乎常规的逻辑性）、适宜性（当月目标值制定是否必要）、充分性（目标值衡量是否全面）
制造一部				

4.考核权重配分的合理性

部门	KPI指标	单位	目标值	配分	合理性（考核配分是否合乎常规的逻辑性）	改善对策

5.指标的关联性

部门	KPI指标	单位	目标值	关联性（指标设定的因果关系是否符合常规的逻辑性）

6.各部门对绩效考核理解的正确性及其应用的合理性

部门	KPI指标	单位	目标值	指标解释	建议说明

7.《绩效管理办法》的合理性与适宜性

部门	问题点描述	建议说明

【案例01】

某企业绩效管理检讨汇总表

1. 绩效考核数据的准确性与真实性

部门	KPI指标	单位	目标值	准确性（是否按附表指标定义与计算方法、频次）与真实性（总表与分表数据的一致性）	改善对策
制造一部	成品合格率	比值	94%	品管部统计过程中存在漏记的现象，6月份制一部漏记了10批次	7月份起品管部统计的报表，制造部需当天确认并核签
	异常结案及时率	比值	100%	工程部没有清晰知道应如何统计该项考核指标，统计数据都为0	由行政部安排工程技术部长7月份对《订单结案工作标准程序》进行培训
	生产计划达成率	比值	90%	制管部在统计过程中把试产工单一起统计，考核指标为量产工单	7月份起制管部统计生产计划达成率时剔除试产工单计划
品管部	来料检验及时率	比值	98%	有些材料需做可靠性测试，要求8小时内完成不合实际	由品管部同制管部重新约定来料统计时间周期（建议：当天中午12:00后来料统一默认为第二天来料）

2. 指标的有效性、合理性

部门	KPI指标	单位	目标值	有效性（当月指标数据能达到管理需求的结果）与合理性（指标的定义及计算方法是否合乎常规的逻辑性）	改善对策
制造部	物料上线合格率	比值	98%	统计公式为车间按照工单物料类别作为批次统计，没能有效地协助产线解决物料异常的问题，经常会有一款物料异常导致车间的计划不能按期完成，如××喇叭异常导致产线停产，计划无法达成，但按公式统计，来料上线合格率是达标的	建议：按计划齐套率统计物料上线合格率
财务部部门	预算达成率	比值	95%	预算达成率是预算的准确性，应设定为区间值，如95%～100%	目标值的设定必须明确，此目标为公司级目标，不可调整
	财务报表及时率	比值	100%	指标合理，但是计算的有效性凡超一天，分值为零，分值计算方式有问题	超出的天数有做宽放设计，考虑到以下因素：假期，重要人员是否可出席、不可抗拒因素，其他
	预算检讨会召开及时率	比值	100%	指标合理，但是计算的有效性凡超一天，分值为零，分值计算方式有问题	
	财务分析会召开及时率	日期	每月14日召开	指标合理，但是计算的有效性凡超一天，分值为零，分值计算方式有问题	

3. 目标设定的合理性、适宜性、充分性

部门	KPI指标	单位	目标值	合理性（目标的设定是否合乎常规的逻辑性）、适宜性（当月目标值制定是否必要）、充分性（目标值衡量是否全面）
制造一部				无

4. 考核权重配分的合理性

部门	KPI指标	单位	目标值	配分	合理性（考核配分是否合乎常规的逻辑性）	改善对策
财务部	财务分析会权重太高，占绩效的比重为x%	日期	每月14日召开	25分	财务分析会权重太高，占绩效的比重为25%，如果会议的目的只是强调及时性，则所有会议的占比应为一致	财务分析会是公司级会议，是公司对经营做决策的核心会议，后续会不断完善会议内容，所以配分会偏重

5. 指标的关联性

部门	KPI指标	单位	目标值	关联性（指标设定的因果关系是否符合常规的逻辑性）
	无			

6. 各部门对绩效考核理解的正确性及其应用的合理性

部门	KPI指标	单位	目标值	指标解释	建议说明
	无				

7.《绩效管理办法》的合理性与适宜性

部门	问题点描述	建议说明
	无	

5.2 召开月度绩效执行检讨会议

绩效执行检讨会议可以月度、季度或年度召开，在企业中应形成制度。

绩效执行检讨会议是对组织及部门绩效目标、执行计划进行检讨、分析并明确下一期绩效目标、工作计划的一种报告会，是公司绩效管理活动的重要组成部分。

以下以月度绩效执行检讨会议来说明。

月度绩效执行检讨会议对上承接部门年度绩效执行计划总表，对下指引部门周绩效计划的开展与实施，如图5-1所示。

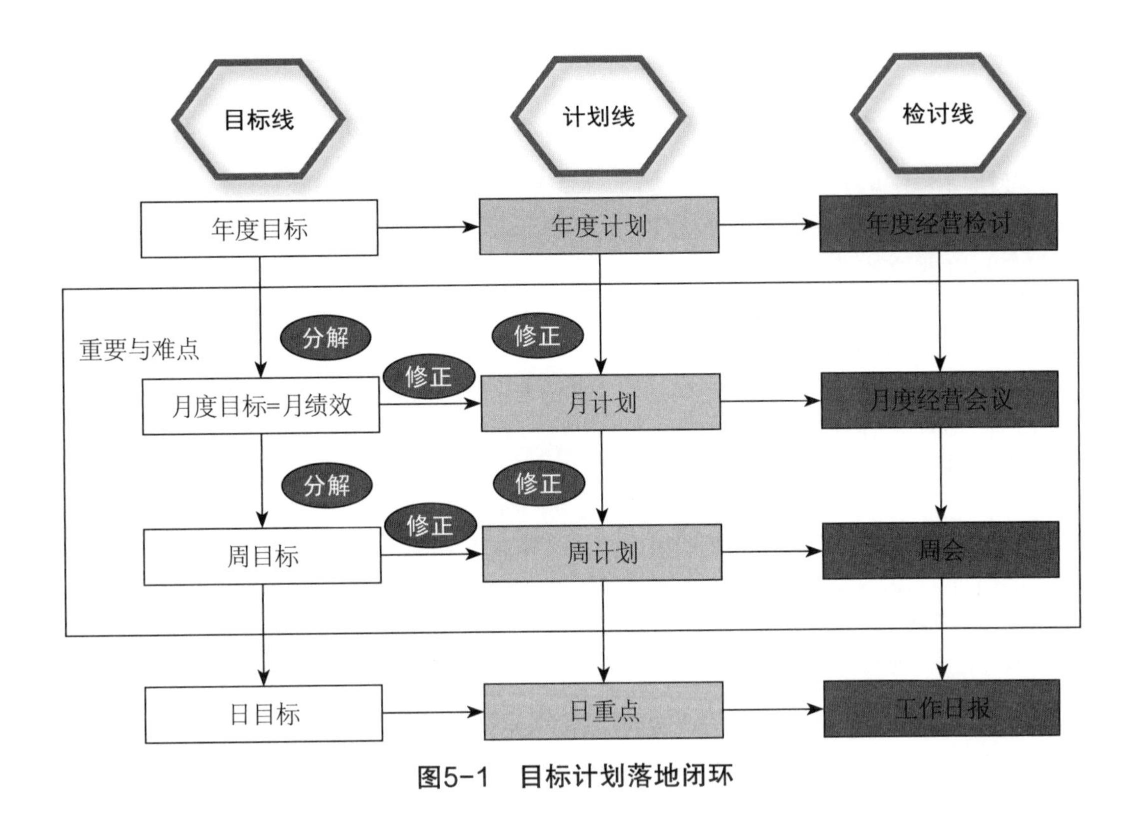

图5-1　目标计划落地闭环

5.2.1　哪些人参加月度经营会议

参加会议的人员及其主要职责如图 5-2 所示。

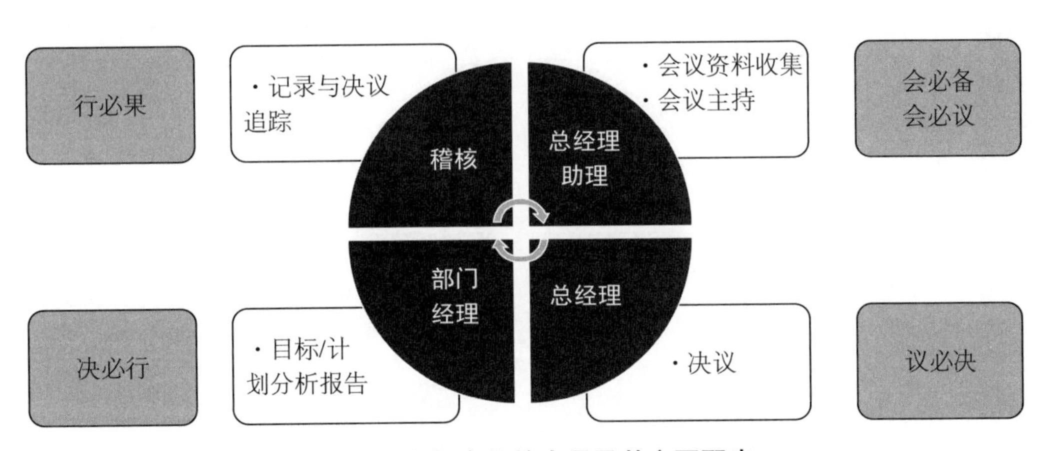

图5-2　参加会议的人员及其主要职责

5.2.2　会前准备什么

5.2.2.1　会议通知

会前要准备好会议通知，将会议时间、参与人员、会议内容及准备、会议议程等详细列出，并且做好准备工作，以便开一场高效的会议。会议通知模板如下所示。

会议通知

1. 会议时间：每月 8 日前（具体以通知为准）15:00 ～ 16:30。
2. 会务安排准备：总经理助理。主持人：总经理。
3. 会议记录：稽核专员及总经理助理。
4. 参会人员：总经理、各部门负责人、稽核专员、总经理助理、其他参会人员。
5. 会议主要内容及准备：
   - □ 分析上月目标与计划完成情况（准备各部门“月完成情况分析表”及相关资料）
   - □ 拟定本月目标与计划（准备各部门“月计划表”及相关资料）
   - □ 决议 / 讨论问题点
6. 会议议程：
   - □ 稽核组做上月稽核总结和本月稽核计划汇报（限时 10 分钟）
   - □ 各部门依次做月度工作总结和计划报告（限时 10 分钟 / 人，顺序：销售部、工程部、PMC 部、采购部、生产部、品质部、行政部、财务部）
   - □ 各部门重点问题讨论（限时 3 分钟 / 人）
   - □ 总经理发言（限时 10 分钟）

5.2.2.2　月度经营会议准备工作

参与月度经营会议的人员应做的准备工作如图 5-3 所示。

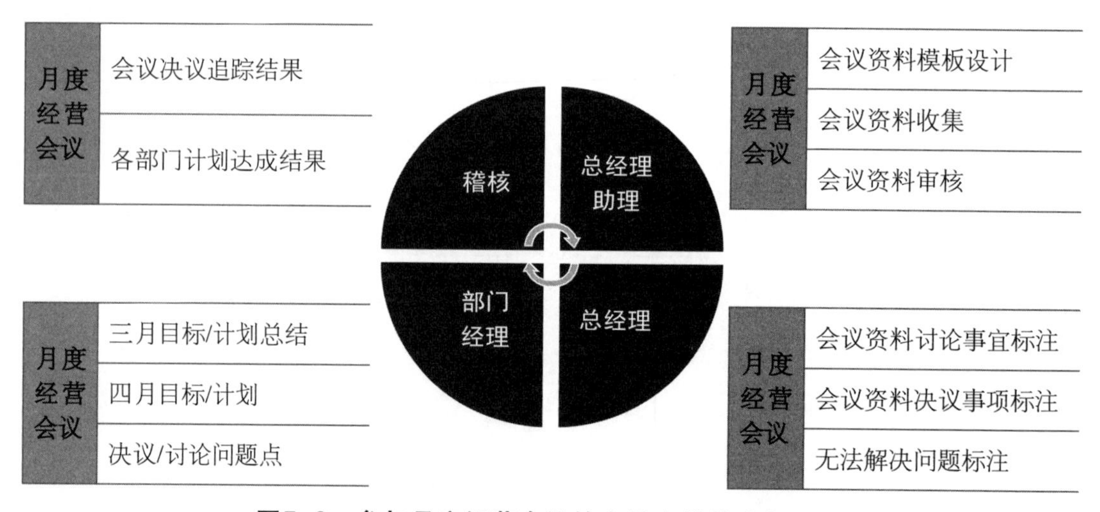

图5-3　参与月度经营会议的人员应做的准备工作

5.2.2.3　会议资料模板设计

下面以三月的月度经营会议为例来说明需要准备的资料。

（1）三月目标/计划。

总结的会议资料如图 5-4 所示。

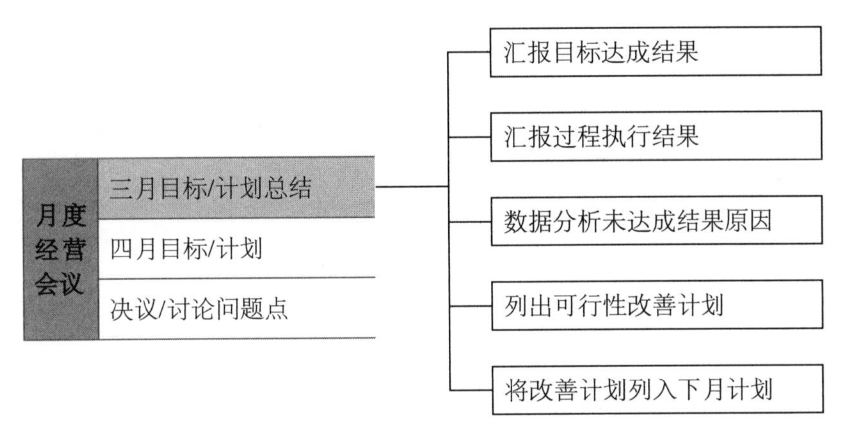

图5-4　三月目标/计划总结的资料

（2）四月目标/计划。

若三月的目标/计划没有达成，那么我们就要根据前述的分析，列出四月的目标/计划，如图5-5所示。

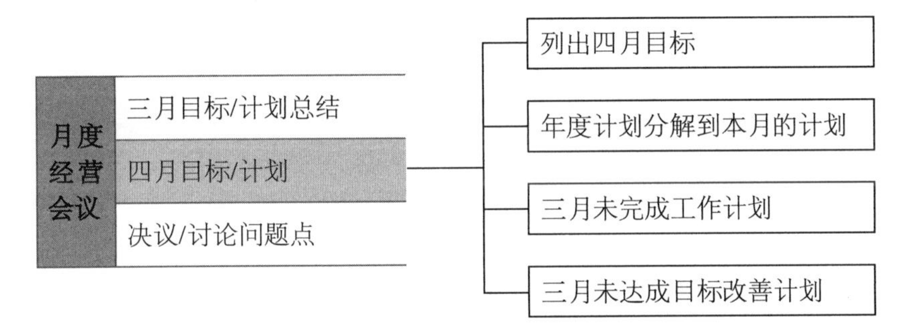

图5-5　四月目标/计划总结的资料

在制定四月目标与计划时，要以如图5-6所示的执行计划展开的思维来进行设计。

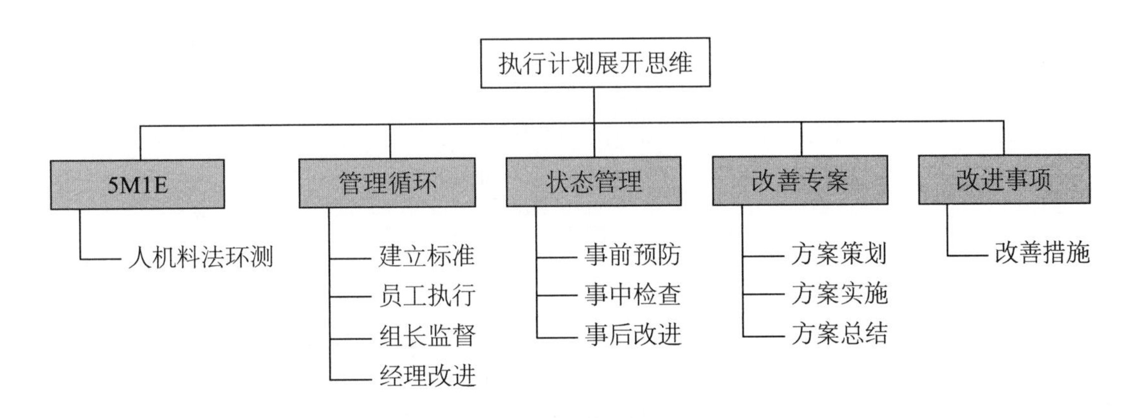

图5-6　目标达成计划构成的思维

（3）决议/讨论问题点。

有关决议/讨论问题点的资料如表5-2所示。

表5-2　有关决议/讨论问题点的资料

序号	讨论事宜与所需支援/资源	责任人	完成时间	即时	标准
1					
2					
3					
4					
5					
6					
7					

5.2.2.4　会中讨论/决策什么

（1）会中讨论/决策的内容。

会中讨论/决策的内容如图5-7所示。

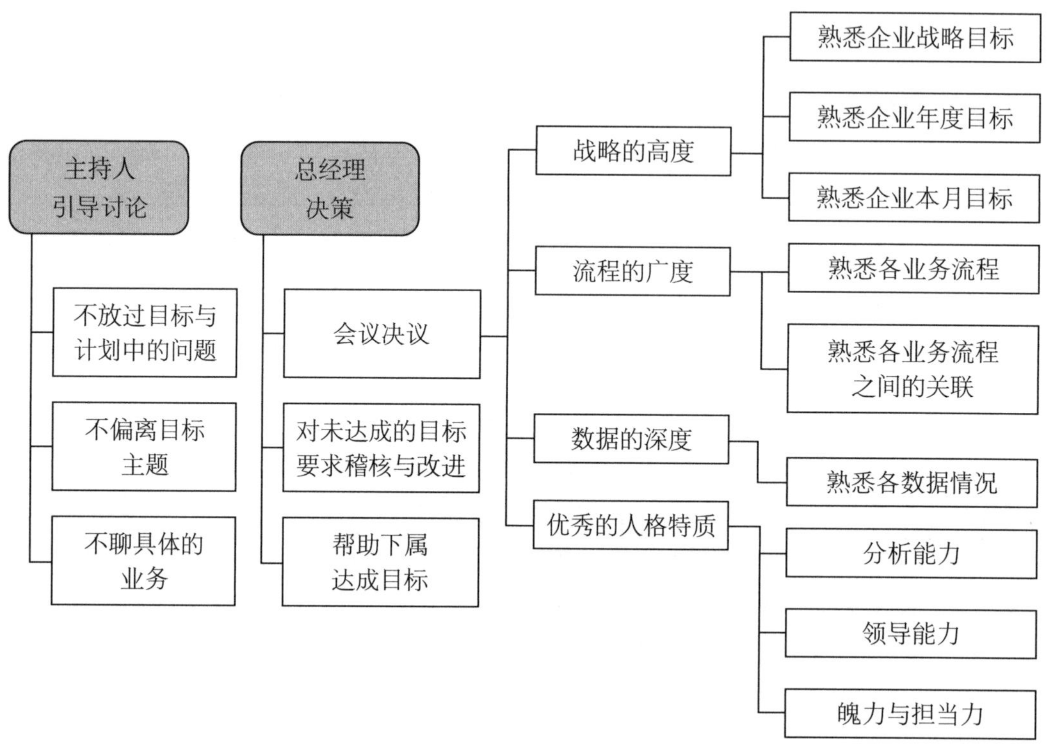

图5-7　会中讨论/决策的内容

（2）会议资料与内容稽核。

会议资料与内容稽核重点如表5-3所示。

表5-3　会议资料与内容稽核重点

总经理助理重点稽核资料	总经理重点稽核内容
1. 报告文件命名是否符合要求 2. 报告要素、内容是否齐全 3. 报告字体、排版是否能正常演示 4. 报告附件是否能打开	1. 部门上月经营目标达成情况 2. 未达成的原因分析与对策是否正确 3. 下属本月经营目标是否变更，是否需要变更 4. 本月部门执行计划能否支撑目标达成 5. 所需支援的工作或资源如何协调

【案例02】▸▸▸

某企业月度绩效经营会议——绩效结果稽核

以下以某公司的稽核表格为例来说明。

结果稽核表——企业数据化经营管理控制

部门	目标	单位	年度目标值	1月			2月			3月			4月		
				目标值	实际达成值	达成率	目标值	实际达成值	达成率	目标值	实际达成值	达成率	目标值	实际达成值	达成率
营销部	销售业绩	万元	30000	2000	1800	90%	2000	1600	80%	3000	2850	95%	3 000	3150	105%
PMC部	仓库账物卡准确率	%	95%	95%	29%	30%	95%	45%	47%	95%	96%	101%	95%	96%	101%
	订单达成率	%	85%	85%	69%	81%	85%	42%	50%	85%	67%	78%	78%	83%	107%
采购部	物料准交率	%	95%	95%	54%	57%	95%	40%	42%	95%	81%	86%	90%	85%	95%
	物料合格率	%	90%	90%	62%	69%	90%	57%	63%	90%	74%	83%	90%	87%	97%
生产部	生产效率	%	100%	95%	94%	99%	100%	54%	54%	95%	55%	58%	85%	88%	104%
	成品合格率	%	90%	88%	91%	105%	90%	75%	83%	90%	73%	77%	90%	89%	99%
人力资源	招聘达成率	%	80%	80%	40%	50%	80%	50%	62.5%	80%	60%	75%	80%	60%	75%
	培训达成率	%	100%	100%	80%	80%	100%	85%	85%	100%	88%	88%	100%	92%	92%
财务部	报表准确率	%	100%	100%	95%	95%	100%	97%	97%	100%	99%	99%	100%	100%	100%
	预算控制率	%	98%	98%	82%	83.7%	98%	87%	88.8%	98%	92%	93.9%	98%	96%	97.8%

结果稽核——部门目标达成

部门	×月			
	目标数/个	达成数/个	达成率/%	未达成目标
营销部	5	5	100.00	
研发部	6	6	100.00	
PMC部	7	7	100.00	
采购部	5	5	100.00	
生产部	7	6	85.71	生产计划达成率目标为95%，实际达成92%
人力资源	5	5	100.00	
财务部	4	4	100.00	

过程稽核——年度经营计划执行总表×月份执行情况

年度经营计划执行总表×月执行情况								
部门	总数/项	未达成/项	达成比例/%	部门总目标	执行计划的内容	稽核完成状况	差异分析原因	目标完成日
行政部	26	5	80.76	伙食满意度	前一天下午制作第二天的菜单	未完成		
				预算控制	每次对发生的费用进行分类统计	未完成		
技术中心	30	5	83.33	样品及时性100%	模具标准件、非标件、模具材料经品质部检验合格入库，领用并及时填写发放记录表	有特殊要求的经品质检测，但大部分没有，有入库，但无发放记录		
				图纸、技术资料的及时性98%	制定标准工时	未完成		
营销部	20	20	100					
采购部	25	25	100					
生产部	40	40	100					
PMC部	35	35	100					

5.2.2.5 会后如何追踪

会后追踪的内容包括形成会议决议、月度绩效计划完善、绩效计划追踪。会议决议与追踪表如表5-4所示。

表5-4　会议决议与追踪表

<table>
<tr><th colspan="7">会议记录表</th></tr>
<tr><td>会议名称</td><td colspan="3">×月月度经营管理例会</td><td>主持人</td><td colspan="2"></td></tr>
<tr><td>会议时间</td><td></td><td>会议地点</td><td>分公司会议室</td><td>记录人</td><td colspan="2"></td></tr>
<tr><td>缺席人员</td><td colspan="2"></td><td>列席人</td><td colspan="3"></td></tr>
<tr><td>出席人员</td><td colspan="6"></td></tr>
<tr><th colspan="7">会议决议</th></tr>
<tr><td>序号</td><td colspan="2">决议内容</td><td>完成日期</td><td>责任人</td><td>跟进人</td><td>跟进结果</td></tr>
<tr><td>1</td><td colspan="2">采购部于×月15日前完成外购成品管理办法初稿的编制</td><td>×月30日</td><td>×××</td><td></td><td></td></tr>
<tr><td>2</td><td colspan="2">总经办在×月20日前编制方案，并指导人事助理学会核对3E卡</td><td>×月30日</td><td>××</td><td></td><td></td></tr>
<tr><td>3</td><td colspan="2"></td><td></td><td></td><td></td><td></td></tr>
</table>

总而言之，开展月度经营会议的终极目的是要达成企业目标（业绩、利润、资金），如图5-8所示。

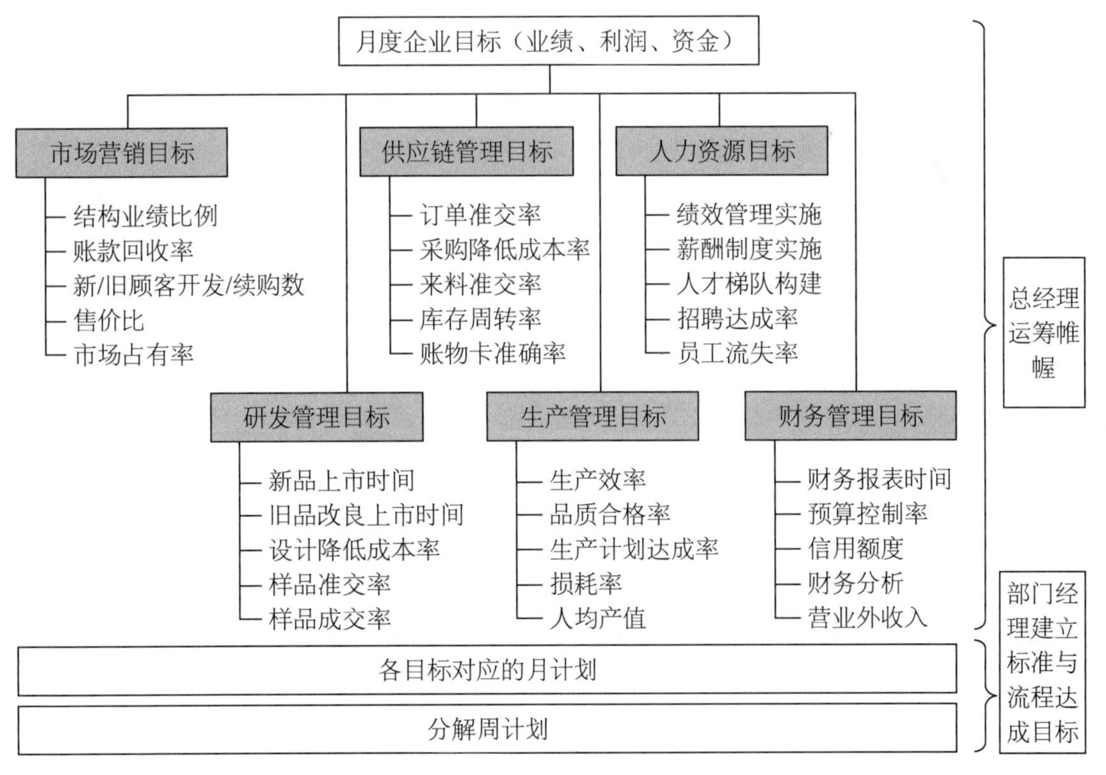

图5-8　月度经营会议的终极目的

【案例03】▸▸▸

公司经营绩效检讨会制度

一、会议性质

此会议既是公司的经营工作会议，又是部门绩效的评价会议；既是绩效的沟通过程，又是绩效的诊断和提高过程。

二、会议目的

根据董事会确定的公司发展规划及年度经营目标、预算，研究制定公司周、月、季的工作计划，决定企业的经营策略；对各部门的主要工作、绩效指标进行检查、评价；解决各部门在经营工作中暴露的问题、遇到的障碍，分析其原因，并采取必要的措施。

协调各部门之间在计划、方法、工具、进度、人员、设备上的冲突和矛盾；传达集团总部的经营动态、会议精神，安排、布置新的工作任务。

增加各部门的团结合作，提供一个公开、公正、平等、民主的质询与辩解平台，进行绩效沟通。

三、公议时间与地点

每月财务月报报出10日前后，会期半天。

地点在公司综合楼六楼。

具体时间按每次下发的会议通知执行。

四、会议主席

总经理或执行副总经理。

总经理无法主持会议时，由其指定其他副总经理代为主持。

五、与会人员

部门副经理以上人员，原则上不许缺席，部门主管因故缺席必须指定他人代为参加；其他相关人员按会议通知可列席会议。

六、会议准备

各部门在本月绩效检讨会议后，即确定一人代表本部门进行汇报，汇报人应提前就本月本部门的汇报主题或其他重要事项进行充分准备。

会议通知应在召开会议前三日下发。会议召开前三日，各部门将“部门绩效考核评价表”报总经办人事科，人事科负责将其分发至公司领导和各部门。

汇报人可以依据“部门绩效考核评价表”提炼和补充本单元的主要业绩指标或其他汇报材料，公司领导和其他部门据此表就某些重要事项或重要误差在会议上进行质询。

汇报材料除绩效指标外，还要包括该指标所涵盖工作的详细分析、报告资料；临时任务或短板要求或其他专项工作的详细资料；上述资料的PPT演示文档。

七、会议程序

按以下顺序进行报告：行销部、采购部、生产部、技术品管部、财会部、总经办。

各部门指定汇报人代表本部门进行汇报，限时30分钟，与会人员可进行质询，汇报人必须对此做出合理、真实的解释与说明。

会议主席在听取汇报、质询及辩解后，应做出必要的指示或裁决，并指定负责人。

对较复杂的工作事项，一时无法在会议上做出明确决策的，可由会议主席指定部门或专人，在规定期限内专题研究并提出解决方案，呈报本次会议主席。

绩效会议结束后，由会议主席当场评价各部门的汇报质量和效果，并排序。

八、会议内容（绩效考核工作检讨）

均按照“部门绩效考核评价表”的思路和顺序进行汇报，以业绩、短板要求、临时任务为主要汇报内容，以绩效管理、学习与创新为次要汇报内容，基本职能无显著提升或错误原则上不汇报。

针对某项指标代表的工作内容业务，可配以图标或文字详细说明，进行预算对比、计划对比、同期对比、上月对比、对手对比等分析。

九、其他

经营绩效检讨完成后，由总经办负责在 48 小时内下发书面会议纪要，主要包括各部门的主要绩效完成情况，存在问题及解决办法，新安排和布置的工作任务，会议精神或决议等。

人事科应就公司领导和各部门对“部门绩效考核评价表”的质询意见核实并修正计分。

各部门将此会议纪要作为未来一个月工作的指导性文件予以执行，如有必要，应制定绩效改进计划或召开局部会议安排布置落实。

经营绩效检讨会的决策权属于会议主席的职责，会议主席必须对每个议题都有明确决定。

在会议主席做出决策之前，所有与会人员对他人的汇报、发言均享有质询权。汇报人、发言人对所有质询必须做出合理的、真实的解释，也可指定相关经理做出解释。

在会议中凡被会议主席决定负责执行某项工作的人，即为该项工作的授权人。若因困难无法完成所定目标时，应立即反馈，并提出寻求支持的具体要求或应采取的补救措施。被授权人若有失职，应承担失职责任。

……………………………………………………………………………………

Chapter 6

第6章

公司增量源及增量奖金方案设计

增量绩效管理与传统的绩效管理是有区别的，它的定义是实现人的效率的提升，实现组织、个人等多赢的局面。增量绩效管理的核心宗旨如图6-1所示。

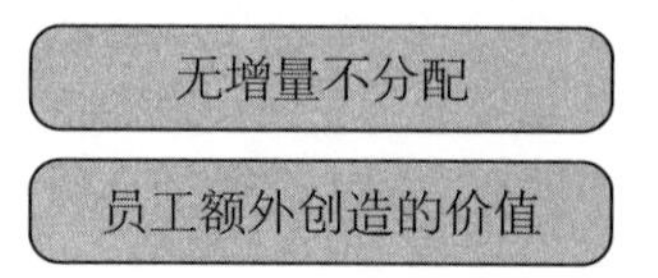

图6-1 增量绩效管理的核心宗旨

6.1 何谓增量绩效

增量是指在一定的时间内所增加的量。

增量绩效管理的思维是：先增量，再分配，如图6-2所示。

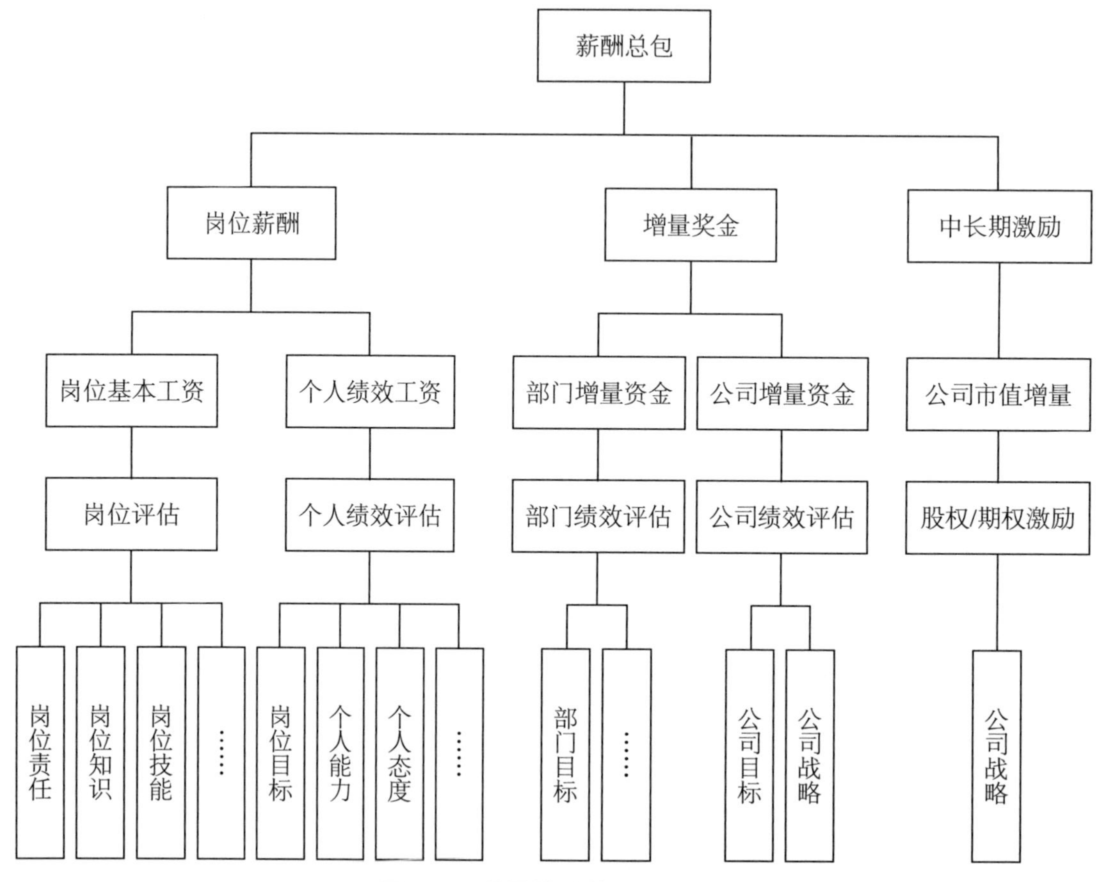

图6-2 增量绩效管理的思维

6.1.1　增量分类

增量可以分为数学增量和经济学增量，如图6-3所示。

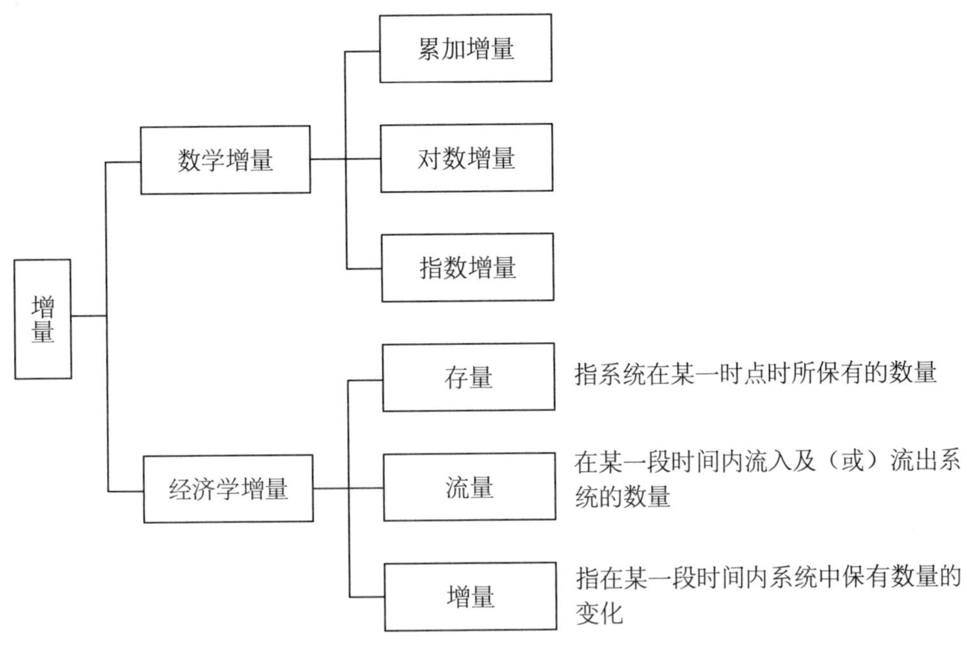

图6-3　增量的分类

6.1.2　绩效管理分类

绩效管理分类如图6-4所示。

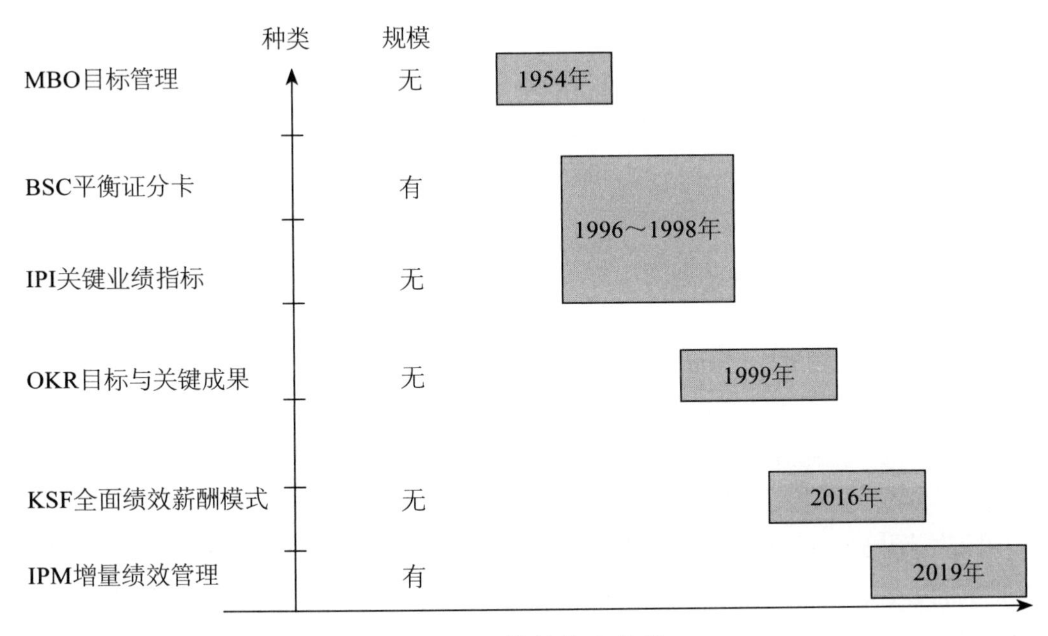

图6-4　绩效管理分类

6.1.3 增量绩效激励的三个方向

落后的分钱方法做的是存量激励，带来内部博弈和更多的利益冲突，进而引发内部的不信任，因此企业需要将激励机制转到增量上。

华为公司基本法第69条有这么一句话："奖金的分配与部门和个人的绩效改进挂钩"。这句话包含两个关键点：第一它平衡的是部门和个人，也就是说我们强调部门优先、兼顾个人，强调的是团队作战；第二个强调的是改进，改进的内涵就是增量绩效，前面我们讲避免"躺赢、躺平、躺赚"，因为基于存量做激励没有导向改进，增量自然做不起来。

改进的外延则包括增长、增效和增肥三个方面，如图6-5所示。

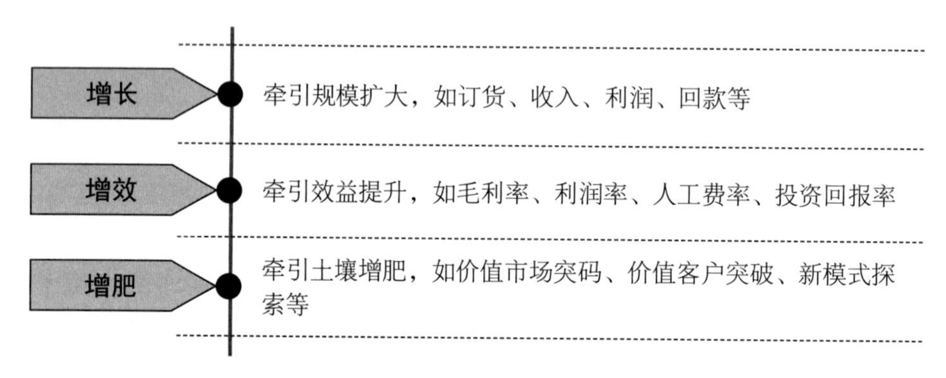

图6-5 改进的外延

6.1.3.1 首先是增长，牵引企业业务的规模扩大

一个企业没有一定的规模，就没有市场影响力，那么在发展过程中就建立不起来成本优势，竞争力则自然而然也起不来。

所以任何一家企业都首先要追求规模的持续扩大，因此增量绩效第一个维度就是增长。表现出来的指标则是订货、收入、利润、回款等，我们有一些电商企业的"粉丝"量/日活量，或者我们一些门店的网点数等都可以算是规模指标。

6.1.3.2 然后是增效，牵引企业效益的提升

我们有一些企业大而不强，就是规模很大但并不赚钱，甚至是亏损。所以我们增量绩效第二个方向就是要牵引增效。对应的一些常见的指标包括毛利率/利润率的提升、人工费率、投资回报率等。

6.1.3.3 最后是增肥，牵引企业土壤肥力的增加

这个是很多企业经营过程中忽视的地方。土壤肥力就是未来能够持续增长、持续获利、持续有竞争力的一些业务努力的方向，或者是一些企业需要突破的方向，这些都是当下要努力付出，但并不一定马上会产生回报的事情。

中国改革开放之后30年，打一口井一米深就有水，那个时候机会多，只要你有产品，就能很快能够占领市场。但是后来竞争越来越激烈，这个时候你再去打井可能要打100米、1000米深才有水，此时很多企业就没办法了，或者说它没有战略定力了。

土壤增肥的表现主要包括价值市场的突破、价值客户的突破，还有一些新模式、新业务、新技术、新产品的探索，另外包括干部人才梯队的建设，还有我们内部管理改进，流程改造、IT建设等都可以把它理解成增肥。

很多企业在做激励的时候主要是做增长的牵引，这个没有问题，我们需要牵引规模的扩大、销售额的增加。但是我们可能对土壤肥力往往是不重视的。

企业的激励政策就是指挥棒，往增长的方向去打的时候，员工的行为动机会表现出来的是愿意去“摘果子”——追求结果，而不愿意去“种树”——在过程中付出辛苦，但是只有员工愿意不断地去拓荒、种树、施肥，企业才能有持续的增长动力。

如果我们一味地导向员工通过摘果子来作为业绩，拿到更多的奖金，那明年企业的增长员工也不会管，所以企业做着做着就会发现把老土地都种成了盐碱地，那企业又怎么会有持续的增长呢？

这是个特别朴素的道理，农民伯伯都知道，土地一年要耕一次养一次，你不去增肥，你不去养地，第二年你的收成就很差，这是自然规律。

当企业现在业绩没有增长时，反而更要强调增量绩效，我们可以牵引提升人的效率、降低运作成本、节省费用。这就是华为公司所说的“深淘滩、低作堰”：深淘滩就是不断地去挖内部潜力、提高效率，把成本费用做到最低，提高竞争力；低作堰，就是把堰做得低一点，让水漫出去，让利给客户和合作伙伴。

现在很多企业一味地强刺激强激励，销售人员天天亢奋地追求业绩增长，却不顾渠道商、代理商、客户的利益。结果是增量不增效，也失去了未来的增长，那这就不是真实的增长，那是用强激励激励出来的，那么销售也一定会变形。

如果我们更多地理解增长是果的话，那摘果子就是果。如果我们理解增肥增效是增长的因的话，那么我们就找到了或者回归了经营的本质。我们要在“因”上努力，在“果”上随缘，这也就是“菩萨畏因、凡人畏果”。

代表处是华为最小的经营单元，海外一个国家一个代表处，国内一个省一个代表处。对代表处的考核有两大维度：第一个维度多打粮食，可以理解为增长；第二个维度就是增加土壤肥力，这两个的权重各占50%。

所以华为公司为什么能够持续增长？是因为一直在“因”上面努力，一直在增加土壤肥力。近几年尽管华为遇到了很大的困难，但却增加了在研发技术人才上的投入，因为这样才能够帮助华为穿越黑暗。

6.2 增量源设计

降本增效本是企业的永恒主题，那降本增效的增量源来自哪里呢？这需要我们对企业进行全面的分析、研究进而挖掘出来。

6.2.1 增量源的衡量标准

以不同的标准来衡量，会发现增量难度及增量额的程度也是不一样的，如图6-6所示。

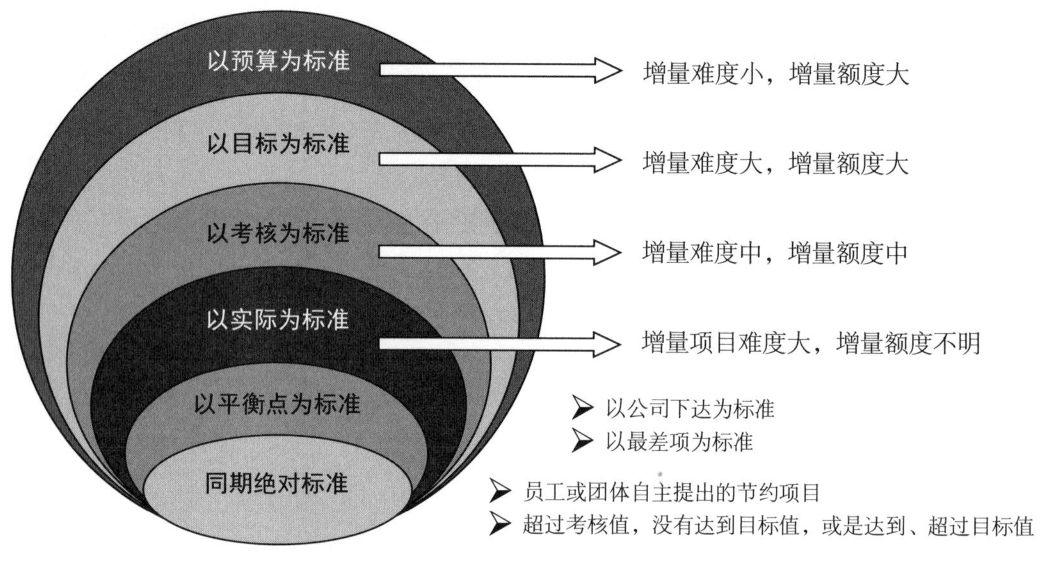

图6-6 增量源的衡量标准及结果

6.2.2 增量源评审标准

增量源的评审条件受企业所在行业、作业流程等因素限制，但以下是一些可以纳入考虑的共性标准。

（1）可数字化。

（2）财务可计算性。

（3）超月度/季度目标。

（4）创新性工作成果或价值。

（5）所有因素不变，数量与质量提升。

（6）改变或影响期限较长，原则上5年为限。

要注意的是以下两种情况不属于增量源。

（1）改变公司制度或规则：例如调整工作时间段，移花接木类的。

（2）公司先进行投资，然后产生的增量。此类进入公司决策，而不是增量。如果由发起部门垫资，则可按增量规则兑现（供参考）。

6.2.3 增量源挖掘的步骤

以下以一个案例的形式来说明增量源挖掘的步骤。

【案例01】▸▸▸

某企业的某事业部增量源设计

1. 对事业部经营数据进行分析

PCB仪器事业部增量
- 分析弱项
- 解决行动
- 增量源
- 如何分配
- 预期效果

项目	PCB材料事业部	PCB材料事业部各项占比	PCB仪器事业部	PCB仪器事业部各项占比	锂电事业部	锂电事业部各项占比
人数/人	554		892		1689	
一、营业收入/元	42412489		58098370		242142282	
二、营业成本-产品成本/元	28474279	67.14%	38289343	65.90%	154587292	63.84%
产品成本-对外销售	27663453	65.22%	30745318	52.92%	154587292	63.84%
产品成本-销售-关联	810825	1.91%	7544025	12.98%	–	0.00%
三、产品税金及附加/元	280623	0.66%	280775	0.48%	1145428	0.47%
四、营业成本-各种费用/元	5566698	13.13%	17321789	29.81%	38031521	15.71%
1. 销售费用/元	3086799	7.28%	8300316	14.29%	18956550	7.83%
工资/社保/公积金/元	1194122	2.82%	3294069	5.67%	9003076	3.72%
2. 管理费用/元	2480958	5.85%	2464436	4.24%	4759179	1.97%
工资/社保/公积金/元	1397362	3.29%	1925242	3.31%	3334932	1.38%
3. 研发费用/元	92	0.00%	7254117	12.49%	14576068	6.02%
工资/社保/公积金/元	–	0.00%	6048769	10.41%	12089061	4.99%
4. 财务费用/元	−1151	0.00%	−697080	−1.20%	−260276	
五、营业利润/元	8090889	19.08%	2206463	3.80%	48378041	19.98%
六、利润总额/元	7287619	17.18%	1757295	3.02%	44639805	18.44%
所得税/元	1093143	2.58%	263594	0.62%	6695971	15.79%
七、净利润/元	6194476	14.61%	1493701	2.57%	37943835	15.67%
净利润目标/元	14000000		10000000		46500000	
差异（实际-目标）/元	−7805524		−8506299		−8556165	
工资/社保/公积金小计/元	2591484	6.11%	11268080	19.39%	24427069	10.09%
月人均产值/元	76557		65133		143364	
八、净现金流/万元	1224		109		2850	
收款金额/万元	4445		6022		24214	
支出金额/万元	3221		5913		21364	

2. 对经营维度-占比进行分析

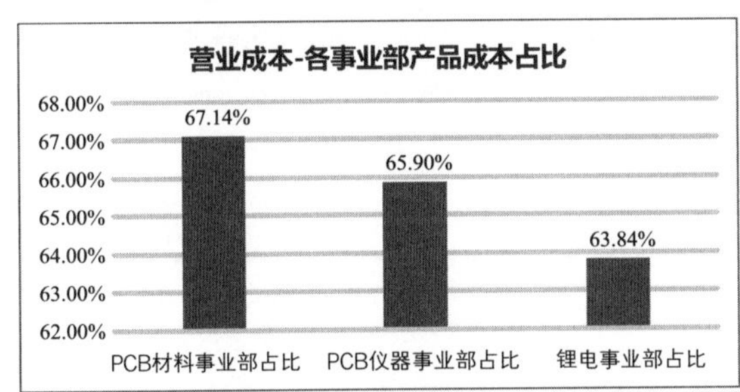

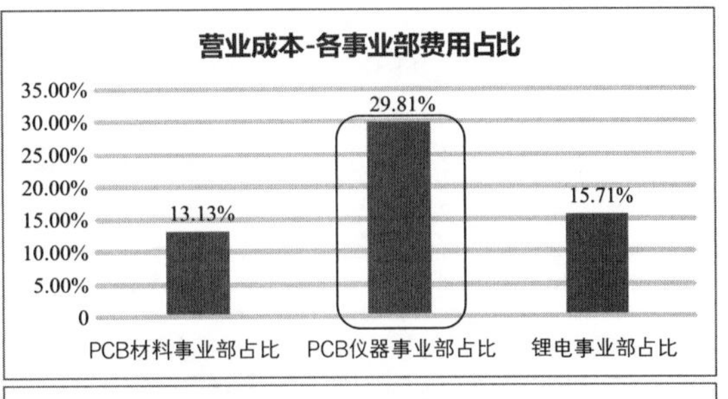

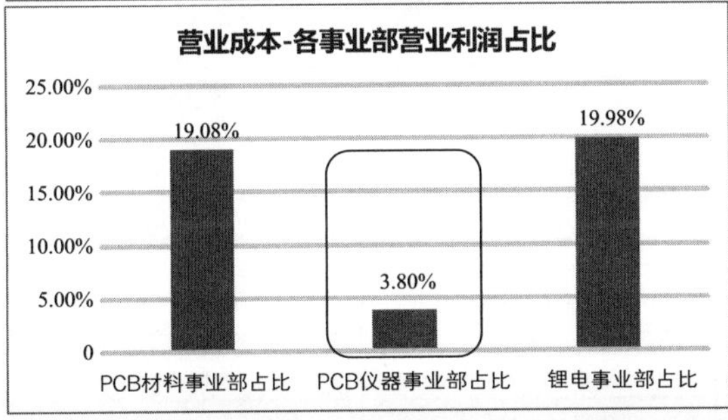

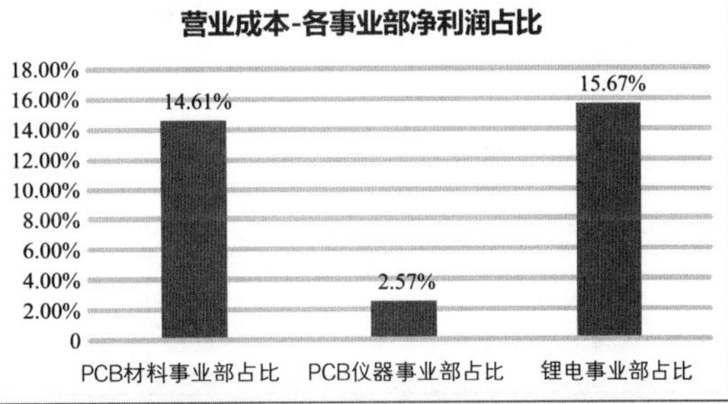

三大事业部费用占比相差16.68%(PCB仪器事业部为29.81%，PCB材料事业部为13.13%)，导致利润总额占比差距大，相差16.18%（锂电事业部最高为19.98%，PCB仪器事业部最低为3.8%)，PCB仪器事业部的费用消耗了大部分的利润。

3. 增量绩效方法（一）客户及产品维度

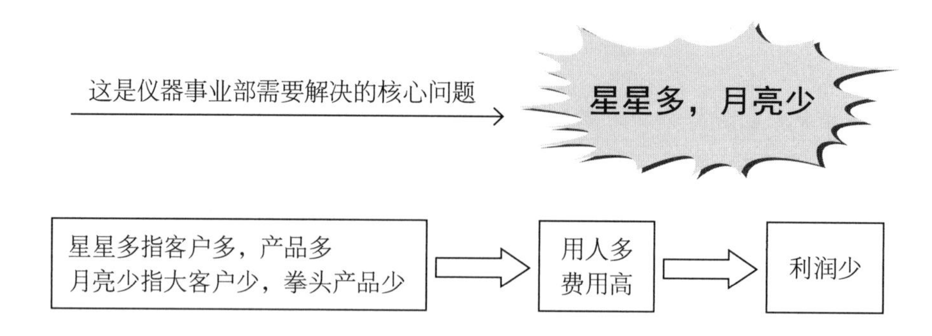

4. 增量绩效方法（二）成本维度——应收账款

单位：万元

项目	PCB材料事业部	PCB仪器事业部	锂电事业部
营业收入	4241.25	5809.84	24214.23
应收账款	2847.00	8461.00	23766.31
应收占比	67.13%	145.63%	98.15%
已计提应收坏账准备	333.87	852.00	2 498.06
应付账款	1674.00	3843.75	16933.26
应收与应付差额	1173.00	4617.25	6833.05

行动：PCB仪器事业部应收账款高达8461万元，2021年1～6月营业收入为5809万元，应收账款为8461万元， PCB仪器事业部应收账款过大，导致经营风险增大，现金流紧张。

5. 增量绩效方法（三）成本维度——库存周转

单位：万元

存货类别	PCB材料事业部	PCB仪器事业部	锂电事业部
原材料	151.98	1511.87	2272.66
产成品	362.73	2284.99	2910.97
半成品	—	505.09	465.66
周转材料	12.48	0.93	2.34
在制品	41.20	1268.29	4374.28
存货小计	**568.39**	**5571.16**	**10025.91**
收入金额	4241.25	5809.84	24214.23
周转	**7.46 次**	**1.04 次**	**2.42 次**

行动：PCB仪器事业部存货金额高达5571万元，2021年1～6月营业收入5809万元，库存周转次数仅为1. 04次，锂电事业部为2. 42次， PCB仪器事业部库存周转率低。

6. 小结：PCB仪器事业部增量源

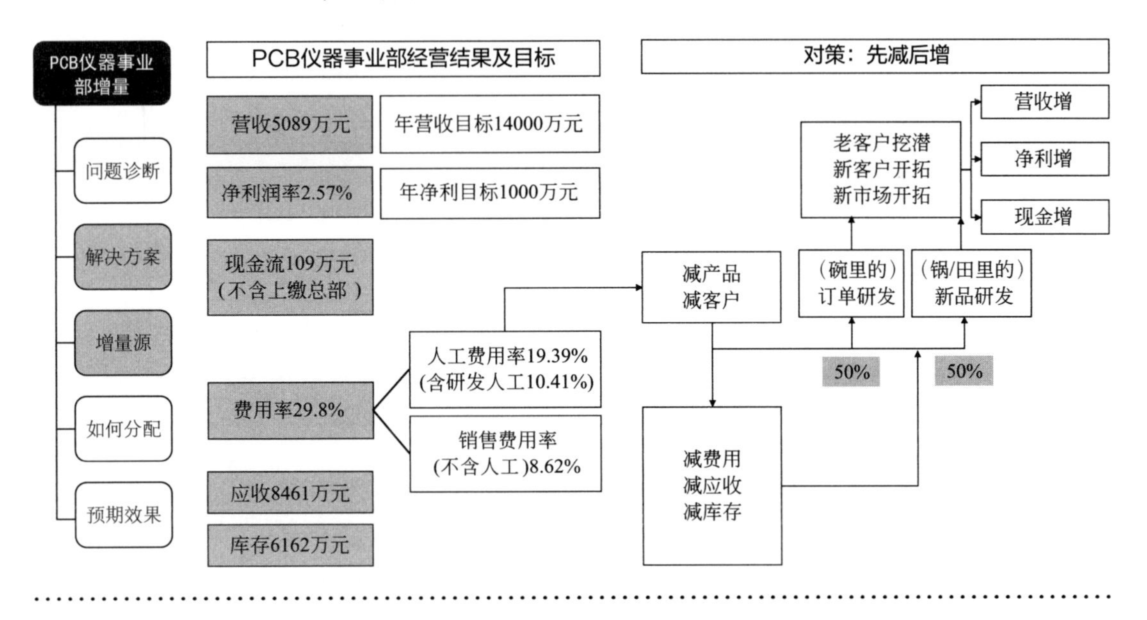

6.2.4 各中心增量源举例

各中心增量源举例如图6-7～图6-13所示。

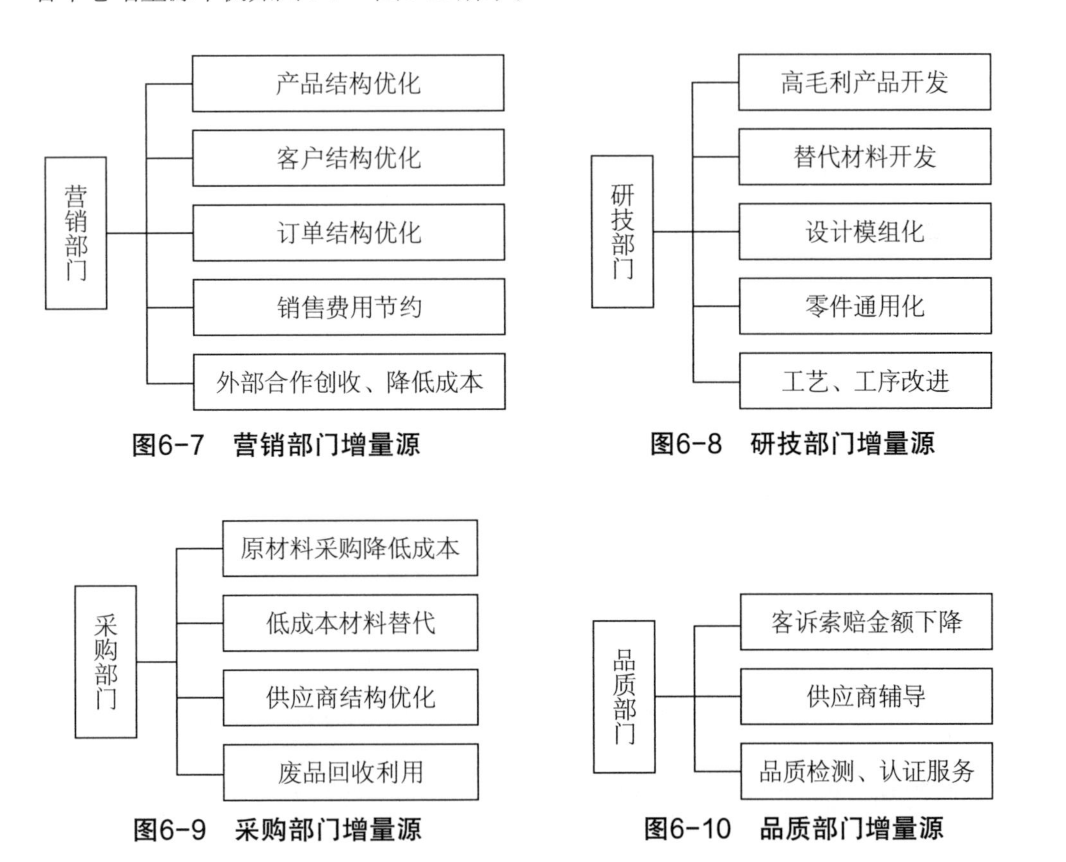

图6-7 营销部门增量源

图6-8 研技部门增量源

图6-9 采购部门增量源

图6-10 品质部门增量源

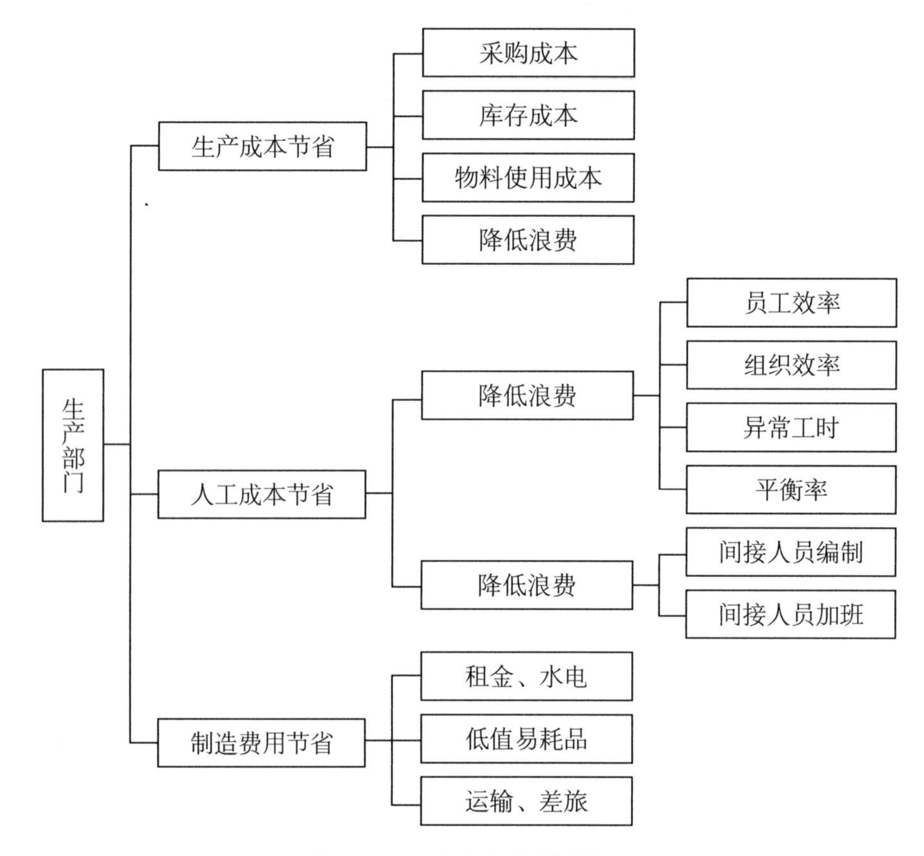

图6-11　生产部门增量源

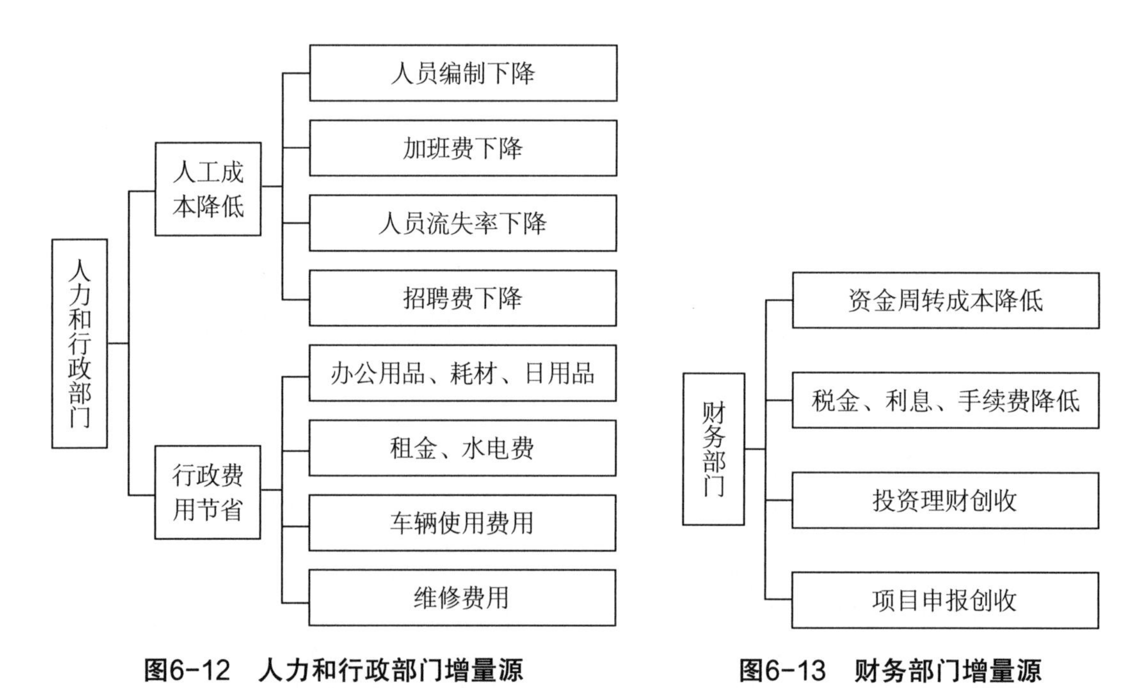

图6-12　人力和行政部门增量源

图6-13　财务部门增量源

6.2.5　增量源设计应用表格

增量源设计过程中可以运用以下表格（表6-1 ～表6-4）。

表6-1　增量源设计表

序号	中心	部门	增量类型	增量科目	指标计算公式	增量金额计算公式	标准值	目标值	原实际值	提出人	备注

表6-2　增量源提案表

<table>
<tr><td>提案人</td><td colspan="2"></td><td>部门</td><td></td><td>提交日期</td><td></td></tr>
<tr><td>提案类别</td><td colspan="6">□降本　□增效</td></tr>
<tr><td colspan="4">改善前说明</td><td colspan="3">改善后说明</td></tr>
<tr><td>增量源名称</td><td>目前实际值</td><td>市场或行业标准值</td><td>改善后目标值</td><td>改善过程投入成本预估</td><td>增量结果值</td><td>备注</td></tr>
<tr><td></td><td></td><td></td><td></td><td></td><td></td><td></td></tr>
<tr><td>计划执法部门</td><td colspan="2"></td><td>计划立法部门</td><td></td><td>计划监法部门</td><td></td></tr>
<tr><td>计划开始日期</td><td colspan="3"></td><td>计划完成日期</td><td colspan="2"></td></tr>
<tr><td colspan="7">以上内容由提出人或者提出部门经办人填写</td></tr>
<tr><td rowspan="3">监法组财务核算人（核算填写）</td><td colspan="2">目前实际值</td><td colspan="3"></td><td>（签字）</td></tr>
<tr><td colspan="2">市场或行业标准值</td><td colspan="3"></td><td>（签字）</td></tr>
<tr><td colspan="2">计划增量结果值</td><td colspan="3"></td><td>（签字）</td></tr>
<tr><td>部门负责人意见（签字）</td><td colspan="6"></td></tr>
<tr><td>执法部门主导责任人（签字）</td><td colspan="6"></td></tr>
</table>

续表

立法部门主导责任人（签字）			
增量源工作组会签审核（签字）	评审结果	□立案 □不立案	
	分配比例（公司：分配组）	公司：分配组= ：	季度：______% 年终：______%
总经理/董事长批准（签字）			

表6-3 增量绩效项目评审表

序号	增量项目	增量类型	目标值	预算值（标准成本）	原实际值（实际成本）	核算增量金额	增量金额计算公式	增量奖金包	开始时间	达成时间	执行部门			立法部门	监法部门	备注
											主导	协助	参与			

制定： 审核： 审批：

表6-4 增量绩效项目评审汇总表

序号	增量项目	提案人	目前实际值/元	市场或行业标准值/元	计划增量金额/元	开始时间	达成时间	立法部门	执法部门			监法部门
									主导	协助	参与	

【案例02】▸▸▸

某企业增量绩效项目评审汇总表

序号	增量项目	提案人	目前实际值/元	市场或行业标准值元	计划增量金额/元	开始时间	达成时间	立法部门	执法部门			监法部门
									主导	协助	参与	
1	加班费控制（制造中心、质保部除外）	企管中心人力资源部	348598		300000	2022年6月1日	2022年12月31日	企管中心	蒋×	李××	其他中心部门	财务、内审
2	车工等级认定	童××	0		210000	2022年3月1日	2022年7月1日	企管中心	童××	郑××	其他辅助人员	财务、内审
3	奖金个税策划	张××/章××	0		808289.4	2022年1月21日	2022年5月31日	财务中心	张××	章××		企管、内审
4	银行理财及调整融资方式	胡××/董××	0		500000	2022年1月21日	2022年5月31日	财务中心	董××	胡××		内审
5	残疾人保障金	陈××	5月份以后出数据		21年实际−440000	2022年1月1日	2022年12月31日	企管中心	陈××	蒋×		财务、内审
6	大麦屿支线费用	国际营销客服部			70000	2022年1月1日	2022年12月31日	国际销售部	客服部			财务、企管、内审
7	涵源标识降低成本	张××			90000	2022年1月1日	2022年12月31日	供应链中心	张××			财务、企管、内审
8	亿林纸箱降低成本	殷××				2022年1月1日	2022年12月31日	供应链中心	殷××			财务、企管、内审
9	成品采购返点	张××			535000	2022年1月1日	2022年12月31日	供应链中心	张××			财务、企管、内审
10	零食采购降低成本	卢××/林××			150000	2022年1月1日	2022年12月31日	供应链中心	林××			财务、企管、内审
11	配件降低成本	杨××			55800	2022年1月1日	2022年12月31日	供应链中心	杨××			财务、企管、内审

续表

序号	增量项目	提案人	目前实际值/元	市场或行业标准值元	计划增量金额/元	开始时间	达成时间	立法部门	执法部门			监法部门
									主导	协助	参与	
12	铜棒降低成本	陈××/潘××			100000	2022年1月1日	2022年12月31日	供应链中心	陈××	潘××		财务、企管、内审
13	康格铁三件套结构更改	张××			500000	2022年1月1日	2022年12月31日	供应链中心	张××			财务、企管、内审
14	常规阀球减重	沈××	7266200	0	1947500	2022年5月1日	2022年12月31日	财务中心				企管、内审
15	毛坯挑选计时改计件	张×	350000		50000	2022年4月1日	2022年12月31日	PMC部	张×			财务、企管、内审
16	翻砂件改红冲件	刘×	7500元/吨	1800元/吨	670000	2022年1月1日	2022年12/31日	锻压部	PMC部			财务、企管、内审
17	闸阀回火	骆××/宋×	（1）球阀半成品回火 （2）闸阀半成品回火	取消半成品回火	300000	2022年2月15日	2022年12月31日	研技部				财务
18	调整上班用电高峰	骆××	电费尖峰占比45%，高峰占比35%，谷峰占比20%		1200000	2022年3月1日	2022年12月31日	动力设备部	制造中心	企管中心	动力设备部	财务、企管、内审
19	阀杆长度改善	宋×			20000	2022年1月1日	2022年12月31日	研技部	制造中心	研技部		财务
20	14#球减重	宋×	5.9克/个		208000	2022年4月15日	2022年12月31日	研技部	制造中心	研技部		财务
21	薄壁球	宋×	（1）24#球质量24.6克 （2）31#球质量50.0克 （3）31#球质量59.0克		3080000	2022年4月15日	2022年12月31日	研技部	制造中心	研技部		财务
22	阀球减重	严××	97克/个		3.48吨原材料	2022年4月2日	2022年12月31日	研技部	采购部	研技部		财务
23	去毛刺工艺	严××	23400		23400	2022年4月2日	2022年12月31日	研技部	锻压	研技部		财务

6.3 增量绩效奖励设计

6.3.1 增量绩效制整体思路

增量绩效制的整体思路如图6-14所示。

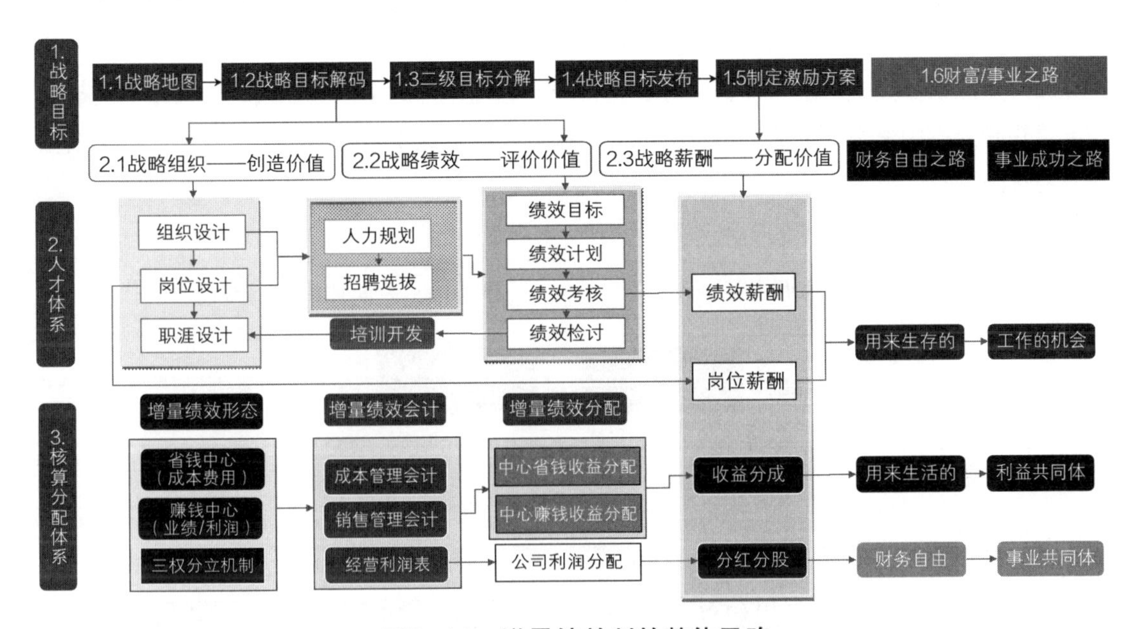

图6-14 增量绩效制的整体思路

6.3.2 增量奖金设计的步骤

第一步：增量绩效形态设计。

增量可从两个方面拓展：开源（赚钱）和节流（降低成本，也即省钱），因而企业的增量绩效形态可划分为省钱中心和赚钱中心，如图6-15所示。

省钱中心

- ☐ **成本中心：**生产部、研发部、采购部
- ☐ **费用中心：**适用于行政事务部门，如采购部、研发部、管理部

赚钱中心

- ☐ **收益中心：**营销部，无采购权，但如果采用收益中心制，则必须考虑价格、销售费用、库存等因素
- ☐ **利润中心：**营销部，有成品采购权；生产部，上有内部定价权，下有材料采购权。利润中心可推进其单位市场化运作，但需要考虑公司整体利益
- ☐ **投资中心：**研发部，非职能型研发部，适用于投资型研发，或子公司，强调投资回报，拥有全部经营管理权

图6-15 增量绩效形态

第二步：三权分立设计。

三权分立，即企业应就绩效增量管理设三大工作小组，承担相应职责。

（1）立法组负责人：通常各部门负责人为第一责任人。各部门要组织本部门、本班组的全体成员，积极参与到活动之中，建立活动质量检查评价标准，对活动效果进行评估。

（2）执法组负责人：增量源提出部门的负责人为第一责任人。执法小组负责全面组织本部门的“降本增效”专项活动的开展，制定和分解任务指标，落实跟进降低成本措施。

（3）监法组负责人：通常财务中心、企管中心、内审部为第一责任人。监法组负责确定指导思想和方案中所有标准值，负责标准值的核算及降低成本目标的可行性评估，落实资金保障与资源支持。

三权分立的结构与运作如图6-16所示。

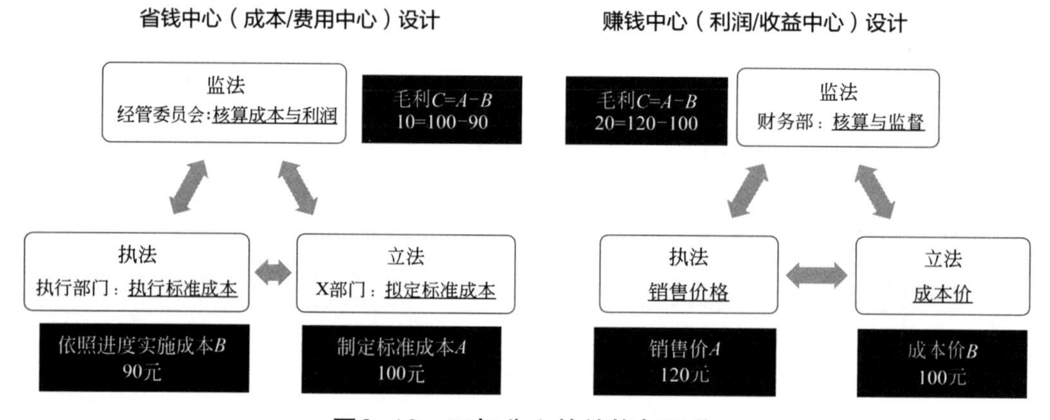

图6-16 三权分立的结构与运作

第三步：增量绩效会计制度建立。

接下来，为了用数据来说话，用数据来考量绩效，企业必须建立增量绩效会计制度，具体包括销售会计制度、成本会计制度，如图6-17所示。

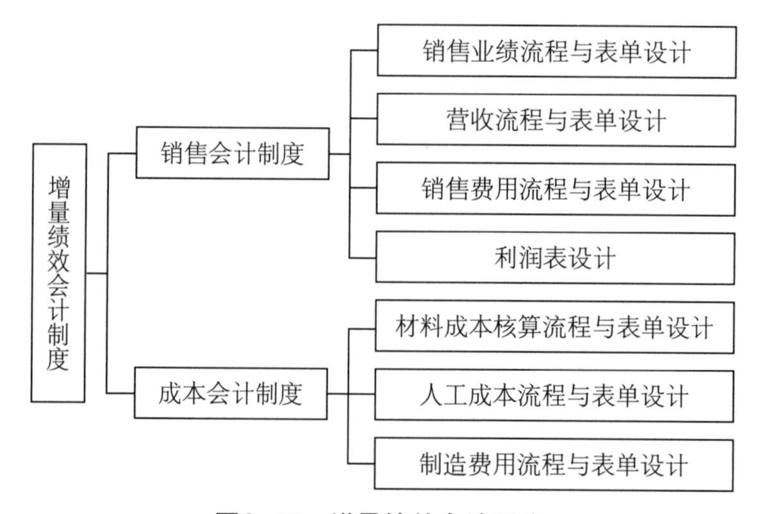

图6-17 增量绩效会计制度

第四步：增量绩效分配设计。

增量绩效管理就是通过先增量再绩效的思维，从而充分发挥集体力量，降本增效，提升企业利润，实现企业发展目标。所以合理分配增量价值相当重要，在实现增量绩效管理的过程中，增量绩效分配设计是关键的一环。增量绩效分配可以按省钱中心和赚钱中心两个形态来设计，如图6-18和图6-19所示。

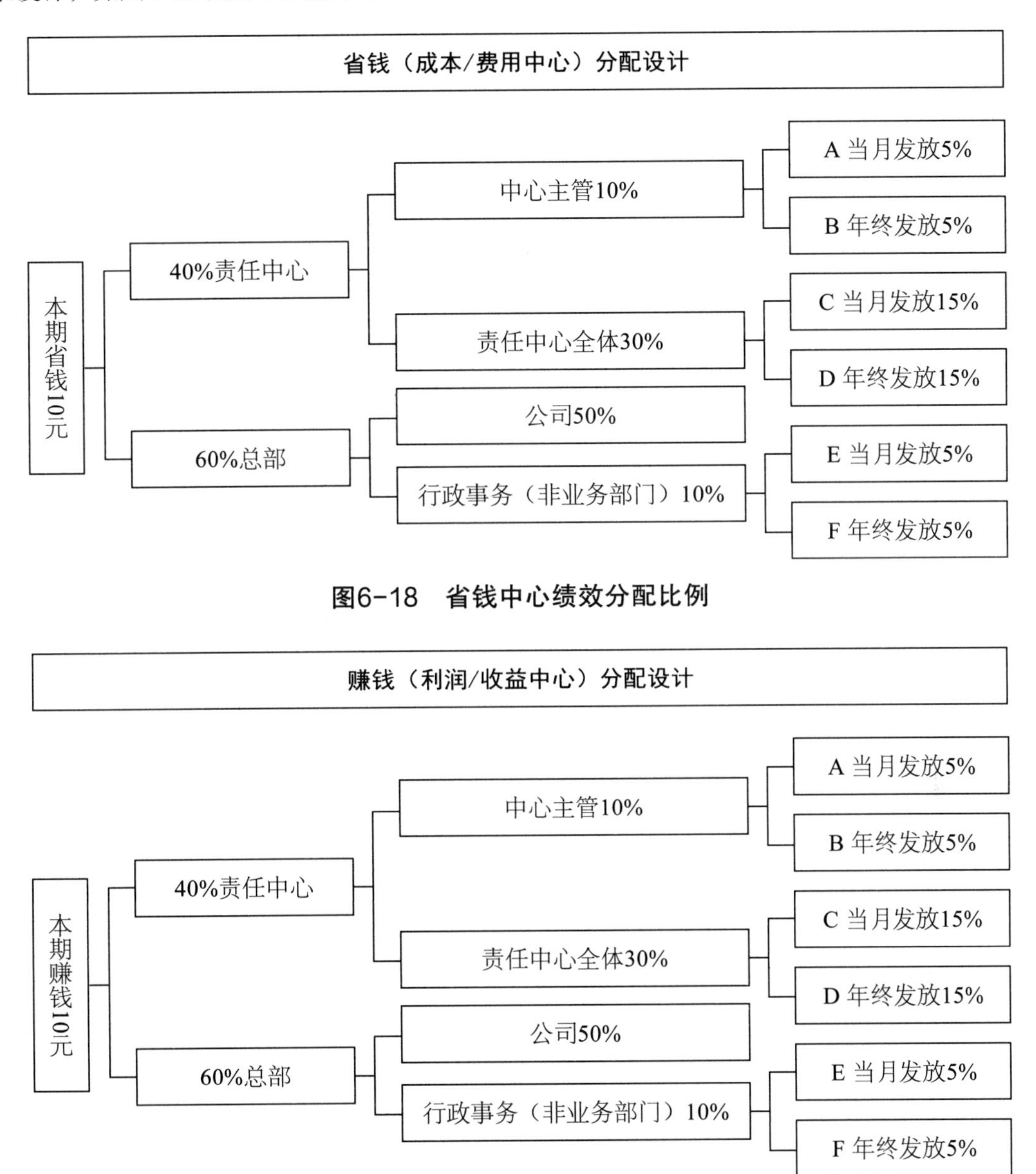

图6-18　省钱中心绩效分配比例

图6-19　赚钱中心绩效分配比例

以下是某企业赚钱中心增量绩效盈利统计分析表（表6-5），该表中可分配的利润为15359.17元，分配的比例为责任中心全体占30%，分配4606.85元；责任中心保留10%，分配1535.62元；归总公司的比例为30%，分配9213.70元。

表6-5　增量绩效盈利统计分析表　　单位：元

科目	占比/%	月份			
		1	2	3	合计
（+）销售收入		103000.00	70832.00	121800.00	314432.00
（-）销售成本		89189.11	70122.50	80562.00	239873.61
（=）销售毛利		13810.89	709.50	41238.00	74558.39
（-）管销费用		12000.00	11000.00	12000.00	35000.00
（-）账款资金成本		1200.00	13.00	13.00	1226.00
（-）存货资金成本		385.50	410.20	424.20	1219.90
（-）坏账资金成本	1	1030.00	708.32	1218.00	2956.32
（=）本期损益		-804.61	-11422.02	27582.80	15356.17
累计损益		-804.61	-12226.63	15356.17	2324.93
可分配数		0	0	15356.17	15356.17
中心分配数	30	0	0	4606.85	4606.85
中心保留数	10	0	0	1535.62	1535.62
归总公司数	60	0	0	9213.70	9213.70

【案例03】

研发中心项目成功转化激励方案

1. 目的

为了促进研发项目进度和项目质量的持续提升，充分调动项目成员的工作积极性，创造项目价值最大化，特制定本方案。

2. 适用范围

根据项目的重要程度以及产生的收益，对公司所有成功转化的项目进行逐一评审，通过评审的项目采用本激励方案核算及分配项目奖金。参与项目奖金分配的人员包括研技部各岗位以及参与项目执行的所有成员。

3. 定义

（1）项目成功转化是指研技部主导的新产品开发、老产品升级项目，为公司带来了实际的订单和收益［盈利≥5000元还是C级（含）以上的项目］。

（2）新产品开发项目：以前从未开发过的产品。

（3）老产品升级项目：已投入生产的产品，研发部通过设计改善，达到质量更优、成本降低等升级目的。

4. 职责与权限

（1）研技部：根据销售需求，结合内部产品品质、成本等因素，对营销提出的新产品及自主升级老产品项目，开展研发工作，并提供本制度核算所需的完整料号等资料。

（2）营销中心：依据客户需求，发起新产品开发立项。

（3）企管中心：负责激励制度的制定，项目资料的核定（包括项目立项书的合理性和合规性评定），及项目奖金的核算。

（4）财务中心：提供立项产品的销售额，审核激励金额的最终发放工作。

（5）总经办：对激励办法及激励金额最终发放进行审批。

5. 主要内容

5.1 研技团队职业发展通道

结合公司现状及未来发展需要，将研技团队分为两个职业发展通道，分别为专业通道和管理通道，见下表。

序号	职位级别	专业通道	职位级别	管理通道
1	P6	资深专家	M6	研发副总
2	P5	高级专家	M5	研发总监
3	P4	专家	M4	研发经理
4	P3	高级工程师	M3	项目经理
5	P2	工程师		
6	P1	技术员		

（1）专业通道各人员的价值重点在个人业绩，管理通道各人员的价值重点在团队业绩，行使管理职能。

（2）两个通道的基本工资、绩效标准、激励模式、晋升降职标准均不一样，详见下面内容。

（3）专业通道向管理通道发展，需专业三级及以上人员才能申请（经理级），管理通道人员向专业通道发展则不需要限制级别，根据能力评定其专业级别。

（4）原则上两个通道的晋升都遵循逐级晋升，特殊情况除外。

5.2 研技团队薪酬激励

5.2.1 薪酬结构＝标准工资＋绩效工资＋项目奖金＋正负激励＋工龄工资＋福利。

5.2.1.1 标准工资＝基本工资＋绩效工资。

5.2.1.2 专业通道薪酬和评价标准。

级别	对应职位	标准工资/（元/月）	绩效工资比例/%	评价标准
P6	资深专家	＞25000	25	能参与国家级××产品的标准制定
P5	高级专家	16000～25000	25	能参与行业××产品的标准制定
P4	专家	12000～16000	25	掌握并运用××产品设计原理，独立开发新产品，形成公司标准

续表

级别	对应职位	标准工资/（元/月）	绩效工资比例/%	评价标准
P3	高级工程师	8000～12000	25	掌握××产品设计原理，通过模仿设计开发新产品
P2	工程师	6000～8000	20	十分熟悉××产品设计原理，能对旧产品进行升级改造
P1	技术员	4500～6000	15	了解××产品设计原理，协助工程师设计产品

5.2.1.3 管理通道薪酬标准。

级别	对应职位	标准工资/（元/月）	绩效工资比例/%	评价标准
M6	研发副总	＞25000	25	（1）项目团队一年内新产品研发成功转化业绩达2亿元以上 （2）项目团队人数达30人及以上 （3）一年内平均绩效分数达90分及以上 （4）一年内分享8次及以上（分享新品研发成功案例和研发技能，每次分析需准备PPT，时间为0.5小时以上，且有分享证据）
M5	研发总监	16000～25000	25	（1）项目团队一年内新产品研发成功转化业绩达1.5亿元以上 （2）项目团队人数达15人及以上 （3）一年内平均绩效分数达90分及以上 （4）一年内分享6次及以上（分享新品研发成功案例和研发技能，每次分析需准备PPT，时间为0.5小时以上，且有分享证据）
M4	研发经理	12000～16000	25	（1）项目团队一年内新产品研发成功转化业绩达1亿元以上 （2）项目团队人数达10人及以上 （3）一年内平均绩效分数达90分及以上 （4）一年内分享5次及以上（分享新品研发成功案例和研发技能，每次分析需准备PPT，时间为0.5小时以上，且有分享证据）
M3	项目经理	8000～12000	25	（1）项目团队一年内新产品研发成功转化业绩达5000万元以上 （2）项目团队人数达3人及以上 （3）一年内平均绩效分数达90分及以上 （4）一年内分享4次及以上（分享新品研发成功案例和研发技能，每次分析需准备PPT，时间为0.5小时以上，且有分享证据）

注：根据绩效成绩进行调薪，在同一级别内进行，每次调薪幅度及调薪周期详见《薪酬管理办法》中关于调薪的规定。

5.2.2 项目奖金核算及发放。

5.2.2.1 项目奖金根据实际回款金额来核算。

5.2.2.2 项目奖金核算标准。

（1）新产品开发项目提成。

项目级别	第一年	激励周期	备注
A级	首个订单回款金额×3% 后续订单回款金额×1.5%	自首个订单产生之日起一年内	
B级	首个订单回款金额×2.5% 后续订单回款金额×1.25%		
C级	首个订单回款金额×2% 后续订单回款金额×1%		

（2）旧产品升级。

项目级别	第一年	激励周期	备注
A级	首个订单回款金额×2%		
B级	首个订单回款金额×1.5%		
C级	首个订单回款金额×1%		

5.2.2.3 项目奖金考核规则。

对项目品质、项目时间控制、项目研发成本控制、项目推动过程中的服务和配合设置占比权重及考核规则，根据项目评审组的考核结果核算出项目奖金总额。具体考核规则及奖金发放系数如下。

考核维度	权重/%	考评部门	考核规则
项目品质	30	品质部	（1）项目一次性通过用户验收时，奖金系数为1 （2）项目通过客户验收时发生更改，奖金系数为0.8 （3）项目历经两次及以上修改才通过验收，奖金系数为0.6 （4）项目后续发生品质客诉，产生的成本要从奖金中扣除
项目时间控制	30	营销中心	（1）项目的时间与计划的时间提前10%以上，奖金系数为1.4 （2）项目的时间与计划的时间提前10%之内，奖金系数为1.2 （3）项目的时间进度与计划的时间延迟10%之内，奖金系数为1 （4）项目的时间进度与计划的时间延迟10%～30%，奖金系数为0.8 （5）项目的时间进度与计划的时间延迟30%以上，奖金系数为0.5
项目研发成本控制	20	财务部	（1）项目的研发成本控制（实际成本与预算成本比值）在预算成本的2%以内，奖金系数为1 （2）项目的研发成本控制在预算成本的3%内，奖金系数为0.8 （3）项目的研发成本控制在预算成本的5%之内，奖金系数为0.6 （4）项目的研发成本控制在预算成本的5%以上，奖金系数为0.4

续表

考核维度	权重/%	考评部门	考核规则
服务与配合	10	相关部门	（1）项目组成员因为服务与配合问题被投诉的，每发生一次奖金系数下降0.1（基准为1） （2）企管中心负责监督与评判
项目奖金总额=项目奖金核算标准×奖金系数（奖金系数=品质系数×30%+进度系数×30%+成本系数×30%+服务系数×10%）			

5.2.2.4 项目奖金分配方案。

（1）项目主设计人是研发经理。

项目人员	奖金分配权重/%	职责
研发经理	60	承接部门整体绩效，对各项目均承担相对应权重责任
辅助设计者	30	辅助研发工程师，对负责项目承担相对应权重责任
生技部	7	对中试、首次量产成功率负责，对各项目承担相对应权重责任
活动经费	3	—

（2）项目主设计人是项目经理。

项目人员	奖金分配权重/%	职责
研发经理	10	承接部门整体绩效，对各项目均承担相对应权重责任
项目经理	55	对本项目组绩效负责，对本组项目承担相对应权重责任
辅助设计者	25	对项目计划达成率负责，对负责项目承担相对应权重责任
生技部	7	对中试、首次量产成功率负责，对各项目承担相对应权重责任
活动经费	3	—

（3）项目主设计是研发工程师。

项目人员	奖金分配权重/%	职责
副总经理助理	10	承接部门整体绩效，对各项目均承担相对应权重责任
项目经理	25	对本项目组绩效负责，对本组项目承担相对应权重责任
研发工程师（项目主设计人）	55	对项目计划达成率负责，对负责项目承担相对应权重责任
生技部	7	对中试、首次量产成功率负责，对各项目承担相对应责任
活动经费	3	—

注：1.若出现身份重合，由部门负责人进行权重调整。

2.比例可根据实际情况上下浮动5%。

3.生技部激励分配总额为此激励总额的7%，生技部人员激励按7%根据个人岗位系数进行分配。

4.已立项项目中的项目成员离职，该成员的提成可根据其他成员的工作内容提交申请，经研发经理、运营副总经理审核，总经理审批后可适当分配至其他成员。

5.2.2.5 项目奖金提成发放时间。

当年度提成金额在财务年度数据核算完毕后进行核算，发放时间如下。

第一次发放：春节前发放激励的80%。

第二次发放：剩余20%与提成激励同时间发放。

由于个人原因，项目成员在提成激励发放的时间之前离职，则该部分提成以及其他年份提成将不予发放。

5.2.3 正负激励标准。

（1）正激励标准。

<table>
<tr><th colspan="2">正激励内容</th><th>正激励标准</th><th>备注</th></tr>
<tr><td>季度</td><td>实用新型专利</td><td>1000元/个</td><td></td></tr>
<tr><td>季度</td><td>发明专利</td><td>3000元/个</td><td></td></tr>
<tr><td>年度</td><td>品牌元素设计</td><td>5000元/项目</td><td>一个系列带有品牌元素的产品年销售额达到1000万元或销售数量达到100万个，且未出现客户投诉</td></tr>
</table>

（2）负激励标准。

若所在项目组研发的产品在出货后出现了客诉或索赔，则遵照以下条款处理。

<table>
<tr><th>情形</th><th>前提</th><th colspan="2">描述</th><th>处理方式</th></tr>
<tr><td>1</td><td rowspan="2">由于研发设计原因造成的客诉或索赔</td><td colspan="2">发生客诉，但未索赔，且没有造成产品退货，顾客让步接受</td><td>（1）及时修正，在下次供货改进
（2）连续投诉两次的产品批次提成额度降为50%
（3）若同一批次产品出现三次问题，则该批次产品项目激励取消
（4）若提成已发放，多发放部分在投诉发生当年的提成或者季度发放工资中追回</td></tr>
<tr><td>2</td><td>发生客诉且造成索赔</td><td>经济损失在5000（不含）元人民币以下时，承担损失金额的40%</td><td>（1）及时修正，在下次供货时改进
（2）遭遇投诉的产品批次提成额度降为0
（3）经济损失（含运费、索赔等）由责任项目组承担
①项目组内承担比例与奖金发放比例一致
②费用从其他项目的提成金额中扣除，若扣除金额超过当年度提成总额，则顺延到下一年度提成金额
（4）若提成已发放，多发放部分，在投诉发生当年的提成中追回（超出部分延续到下一年度）
（5）对相关责任人进行管理问责并通报
（6）降级或解除劳动合同：连续两次项目失败或年度项目成功率低于70%</td></tr>
</table>

【案例04】▸▸▸

降本增效（增量源）管理方案

1. 目的

根据组织与业务发展的需要，我们首先创造价值、科学评价价值，合理分配价值，通过先增量再绩效的思维，实现企业发展目标。充分发挥集体力量，降本增效，提升企业利润。

为企业做强做大，员工生活更美好而打造永动机制，特推行此办法。

2. 涉及范围与期限

范围：适用于××公司各中心各部门、××事业部。

期限：20××年1月1日～20××年12月30日。

3. 增量源建设指导工作组及职责

3.1 成立增量源建设指导工作组

组长：×××。

执行组长：×××。

副组长：各中心负责人。

小组成员：各部门负责人。

顾问组：×××、×××、×××。

领导工作组职责：负责所有增量方案评审及确认批准。

3.2 领导工作组下设三大工作小组，承担相应职责及成员分配

3.2.1 立法组负责人：各部门负责人为第一责任人。各部门要组织本部门、本班组的全体成员，积极参与到活动之中，建立活动质量检查评价标准，对活动效果进行评估。

3.2.2 执法组负责人：增量源提出部门负责人为第一责任人。执法小组负责全面组织本部门的“降本增效”专项活动的开展，制定和分解任务指标，落实跟进降本措施。

3.2.3 监法组负责人：财务中心、企管中心、内审部为第一责任人。监法组负责确定指导思想和方案中所有标准值，负责标准值的核算及降本目标的可行性评估，落实资金保障与资源支持。

3.2.4 三大工作组的具体成员名单根据每个增量源实际涉及范围确定或变动，可及时调整。

4. 实施方案

4.1 工作要求

4.1.1 核心宗旨：增量源或是增量的方案，必须遵循“无预留增量空间”的原则进行。

4.1.2 倡导思想：群策群力、共同分享。

4.1.3 多面宣传，反复训练：加大宣传力度，提倡节约、反对浪费，提高降本增效意识，营造全员降本增效氛围。各部门要加强对此项活动的组织领导，周密安排，狠抓落实，大力协同，把降本增效的各项具体措施落实在各项工作中。主动了解活动的开展情况，对活动中暴露的问题、难点，采取有效的措施予以改正，使该项活动达到预期的目标。

4.2 增量源判定标准

4.2.1 公司要求的，部门力量做不到的。例如KPI指标达成连续低于目标或低于50%。

4.2.2 公司有要求，部门、员工参与度低，基本没有效果。例如1：合理化建议、各项激励。例如2：公司战略要求全员提升效率，降低成本，过程中额外增加员工动脑与动手的动作的。

4.2.3 公司没有要求，员工主动节约或创新的。属于自发的行为，在工作中员工主动发现产生的。

4.3 降本目标的制定（目标×××万元，保底×××万元）

4.3.1 依据本企业的降本增效总体目标，将指标按归口管理的原则处理。

（1）由组长或执行组长代表公司，下达降本目标和要求，相关小组或成员立项实施。

（2）相关小组或成员主动找出增量源，填写“增量源提起申请表”，提报增量源专项小组，进行评审及确认是否采纳及实施，批准后成立相关小组或成员立项并实施。

（3）有效增量源的确定需要经过评审组（增量源建设指导工作组）审核通过为准，否则不可进行分配。

4.3.2 具体以实际审批方案为准，解释权归公司增量组组长或总经理所有。

4.4 项目步骤

为落实公司降本增效活动，分四个阶段进行，具体安排如下：

第一阶段，调研分析、制定方案阶段（1月1～20日）；

第二阶段，宣传动员、项目启动阶段（2月18～28日）；

第三阶段，项目执行、督促落实阶段（3月1日～12月15日）；

第四阶段，综合考核、总结提高阶段（12月16～30日）。

4.5 项目流程

序号	流程	责任部门	时间节点
1	制定《20××年增量源管理计划方案》	指导工作组	12月20日
2	项目宣导及沟通	指导工作组	12月20日
3	各部门提报“增量源提起申请表”	执法小组、立法小组	1月15日
4	领导小组组织评审并确定标准	指导工作组、执法小组、立法小组	3月5日
5	各部门组织实施降本增效方案	执法小组	3月10日
6	监法小组对各部门方案实施进行过程监控，对结果进行评定	监法小组	每月一次
7	评定结果纳入增量绩效考核兑现	指导工作组	每季度一次

4.6 激励措施

4.6.1 由财务中心对每个具体增量源的标准值及实际值进行测算，并对降本增效项目进行激励分配，本项增量值的分配总原则，即原则上分配比例为项目组与公司20%∶80%。另外，如果增量源的难易程度或中心规模出现相对不公平时，企管中心组织增量源小组会适当调整分配比例。

4.6.2 增量源节约金额交给公司的80%，可进入公司年度经营净利润，财务部门单独统计，增量分配的20%奖励包不受净利润目标是否完成的影响，照常进行分配。

4.6.3 增量源分配金额的奖励包＝增量结果值×20%；奖励池＝奖励包累计加和。

各小组分配比例由增量源工作组共同判定，小组内自行分配成员，提前报备。

4.6.4 分配周期为每季度兑现其中10%，在绩效奖金中体现，年终兑现剩余的10%，在年终激励中体现。

4.6.5 增量源指导工作组、监法小组及行政事务（非业务部门）不直接参与分配，公司根据增量源的年度整体完成结果值，可从提交给公司的 80% 的增量金额中提取 10% 左右进行激励，在年终激励中体现。

4.6.6 季度预留的 10% 和提交公司的 80%，此金额受净利润目标是否完成的影响，结合公司年终其他激励，进行妥善分配（参照比例关系为：净利润完成目标值＜ 70% 不进行二次分配；≤ 70% 净利率＜ 80%，分配 50%；≤ 80% 净利率在＜ 90%，分配 50%；≤ 90% 净利率＜ 95%，分配 70%；≤ 95% 净利率＜ 100%，分配 80%；净利润达到 100%，分配 100%）。

5. 附件

此表为增量源清单示例，具体以实际增量源建设工作组通过为准，同时明确各小组分配比例及成员。

增量源清单示例

降本增效项目	实际值	标准值	目标值	结果值/万元	归口责任部门											
					财务	营销	研发	品质	锻压	采购	PMC	精工	组装	国内	暖通	动力设备
××股份公司研发加计扣除所得税节约				49	★		●									
暖通高新利润规模及加计扣除所得税节约				19	★										●	
银行理财及调整融资方式				50	★											
关键球阀降本增效				100	□		●	●				●	★			●
刀具节省				3	□							★				
夹具节约				3	□							★	★	★	★	
低值易耗品节约				3	□				★			★	★	★	★	★
自动化效率提升				45	□		●						★			●
库存占用利息节约（库存周转）				90	□	●				●	★					
设计降本（翻砂改红冲，取消退火工艺）等				46	□		★	●			●					
球阀成本领先［1/2英寸、3/4英寸球阀做到极致（1英寸＝2.54厘米）］				100	□		●	●				●	★			●

续表

降本增效项目	实际值	标准值	目标值	结果值/万元	归口责任部门											
					财务	营销	研发	品质	锻压	采购	PMC	精工	组装	国内	暖通	动力设备
减少报废，提升良品率，工艺和设计优化				20	□		●	●	★			★	★	★		
客户索赔下降				8	□	●	●	★				●	●	●		
错开用电高峰，多用用电谷峰				200	□				●			●	●	●	●	★
刀具/夹具/低耗/机物料				7	□				★			★	★	★	★	★
占用利息节约(库存周转)					□	●				●	★					
隔离阀免切边（取消切边工艺）				20	□				★							●
闸板免切边（取消切边工艺）				10	□				★							●
供应商整合产值提升年终返点				40	□		●	●		★						
模具费降本				5	□				●	●		●	●	●	●	★
低值易耗品降本				10	□				★			★	★	★	★	★
采购件降本				25	□					★						
物流费用占销售额比下降					□	★					●					
销售费用占销售额比下降					□	★										
对外检测/计量器具/认证费用节省金额					□		●	★				●	●	●	●	
办公用品金额+低值易耗品					□	●	●	●	●	●	●	●	●	●	●	●
公司水电费用					□							●		●	●	★
绿植摆放，合理控制					□	□	□	□	□	□	□	□	□	□	□	□
公司通信费用					□	★										
技能评定政府补贴					□	□	□	□	□	□	□	□	□	□	□	□
注：★为主导部门 ●为协助部门 □为参与部门																

【案例05】▸▸▸

某事业部增量绩效方案（以成本方向增量源为主）

1. 总则

1.1 目的

为健全公司激励机制，增强公司管理层对实现公司持续、健康发展的责任感、使命感，开拓企业与员工的双赢局面，确保公司发展目标的实现，在公司以往的年终奖励基础上改进推行20××年全年业绩及成本目标达成激励方案。

1.2 原则

1.2.1 激励方案应与公司的增量业绩及成本挂钩，施行“有利即分，无利不分”。

1.2.2 充分结合部门业绩或个人业绩。

2. 激励对象及约束条件

（1）激励对象：事业部（副）总经理、部门经理/主管/主任、班组长、部分间接人员，由事业部提交激励关键岗位名单，总经办审核为准。

（2）激励范围：××事业部。

（3）总部部门纳入××事业部范围。

3. 定义

（1）改善激励奖金：指关于提升公司生产效率、品质良率、现场5S管理、降低物料损耗等与公司经营结果相关的改善专案、改善建议书的奖金，以经过董事长批准的改善方案奖励方式进行核算，按《改善提案制度》发放激励奖金，各部门优秀员工奖金等不在此激励方案内。

（2）季度增量奖：指实现20××年各季度公司业绩及成本目标的当季评价奖励。

（3）年终增量奖：指实现20××年公司全年业绩及成本目标的年度评价奖励。

（4）若经营环境发生变化，且总经办认为年度/季度目标需调整，则可在下一周期中提出新的年度/季度目标，经董事长批准后实施。

4. 核算与审计

4.1 核算周期

营业周期：是指以自然年度为一个经营周期，即1月1日～12月31日。

结算日期：营业周期满后15个工作日内（季度：第二个季度第一个月。年度：次年第一个月）。

4.2 业绩目标要求

4.2.1 ××事业部业绩目标。

年度产值	一季度产值	二季度产值	三季度产值	四季度产值	业绩增量系数
1.6亿元以下	3400万元以下	4200万元以下	4200万元以下	4200万元以下	0
1.6亿元	3400万元	4200万元	4200万元	4200万元	0.9
1.8亿元	4500万元	4500万元	4500万元	4500万元	1

续表

年度产值	一季度产值	二季度产值	三季度产值	四季度产值	业绩增量系数
2亿元	4700万元	5100万元	5100万元	5100万元	1.1
2.25亿元	5400万元	5700万元	5700万元	5700万元	1.2
2.5亿元	6100万元	6300万元	6300万元	6300万元	1.3
3亿元及以上	7500万元	7500万元	7500万元	7500万元	1.4

4.2.2 业绩计算口径：按入库金额（未税）计算。

4.3 成本指标要求

4.3.1 ××事业部成本指标。

指标名称	目标值	指标计算公式	增量金额计算公式
一、冲压人工费用率	10.8%	人工费用率=（实际工资+公司承担社保费用）/入库产值×100%	人工费用增量金额=入库产值×（目标值-实际值）
二、冲压可控费用额	488万元		可控费用增量金额=预算可控费用额-实际支出可控费用额
三、损耗率	—	—	—

4.3.2 第一实施阶段：人工费用率、可控费用额两项指标为成本增量绩效奖金来源。

4.3.3 第二实施阶段：人工费用率、可控费用额、损耗率三项指标为成本增量绩效奖金来源。

4.3.4 第一实施阶段实施时间为从20××年第三季度开始；第二阶段实施时间由财务中心确定，确定损耗率目标值。

4.3.5 成本指标实施项加总为正数时，可分享；加总为负数时，不分享。

4.4 报表审计

为了使公司经营管理层监督检查财务报表的真实性、合理性和完整性，可要求财务中心在报表编制后，对本激励财务报表做出专项解释或会议汇报。

5. 奖金分配与计算

5.1 增量总金额

第一实施阶段增量总金额＝人工费用率增量金额＋可控费用增量金额。

第二实施阶段增量总金额＝人工费用率增量金额＋可控费用增量金额＋损耗率增量金额。

5.2 事业部增量奖金总额

事业部增量奖金总额＝增量总金额×事业部分享比例×业绩增量系数分享比例，见下表。

分享单位	公司	事业部				
考核周期	—	一季度	二季度	三季度	四季度	年终
分享比例/%	50	6.25	6.25	6.25	6.25	25

注：公司与事业部分享比例视实际情况，由总经办批准可适度调整。

5.3 部门增量奖金总额 = ∑该部门个人岗位系数之和 × 单位岗位系数金额

5.3.1 个人标准奖金按个人所担任岗位的重要性计算分享系数，见下表。

角色	团队负责人	核心成员		骨干成员	辅助成员	合计
对应岗位	副/总经理	经理/主管	班组长	生产/设备维护人员	其他岗位	
岗位系数A	2.5	1.1	1.0	0.9	0.7	
分享人数B						
岗位系数合计C	$C=AB$	$C=AB$	$C=AB$	$C=AB$	$C=AB$	$\sum C$

5.3.2 单位岗位系数金额 = 事业部增量奖金总额 / ∑ C 岗位系数合计。

5.3.3 分享人数以每季末最后一天综合管理部统计在分享范围内的申报人数为准。

5.4 个人实际奖金 = 部门增量奖金总额 × 个人占比。

5.4.1 个人实际奖金核算表。

姓名	岗位	部门增量奖金总额	个人岗位系数	个人考核得分	个人出勤率	个人防火墙系数	个人综合得分	个人占比	个人实际奖金
		Q	A	D	E	F	G	H	J
员工1							$G_1=ADEF$	$H_1=G_1/\sum G$	$J_1=QH_1$
员工2							$G_2=ADEF$	$H_2=G_2/\sum G$	$J_2=QH_2$
……					…		…		…
							$\sum G$	100%	

5.4.2 个人考核得分，事业部负责人由董事长或运营副总考核，总部部门负责人由分管领导考核，事业部部门负责人由事业部负责人考核，部门员工由部门负责人考核。

各部门员工考核管理办法，由部门负责人提交方案，总经办审批备案，无方案的部门不参与分享，未分享的增量绩效奖金归公司。

5.4.3 个人出勤率 =（实际出勤天数 / 应出勤天数）×100%。

5.4.4 防火墙标准系数为 1，实际系数为发生 6.3 条所列情形进行扣除后的系数。

5.5 季度奖励

如季度目标未完成，但年度目标完成，年终可以核算补齐季度奖励；如季度目标完成，执行当季奖励。

6. 奖金发放

6.1 发放流程

6.1.1 季度增量奖金。

第一步：由各部门对员工进行考核，提交“季度个人考核明细表”给综合管理部汇总审核后，提交财务中心复核。

第二步：由综合管理部编制“季度个人出勤率明细表”、防火墙系数及相关报表、“季度增量绩效奖金分享名单”，计算出事业部和各部门岗位系数之和，提交财务中心复核。

第三步：由财务中心核算事业部及部门增量奖金总额、单位岗位系数金额，结合个人考核得分、出勤率、防火墙系数，编制“季度个人增量奖金明细表”，核算出个人实际增量奖金金额。

第四步：事业部负责人确认，运营副总复核，董事长批准后财务中心发放。

6.1.2 年终增量奖金

第一步：由综合管理部对员工“个人考核明细表”“个人出勤率明细表”、防火墙系数进行汇总，编制“年终增量绩效奖金分享名单”及相关报表，提交财务中心复核。

第二部：财务中心将季度核算留存年终发放金额及年终达标补发金额（如有）加总，核算出年终增量奖金。

第三步：财务中心编制“年度个人增量奖金明细表”。

第四步：事业部负责人确认，运营副总经理复核，董事长批准后财务中心发放。

6.1.3 激励分享对象如对分享金额有异议，可在 3 日内提出，由财务中心和综合管理部进行核查并报事业部负责人确认，运营副总经理或董事长裁决。

6.1.4 激励分享对象在领取奖金时，在财务中心编制的签收表上签名确认。

6.2 发放时间

6.2.1 季度增量奖金，在第二个季度第一个月 30 日前发放。

6.2.2 年终增量奖金，按照 5 ∶ 5 的比例分两期发放，第一期发放 50%，春节前发放；第二期发放 50%，下一年度 6 月 30 日前发放。

6.3 发放增量绩效奖金

在发放增量绩效奖金时，激励对象如有下列情形之一的，公司有权取消其分享资格。

6.3.1 入职不满 6 个月的，本季度请假累计超过 6 天的，取消其当季增量绩效奖金分享；中途入职不满 6 个月的，全年累计请假超过 24 天的，取消其年终增量绩效奖金分享。

6.3.2 劳动合同期未满时，申请或擅自离（辞）职的；中途离职者，不予以发放未发部分的奖金。

6.3.3 因工作失误造成公司单次损失金额在 2000 元以上的，取消其当季增量奖金；当年因工作失误造成公司累计损失金额在 10000 元以上的，取消其年终增量绩效奖金。

6.3.4 发生重大工伤事故（评残十级及以上），涉及人员、部门负责人及事业部负责人取消当季增量绩效奖金分享。

6.3.5 有 1 次警告、小过、大过处分的，其当季增量绩效奖金减半；有 2 次及以上警告、小过、大过处分的，取消其年终增量绩效奖金分享。

6.3.6 传播负能量的，取消其当季增量绩效奖金分享；影响恶劣的，永久取消其增量绩效奖金分享。

6.3.7 参与罢工的，取消其当年增量绩效奖金分享；组织罢工的，永久取消其增量绩效奖金分享。

6.3.8 公司在大客户端降级，全部人员取消当季增量绩效奖金分享。

6.3.9 在职期间廉洁方面存在问题的，取消其当年增量绩效奖金分享；情况严重的，永久取消其增量绩效奖金分享，并追究其法律责任。

6.3.10 严重违反公司有关管理制度和规定，损害公司利益的，永久取消其增量绩效奖金分享。

6.3.11 违反法律法规，被公司依法解除劳动合同关系辞退、解雇的，永久取消其增量绩效奖金分享。

6.4 执行分工

<table>
<tr><th>表单</th><th>提供部门</th><th>提供时间</th><th>接收部门</th></tr>
<tr><td>增量绩效奖金分享名单</td><td>综合管理部</td><td rowspan="7">4月、7月以及次年10月、1月的8日前</td><td>财务中心</td></tr>
<tr><td>出勤率明细表</td><td>综合管理部</td><td>财务中心</td></tr>
<tr><td>个人考核明细表</td><td>各部门负责人提供
综合管理部汇总</td><td>财务中心</td></tr>
<tr><td>工伤统计明细表</td><td>综合管理部</td><td>财务中心</td></tr>
<tr><td>员工不良行为统计明细表（含违纪处理、负能量传播、贪污受贿、罢工等）</td><td>综合管理部</td><td>财务中心</td></tr>
<tr><td>质量损失统计明细表</td><td>品质部</td><td>综合管理部/财务中心</td></tr>
<tr><td>大客户评级统计表</td><td>品质部</td><td>综合管理部/财务中心</td></tr>
<tr><td>个人防火墙系数表</td><td>综合管理部</td><td></td><td>财务中心</td></tr>
<tr><td>增量总金额核算表</td><td>财务中心</td><td rowspan="3">4月、7月以及次年10月、1月的15日前</td><td>事业部负责人</td></tr>
<tr><td>事业部及各部门增量奖金核算表</td><td>财务中心</td><td>事业部负责人</td></tr>
<tr><td>个人增量奖金核算表</td><td>财务中心</td><td>事业部负责人</td></tr>
</table>

【案例06】

某事业部增量绩效方案（以业绩方向增量源为主）

1. 总则

1.1 目的

为健全公司激励机制，增强公司管理层对实现公司持续、健康发展的责任感、使命感，开拓企业与员工的双赢局面，确保公司发展目标的实现，在公司以往的年终奖励基础上改进推行20×× 年全年业绩及成本目标达成激励方案。

1.2 原则

1.2.1 激励方案应与公司的增量业绩及成本挂钩，施行“有利即分，无利不分”。

1.2.2 充分结合部门业绩或个人业绩。

2. 激励对象及约束条件

（1）激励对象：事业部（副）总经理、部门经理 / 主管 / 主任、班组长、部分间接人员，由事业部提交激励关键岗位名单，总经办审核为准。

（2）激励范围：×× 事业部。

3. 定义

（1）改善激励奖金：指关于提升公司生产效率、品质良率、现场5S管理、降低物料损耗等与公司经营结果相关的改善专案、改善建议书的奖金，以经过董事长批准的改善方案奖励方式进行核算，按《改善提案制度》发放激励奖金，各部门优秀员工奖金等不在此激励方案内。

（2）季度增量奖：指实现20×× 年各季度公司业绩及成本目标的当季评价奖励。

（3）年终增量奖：指实现20×× 年公司全年业绩及成本目标的年度评价奖励。

（4）若经营环境发生变化，且总经办认为年度/季度目标需调整，则可在下一周期中提出新的年度/季度目标，经董事长批准后实施。

4. 核算与审计

4.1 核算周期

营业周期：是指以自然年度为一个经营周期，即1月1日～12月31日。

结算日期：营业周期满后15个工作日内（季度：第二个季度第一个月。年度：次年第一个月）。

4.2 业绩目标要求

4.2.1 事业部业绩目标。

年度	年度/万元	季度/万元	月度/万元	业绩增量计提比例/%
（一）20××年保底产值目标	1200			0.2
20××年9～12月保底产值目标		360	120	0.2
（二）次年保底产值目标	2000			0.2
次年1～6月保底产值目标	900	450	150	0.2
次年7～12月保底产值目标	1100	550	185	0.2
（三）次年冲刺产值目标1	2500	630	210	0.35
次年冲刺产值目标2	3000	750	250	0.5
次年冲刺产值目标3	4000及以上	1050	350	0.65

4.2.2 超过保底产值时计提，未超过时不计提。

4.2.3 超过保底产值时，平时按0.2%计提，年终核算时，将冲刺达标未计提部分补齐。

4.2.4 产值计算口径：按入库金额（未税）计算。

4.3 成本指标要求

4.3.1 事业部成本指标。

指标名称	目标值	损耗增量金额计算公式
产品材料损耗率	以BOM损耗率为标准	实际节省总重量×材料价格

4.3.2 材料损耗率由事业部提供初稿，工程部复核，若在实际执行过程中发现有偏差，报备总经办及财务中心，可调整修正。

4.3.3 实际节省总重量 =（BOM 标准领料重量 − 实际用料重量）+（实际产品数 −BOM 标准产品数）× 重量

BOM 标准领料重量 − 实际用料重量 = 退料重量。

4.3.4 材料价格由财务中心核准。

4.3.5 业绩增量计提金额及成本指标增量金额加总为正数时，可分享；加总为负数时，不分享。

4.4 报表审计

为了使公司经营管理层监督检查财务报表的真实性、合理性和完整性，可要求财务中心在报表编制后，对本激励财务报表做出专项解释或会议汇报。

5. 奖金分配与计算

5.1 增量总金额

增量总金额 = 业绩增量金额（即：入库产值 × 业绩增量计提比例）+ 损耗率增量金额。

5.2 事业部增量奖金总额

事业部增量奖金总额 = 业绩增量金额 × 事业部分享比例 + 损耗率增量金额 × 事业部分享比例。

分享比例，见下表。

分享单位	公司	事业部				
考核周期	—	一季度	二季度	三季度	四季度	年终
损耗率分享比例/%	50	6.25	6.25	6.25	6.25	25
业绩增量分享比例/%	—	12.5	12.5	12.5	12.5	50

注：公司与事业部分享比例视实际情况，由总经办决策可适度调整。

5.3 部门增量奖金总额 = ∑该部门个人岗位系数之和 × 单位岗位系数金额

5.3.1 个人标准奖金按个人所担任岗位的重要性计算分享系数，见下表。

角色	团队负责人	核心成员		骨干成员	辅助成员	合计
对应岗位	副/总经理	经理/主管	班组长	生产/设备维护人员	其他岗位	
岗位系数*A*	2.5	1.1	1.0	0.9	0.7	
分享人数*B*						
岗位系数合计*C*	*C=AB*	*C=AB*	*C=AB*	*C=AB*	*C=AB*	∑*C*

5.3.2 单位岗位系数金额 = 事业部增量奖金总额 / ∑ *C* 岗位系数合计。

5.3.3 分享人数以每季末最后一天综合管理部统计在分享范围内的申报人数为准。

5.4 个人实际奖金 = 部门增量奖金总额 × 个人占比

5.4.1 个人实际奖金核算表。

姓名	岗位	部门增量奖金总额	个人岗位系数	个人考核得分	个人出勤率	个人防火墙系数	个人综合得分	个人占比	个人实际奖金
		Q	A	D	E	F	G	H	J
员工1							$G_1=ADEF$	$H_1=G_1/\sum G$	$J_1=Q\times H_1$
员工2							$G_2=ADEF$	$H_2=G_2/\sum G$	$J_2=QH_2$
……					…		…		…
							$\sum G$	100%	

5.4.2 个人考核得分，事业部负责人由董事长或运营副总考核，总部部门负责人由分管领导考核，事业部部门负责人由事业部负责人考核，部门员工由部门负责人考核。

各部门员工考核管理办法，由部门负责人提交方案，总经办审批，无方案的部门不参与分享，未分享的增量绩效奖金归公司。

5.4.3 个人出勤率 =（实际出勤天数 / 应出勤天数）×100%。

5.4.4 防火墙标准系数为 1，实际系数为发生 6.3 条所列情形进行扣除后的系数。

5.5 季度奖励

如季度目标未完成，但年度目标完成，年终可以核算补齐季度奖励；如季度目标完成，执行当季奖励。

6. 奖金发放

6.1 发放流程

6.1.1 季度增量奖金。

第一步：由各部门对员工进行考核，提交“季度个人考核明细表”给综合管理部汇总审核后，提交财务中心复核。

第二步：由综合管理部编制“季度个人出勤率明细表”、防火墙系数及相关报表、“季度增量绩效奖金分享名单”，计算出事业部和各部门岗位系数之和，提交财务中心复核。

第三步：由财务中心核算事业部及部门增量奖金总额、单位岗位系数金额，结合个人考核得分、出勤率、防火墙系数，编制“季度个人增量奖金明细表”，核算出个人实际增量奖金金额。

第四步：事业部负责人确认，运营副总复核，董事长批准后财务中心发放。

6.1.2 年终增量奖金

第一步：由综合管理部对员工“个人考核明细表”“个人出勤率明细表”、防火墙系数进行汇总，编制“年终增量绩效奖金分享名单”及相关报表，提交财务中心复核。

第二部：财务中心将季度核算留存年终发放金额及年终达标补发金额（如有）加总，核算出年终增量奖金。

第三步：财务中心编制“年度个人增量奖金明细表”。

第四步：事业部负责人确认，运营副总经理复核，董事长批准后财务中心发放。

6.1.3 激励分享对象如对分享金额有异议，可在 3 天内提出，由财务中心和综合管理部进行核查并报事业部负责人确认，运营副总经理或董事长裁决。

6.1.4 激励分享对象在领取奖金时，在财务中心编制的签收表上签名确认。

6.2 发放时间

6.2.1 季度增量奖金，在第二个季度第一个月 30 日前发放。

6.2.2 年终增量奖金，按照 5 ∶ 5 的比例分两期发放，第一期发放 50%，春节前发放；第二期发放 50%，下一年度 6 月 30 日前发放。

6.3 发放增量绩效奖金

在发放增量绩效奖金时，激励对象如有下列情形之一的，公司有权取消其分享资格。

6.3.1 入职不满 6 个月的，本季度请假累计超过 6 天的，取消其当季增量绩效奖金分享，中途入职不满 6 个月的，全年累计请假超过 24 天的，取消其年终增量绩效奖金分享。

6.3.2 劳动合同期未满时，申请或擅自离（辞）职的；中途离职者，不予以发放未发部分的奖金；

6.3.3 因工作失误造成公司单次损失金额在 2000 元以上的，取消其当季增量奖金；当年因工作失误造成公司累计损失金额在 10000 元以上的，取消其年终增量绩效奖金。

6.3.4 发生重大工伤事故（评残十级及以上），涉及人员、部门负责人及事业部负责人取消当季增量绩效奖金分享。

6.3.5 有 1 次警告、小过、大过处分的，其当季增量绩效奖金减半；有 2 次及以上警告、小过、大过处分的，取消其年终增量绩效奖金分享。

6.3.6 传播负能量的，取消其当季增量绩效奖金分享；影响恶劣的，永久取消其增量绩效奖金分享。

6.3.7 公司在大客户端降级，全部人员取消当季增量绩效奖金分享。

6.3.8 在职期间廉洁方面存在问题的，取消其当年增量绩效奖金分享；情况严重的，永久取消其增量绩效奖金分享，并追究其法律责任；严重违反公司有关管理制度和规定，损害公司利益的，永久取消其增量绩效奖金分享；违反法律法规，被公司依法解除劳动合同关系辞退、解雇的，永久取消其增量绩效奖金分享。

6.4 执行分工

表单	提供部门	提供时间	接收部门
增量绩效奖金分享名单	综合管理部	4月、7月以及次年10月、1月的8日前	财务中心
出勤率明细表	综合管理部		财务中心
个人考核明细表	各部门负责人提供 综合管理部汇总		财务中心
工伤统计明细表	综合管理部		财务中心
员工不良行为统计明细表（含违纪处理、负能量传播、贪污受贿、罢工等）	综合管理部		财务中心
质量损失统计明细表	品质部		综合管理部
大客户评级统计表	品质部		综合管理部
个人防火墙系数表	综合管理部		财务中心

续表

<table>
<tr><th>表单</th><th>提供部门</th><th>提供时间</th><th>接收部门</th></tr>
<tr><td>增量总金额核算表</td><td>财务中心</td><td rowspan="3">4月、7月以及次年10月、1月的15日前</td><td>事业部负责人</td></tr>
<tr><td>事业部及各部门增量奖金核算表</td><td>财务中心</td><td>事业部负责人</td></tr>
<tr><td>个人增量奖金核算表</td><td>财务中心</td><td>事业部负责人</td></tr>
</table>

Chapter 7

第7章 部门增量绩效及奖金设计

7.1 为什么要实施部门增量绩效

7.1.1 目前企业共同的隐忧

不同的企业有不同的困境、难处，而目前企业共同的隐忧如图 7-1 所示。

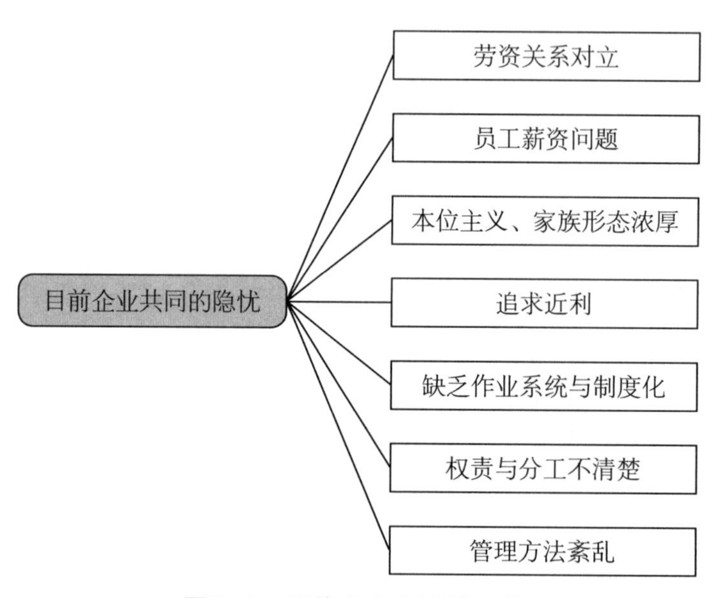

图7-1 目前企业共同的隐忧

7.1.2 企业未来面临的状况

企业未来面临的状况也不可观，如图 7-2 所示。

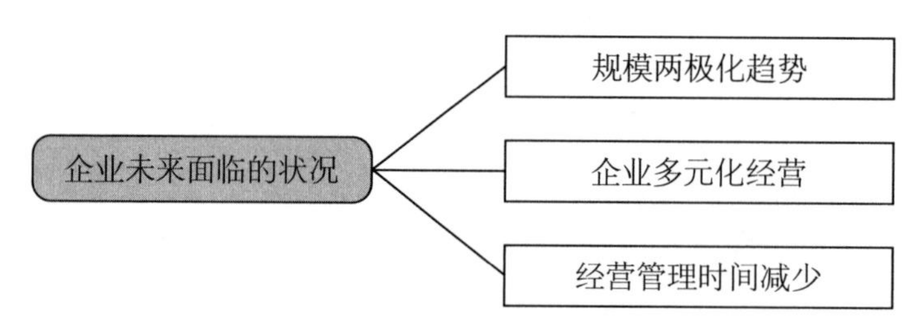

图7-2 企业未来面临的状况

7.1.3 实施部门增量绩效的好处

在目前企业共同的隐忧和未来面临的状况这一背景下，企业的竞争会更加激烈，企业要在激烈的竞争中获胜，必须开展降本增效活动，而这个活动中最有效的措施是实施部门增量绩效管理。实施部门增量绩效管理的益处如图 7-3 所示。

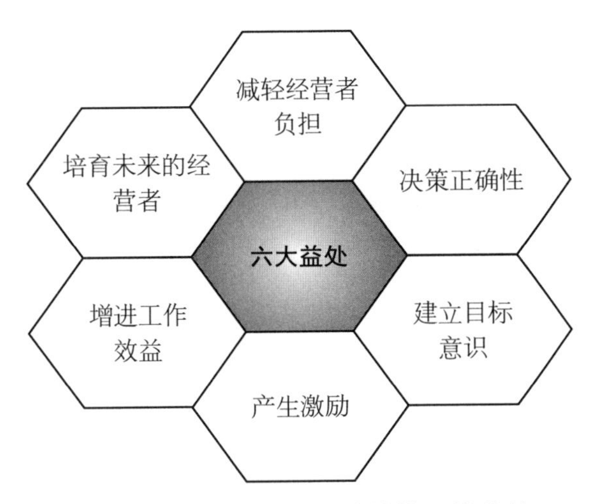

图7-3　实施部门增量绩效管理的益处

7.2 部门增量绩效实施的条件

部门增量绩效实施的条件如图 7-4 所示。

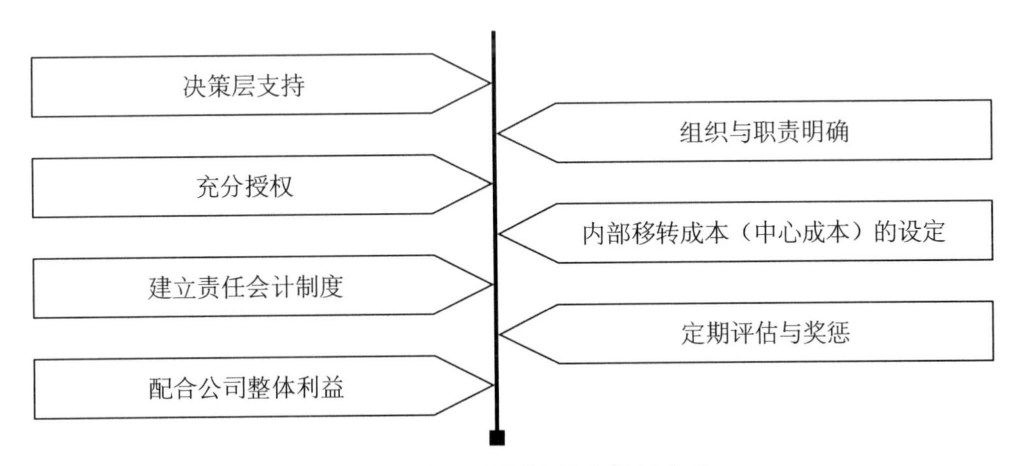

图7-4　部门增量绩效实施的条件

7.2.1　决策层支持

部门增量绩效的推行需要企业决策层的大力支持，否则很难推进下去。

企业推进绩效管理，一般采取两种方式：第一种方式是聘请外部人力资源咨询机构，如果聘请咨询机构当然需要提供咨询项目资金；第二种方式是由企业自身推动，企业自身推动也需要为绩效管理项目提供专项培训资金，需要对参与公司绩效管理项目的所有成员以及项目相关人员进行绩效管理知识培训，另外还有一些与绩效管理项目相关其他费用。如果企业以前从未有过推行绩效管理的经验，首次推动绩效管理工作，建议聘请有成功实战经验的人力资源咨询顾问担当绩效推进顾问。绩效推进顾问具体工作：提供绩效管理知识培训；参与绩效管理项目关键节点；协助对绩效管理方案和绩效管理中出现的重大事项进行把关。聘请顾问可以有效帮助企业避开绩效管理推进中的很多误区，提高绩效管理推行的成功率，而这一切需要决策层的支持。

7.2.2 组织与职责明确

部门增量绩效的推行需要有明确组织架构及相关人员的职责。

7.2.2.1 常见的组织类型

常见的组织类型如图 7-5 所示。

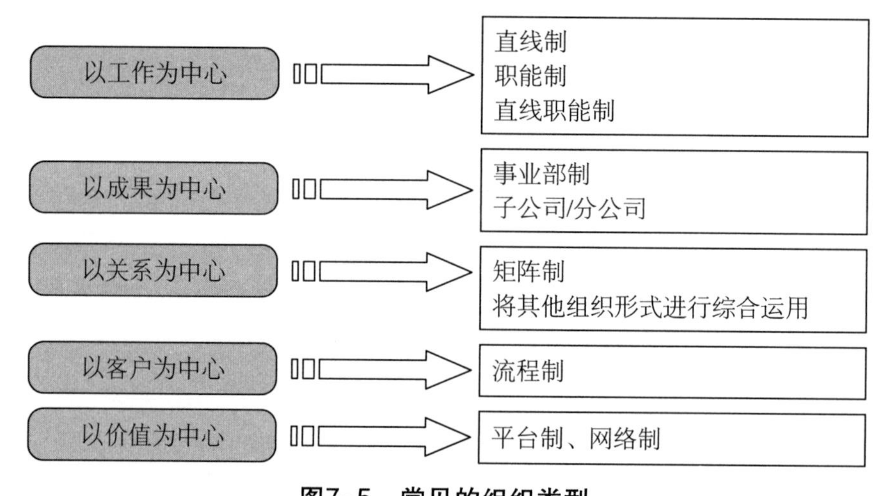

图7-5 常见的组织类型

以上组织架构又可归为如图 7-6 所示的两大类。

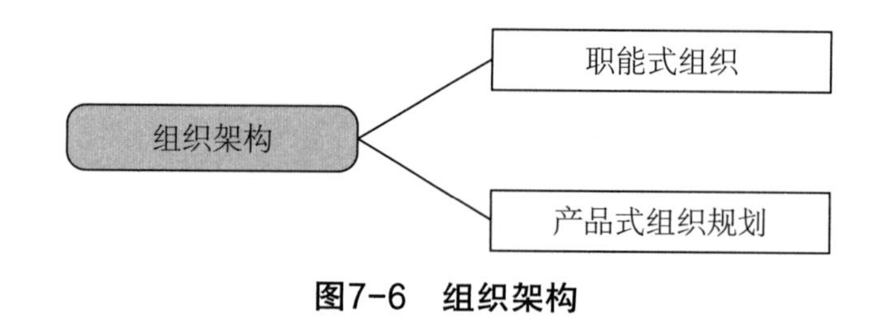

图7-6 组织架构

职能式组织架构如图 7-7 所示。

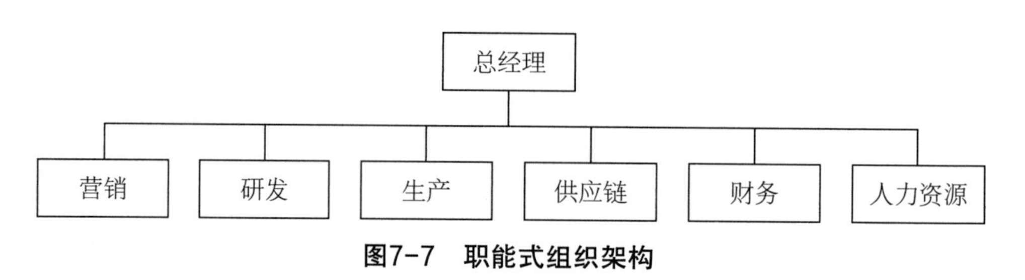

图7-7 职能式组织架构

产品式组织架构如图 7-8 所示。

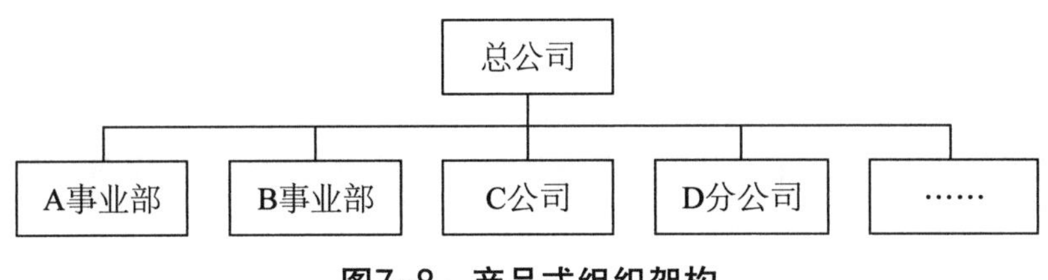

图7-8　产品式组织架构

7.2.2.2　部门增量绩效类型对照

部门增量绩效是指：强调的是在企业单位里每一个人、第一个部门、每个事业部都要有责任的观念，即效益贡献的责任，整个成败应由自己承担，是没有任何人可以怪罪，没有任何人可以推诿的，整个的运作目的是激发员工承担“责任”，各种不同的中心形态有其适用的对象以及所要的功能，如下所示。

（1）收益中心：如营销部，无采购权，但如果采用收益中心制，则必须考虑价格、销售费用、库存等因素。

（2）成本中心：如生产部、研发部、采购部。

（3）利润中心：如营销部，有成品采购权；生产部，上有内部定价权，下有材料采购权。利润中心可推进其单位市场化运作，但需要考虑公司整体利益。

（4）费用中心：适用于行政事务单位，如采购部、研发部、管理部。

（5）投资中心：如研发部、非职能型研发部，适用于投资型研发，或子公司，强调投资回报，拥有全部经营管理权。

7.2.3　充分授权

企业要实施部门增量绩效管理，必须对各中心及其部门进行充分授权。

7.2.3.1　部门增量绩效制授权原则

部门增量绩效制授权原则如图 7-9 所示。

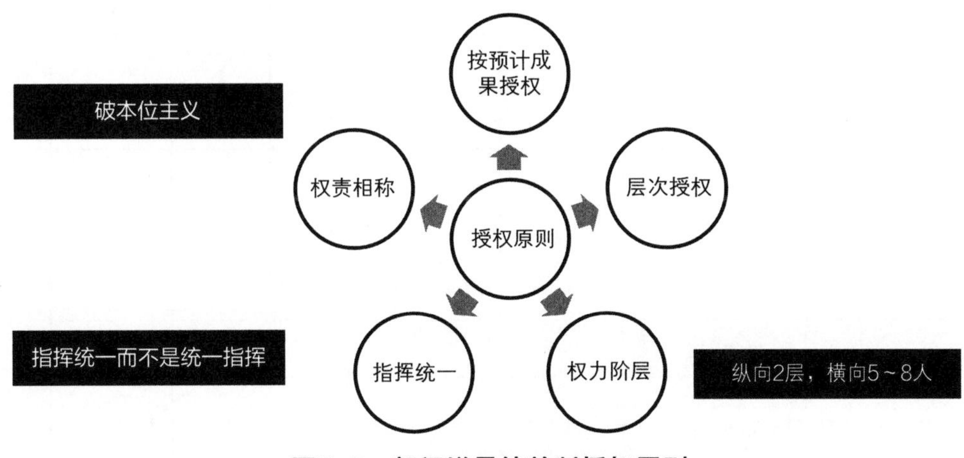

图7-9　部门增量绩效制授权原则

7.2.3.2　授权的方法

企业可按预计成果授权或层次授权，如表 7-1 和表 7-2 所示。

表7-1　按预计成果授权示例

部门增量绩效	中心类型	目标	授权	监督
采购部	成本中心	采购成本下降5%	供应商开发权 价格审批权	供应商监控 价格对比监控监控
销售部	收益中心	业绩增长20%	价格审批权	价格监控
人力资源部	费用中心	费用下降5%	人力编制审批权 后勤采购审批权	人力编制与监控 价格对比监控
××部	利润中心	利润增长10%	采购权 售价权	采购监控机制 售价监控机制
××部	投资中心	投资回报率20%	投资项目决策权	风险监控

表7-2　按层次授权示例

序号	项目	费用标准	部门负责人审批	人力资源部审批	审核会计审批	财务总监审批	执行总经理批准	董事长批准
1	日常费用报销	制度规定以内，5000 元以下	√		√		√	
		制度规定以内，5000 元以上	√		√	√	√	
		制度规定以外			√	√	√	√
		20000 元以上	√		√	√	√	√
2	个人借款	≤ 5000 元	√		√		√	
		> 5000 元	√		√	√	√	√
3	采购月结款		√		√	√	√	√
4	单笔物料采购订单（临时或预付款）	≤ 5000 元	√		√		√	
		≤ 2 万元	√		√	√	√	
		> 2 万元	√		√	√	√	√
5	付款（报销）审批单——固定资产、低值易耗品购置	≤ 5000 元	√		√	√	√	
		> 5000 元	√		√	√	√	√

7.2.4 内部转移成本（中心成本）的设定

接下来，要设定内部转移成本（中心成本），见表 7-3，其计算公式如下。

内部转移成本（中心成本）=原货价+预期利润+投资利益+总公司固定费用

原货价：进货成本或工厂取得成本。

预期利润：预期赚得的利润。

投资利益：所投资资本放于金融机构的利息。

总公司固定费用：总公司基本费用的分担。

表7-3　内部转移成本（中心成本）的设定示例

内容	金额/万元
原货价	10
预期利润	1
投资利益	0.5
总公司固定费用	0.5
中心成本价	12

7.2.5 建立责任会计制度

建立责任会计制度的原则，企业的生产经营活动是一个有机的整体，为了把全体职工生产经营的积极性调动起来，使整个企业能有秩序、有节奏地进行生产和工作，必须建立健全相应的规章制度，把企业错综复杂的生产经营活动，组织成为协调的有节奏的活动，可以提高企业各级领导经营管理的责任心，促使他们加强对成本和收入的控制，给企业带来更多的利润。

各企业建立的责任会计制度虽各不相同，但都应遵循以下原则。

（1）在反映各责任中心成绩的报告中应包括能控制的收入和成本，不能控制的因素应排除在外，保证责权的紧密结合，划清经济责任是实行责任会计的关键。

（2）在制定业绩的考核标准时，必须考虑到能调动各级责任中心的积极性，通过考核推动企业各级以及广大职工努力地去工作，并能给企业和广大职工都带来最大的利益。

（3）必须能为企业各级领导及广大职工及时提供有关会计信息，随时掌握各级责任中心的执行情况，以便及时控制和调整其业务活动。

某企业的责任会计制度包括销售会计制度和成本会计制度，其内容如图 7-10 所示。

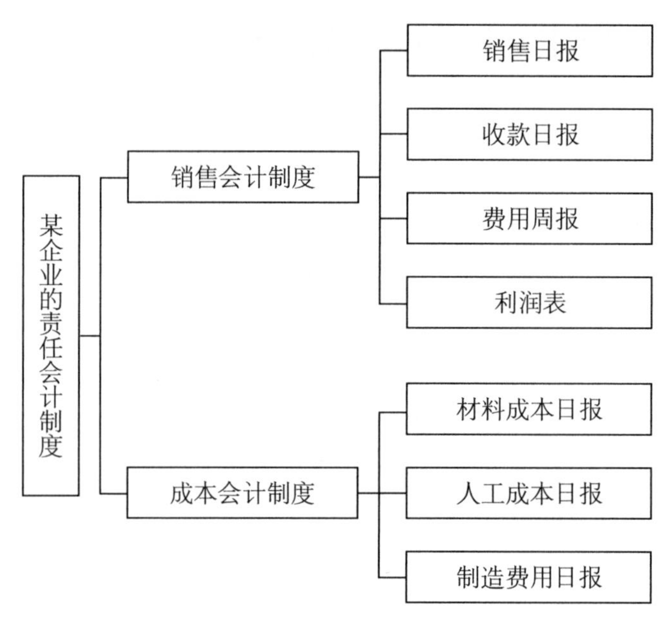

图7-10 某企业的责任会计制度

7.2.6 定期评估与奖惩

定期评估与奖惩是配合公司部门增量绩效制度进行的，其作用如下。

（1）有利于目标的达成。

它可以将部门增量绩效长期目标分解开来，变成年度指标、季度指标、月度指标，甚至每周指标，不断监督员工来完成这一目标，一个成功的部门增量绩效考核体系，能有效地帮助企业来达成目标。

（2）有利于发现问题。

部门增量绩效考核是一个不断的制订计划→执行→修正错误的过程。这也是一个不断发现问题、改进问题的过程。

（3）有助于合理利益分配。

如果不与利益挂钩，那么部门增量绩效考核就没有任何的意义，让员工的绩效工资与考核的结果挂钩，才能提高员工的工作积极性。

（4）有利于促进个人与企业的发展和成长。

对企业而言，人才的成长是企业不可或缺的部分。而部门增量绩效考核的最终目的就是促进企业与员工的共同成长。通过在考核过程中不断发现问题、改进问题，不断促进提升，从而达到个人和企业的双赢。

7.2.7 配合公司整体利益

绩效管理与利益的分配是挂钩的。这就是绩效管理推进企业进步的另外一个原因，物质利益是激发员工主动性的源泉。企业实施部门增量绩效管理，不仅要顾及部门利益，而必须配合公司的整体利益。

7.3 部门增量绩效操作要点

7.3.1 成本中心操作要点

适用于：制造业、生产单位。

产品总成本=物料成本+人工成本+制造费用

制造费用可运用“分批成本计算法”或“同步成本计算法”进行计算，中小企业可以固定一个值，从而推算出损益平衡点。

成本中心收益=标准成本−实际成本

标准成本和实际成本设计与监控如图 7-11 所示。

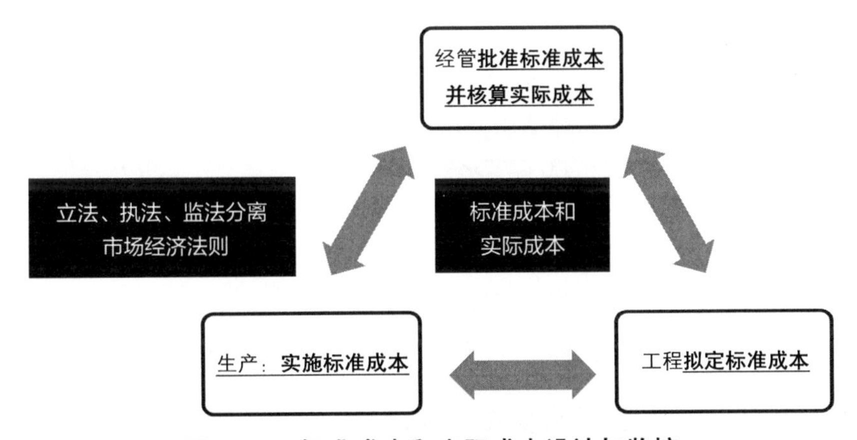

图7-11 标准成本和实际成本设计与监控

7.3.2 收益中心操作要点

适用于：销售单位，控制重点在于销售额的提高和费用的降低，此中心没有采购权，进货成本由总公司规定不可变，销售定价统一规定，收益中心所要创造的利益就是费用的降低和净利的增加，以及维持适度的售价比。

滞销产品与策略性产品，可确定统一的销售价格，或降低采购成本，另设计目标奖金。

成本中心与收益中心的区别如下。

成本中心：设计成本上限，通过降低成本来创造利益。

收益中心：设计成本下限，通过控制费用，维持售价比、增加销量，来创造利益。

7.3.3 费用中心操作要点

适用于：行政事务单位、劳动服务性行业。

将中心的费用设定预定值，在完成工作目标的情况下，控制费用，常用预算法。

7.3.4 利润中心操作要点

中心的销售价格、成本、费用支出完全由中心自行确定与控制。

实施条件：售价的设定与控制、采购成本的控制、费用的控制，即只对损益负责，无财务控制权与资产负债管制权。

7.3.5 投资中心操作要点

投资中心：所追求的为投资报酬的创造，而利润中心追求的为经营利润的创造，但无财务决定权，只有损益表，无资产负债表，而投资中心是两种表都有。

7.4 部门增量绩效的设计

7.4.1 中心数的设计

部门增量绩效数，大小企业都适用，大到跨国公司，小到一个部门、个人，企业规模大小不影响中心的实施，最主要的是经营者对推行制度的支持、决心以及授权。

7.4.2 中心的形态与经营战略

可依照企业的组织、管理、性质（战略、产品、流程等）来划分。

充分考虑企业的战略：降低成本，或获取投资回报，或费用降低，中长期发展。

7.4.3 中心与中心之间的照会补偿设计

当中心与中心之间难将权责区分时，又避免中心之间各有所属后就不相互往来作业，需要有弹性的办法，让中心之间的往来作业有规可循，让中心间达成共荣，如果没有这样的规划，将导致各中心独善其身，从而对公司的整体发展不利。

7.4.3.1 拨补原则

（1）业绩拨补原则（上策）。

（2）毛利拨补原则（中策）。

（3）净利拨补原则（下策）。

7.4.3.2 设计的要素

（1）定义：即定义什么情况下补偿，什么情况下不补偿。

（2）如何照会：即照会流程需要在制度中明确。

（3）利润如何分配：在该制度中要明确。

（4）违规处罚：在制度中设定违规处罚规则。

7.4.4　中心售价/成本的设计

中心售价、中心成本的发布并不是长年累月不变的，这个数值在设计时需考虑以下影响因素而定期或适时修正：

（1）主要原材料价格变动时；

（2）国家政策变动时。

7.4.5　中心资金负担设计

在进行中心资金负担设计时首先要改变损益观念，从一般损益观念转变为中心损益观念，如图 7-12 所示。

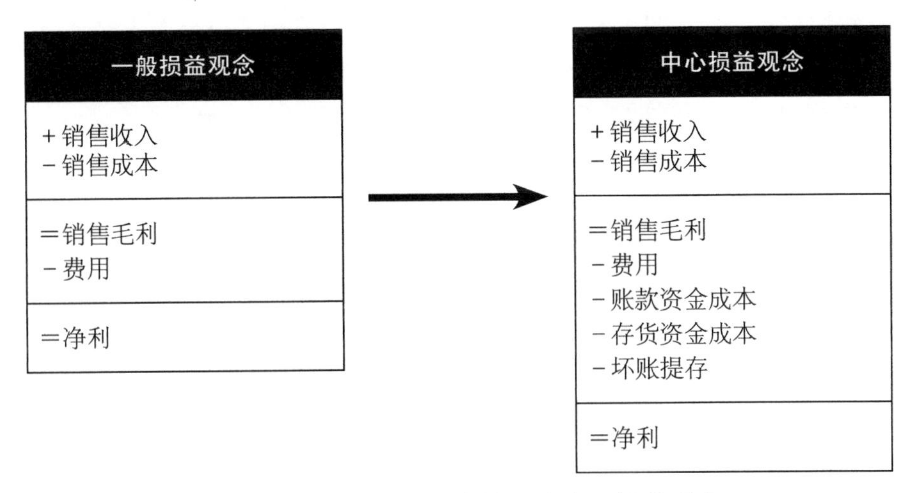

图7-12　一般损益观念转变为中心损益观念

中心损益观念中几个项目说明。

（1）账款资金成本。

应收账款资金成本：设定为一个规定的比例，超过该比例部分则应计算利息成本。

逾期账款资金成本:以月为单位,超过 1 个月加收 3% 的利息;超过 2 个月加收 5 % 的利息。

（2）存货资金成本。

方法一：设定存货周转率，超出部分每月提计 3% 的存货资金利息成本。

方法二：某成品超出原计划出货月份，之后每月提计 3% 的存货资金利息成本。

（3）坏账提存。

一般设定每月销售额的 1% 作为坏账提存。年底坏账提存总额抵扣坏账金额后作为奖金发放给中心成员。

7.4.6　中心盈余补偿设计

中心盈余补偿设计的目的是实现利润风险管控。

具体操作方法为：每月结算若有盈余，先用以补偿该中心以前月份发生累计的亏损，若尚有盈余再行分配。实施时可用到部门增量绩效盈利统计分析表，见表7-4。

表7-4 部门增量绩效盈利统计分析表 单位：万元

科目	占比/%	月份			
		1月	2月	3月	合计
（+）销售收入		103000.00	70832.00	121800.00	314432.00
（−）销售成本		89189.11	70122.50	80562.00	239873.61
（=）销售毛利		13810.89	709.50	41238.00	74558.39
（−）管销费用		12000.00	11000.00	12000.00	35000.00
（−）账款资金成本		1200.00	13.00	13.00	1226.00
（−）存货资金成本		385.50	410.20	424.20	1219.90
（−）坏账资金成本	1	1030.00	708.32	1218.00	2956.32
（=）本期损益		−804.61	−11422.02	27582.80	15356.17
累计损益		−804.61	−12226.63	15356.17	2324.93
可分配数		0	0	15356.17	15356.17
中心分配数	30	0	0	4606.85	4606.85
中心保留数	10	0	0	1535.62	1535.62
归总公司数	60	0	0	9213.70	9213.70

7.4.7 中心奖金设计

中心奖金设计的方法包括利润共享法（内部创业法）和目标利润法，如图7-13所示。

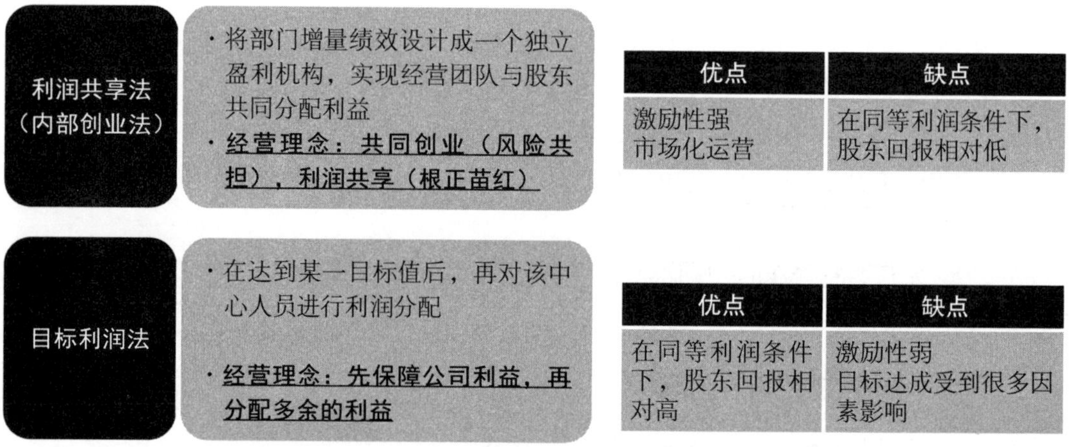

图7-13 中心奖金设计的方法

7.4.7.1　利润共享法（内部创业法）奖金设计

利润共享法（内部创业法）奖金架构与比例如图 7-14 所示。

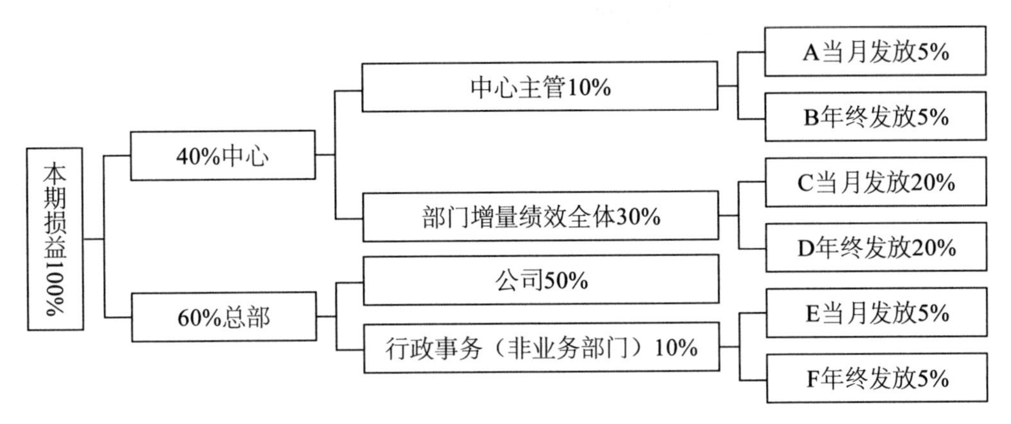

图7-14　利润共享法（内部创业法）奖金架构与比例

其中个人奖金计发公式如下。

$$\text{责任中心员工个人}\textbf{当月奖金}=\text{C当月发放}20\%\times\frac{\text{当月个人薪酬总额（含绩效）}}{\text{中心所有人员当月薪酬总额（含绩效）}}$$

$$\text{责任中心员工个人}\underline{\textbf{全年奖金}}=\sum\text{D年终发放}20\%\times\frac{\text{当月个人薪酬总额（含绩效）}}{\text{中心所有人员当月薪酬总额（含绩效）}}$$

7.4.7.2　目标利润法奖金设计

（1）管理层月度绩效奖金。

支付因子：绩效奖金与公司利润、个人绩效、出勤率等因子挂钩（图 7-15），实现有效激励。

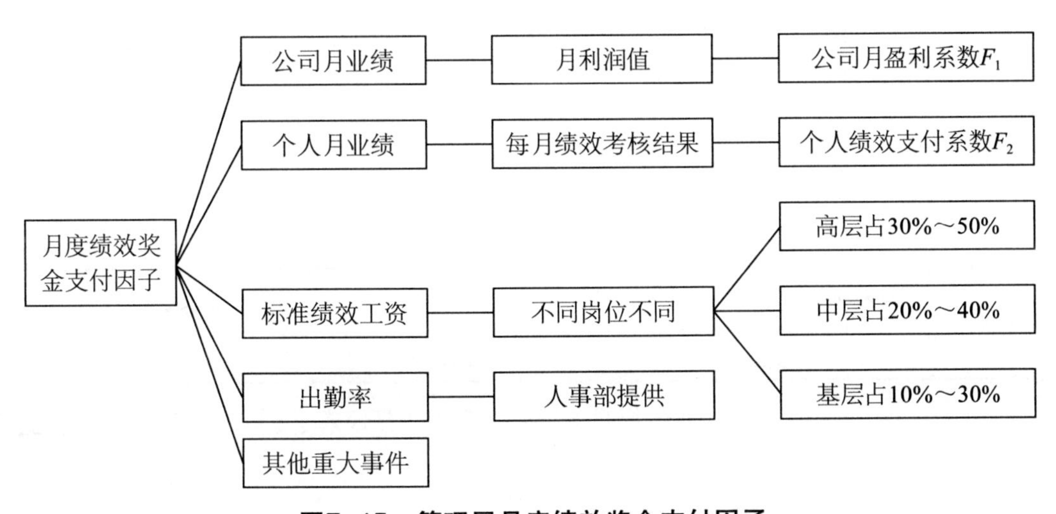

图7-15　管理层月度绩效奖金支付因子

管理层月度绩效奖金的计算公式如图7-16～图7-18所示。

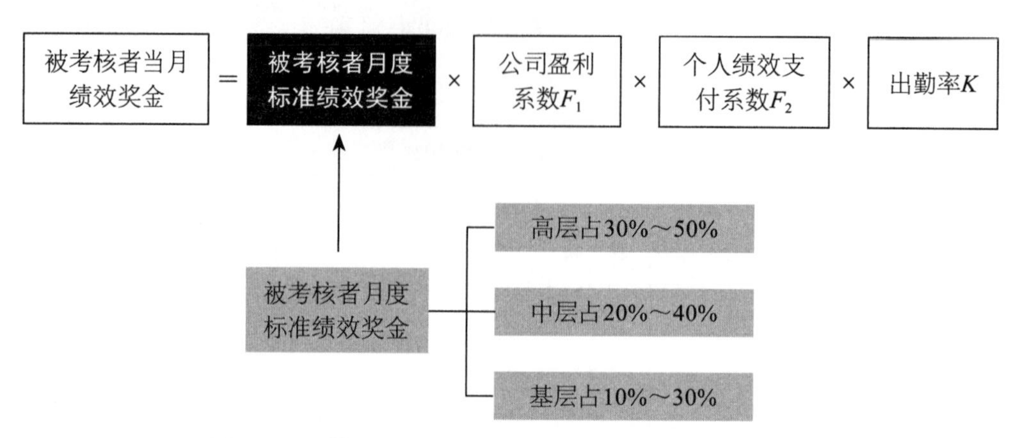

图7-16　管理层月度绩效奖金的计算公式（1）

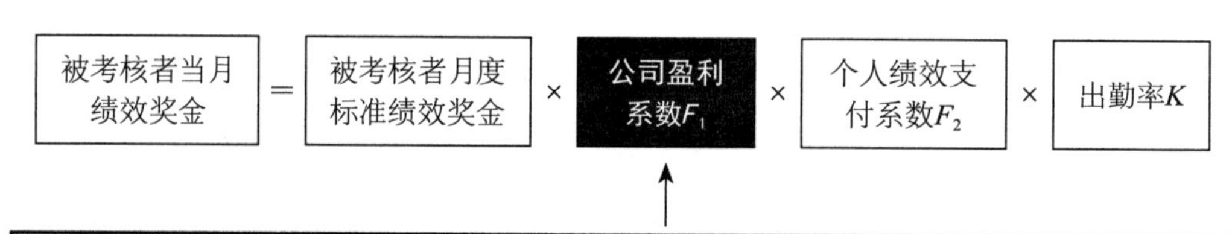

状态	月度利润率（x）/%	月盈利系数F_1	公司绩效评级
盈利	$x>16$	2.0	A（卓越）
	$14<x\leqslant 16$	1.8	
	$12<x\leqslant 14$	1.6	B（优秀）
	$10<x\leqslant 12$	1.4	
	$8<x\leqslant 10$（目标利润）	**1.2**	**C（合格）**
	$4<x\leqslant 8$	1.0	D（不合格）
	$2<x\leqslant 4$	0.9	
盈亏平衡	$0\leqslant x\leqslant 2$	0.8	E（差）
亏损	$x<0$	0.5	

图7-17　管理层月度绩效奖金的计算公式（2）

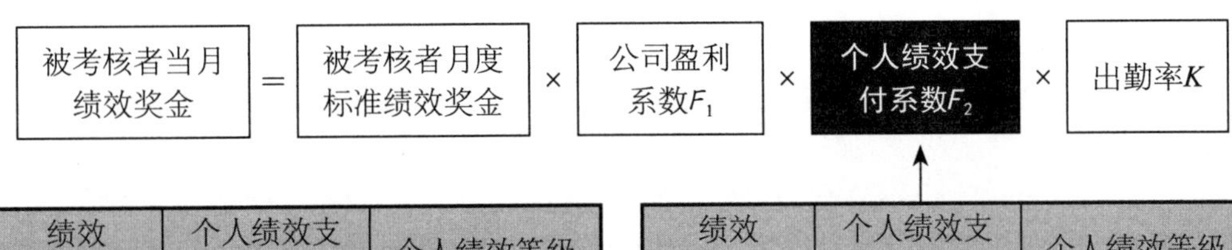

绩效评分/分	个人绩效支付系数F_2/%	个人绩效等级
0～79	0	差（E等）
80	28	
81	32	
82	36	
83	40	
84	44	
85	48	不合格（D等）
86	52	
87	56	
88	60	
89	64	
90	68	
91	72	
92	76	
93	80	
94	84	

绩效评分/分	个人绩效支付系数F_2/%	个人绩效等级
95	88	合格（C等）
96	92	
97	96	
98	100	
99	104	
100	108	
101	112	
102	116	
103	120	
104	124	优秀（B等）
105	128	
106	132	
107	136	
108	140	卓越（A等）
109	144	
110	148	
111以上	152	

图7-18　管理层月度绩效奖金的计算公式（3）

月度绩效考核结果应用如表 7-5 所示。

表7-5　月度绩效考核结果应用

绩效等级	连续3个月为E	连续3个月为D					连续6个月为B以上
结果	淘汰	降职一级					考虑晋升（薪资/绩效同步提升）
		职级	职级调整	薪资下调/元	绩效下调/元	合计下调/元	
		总监/厂长	L11降到L10	2500	500	3000	
			L10降到L9	2500	500	3000	
			L9降到L8	2500	500	3000	
		经理	L8降到L7	1500	500	2000	
			L7降到L6	1500	500	2000	

（2）全员年度绩效奖金。

绩效奖金与公司利润、个人绩效、出勤等因子挂钩（图 7-19），实现有效激励。

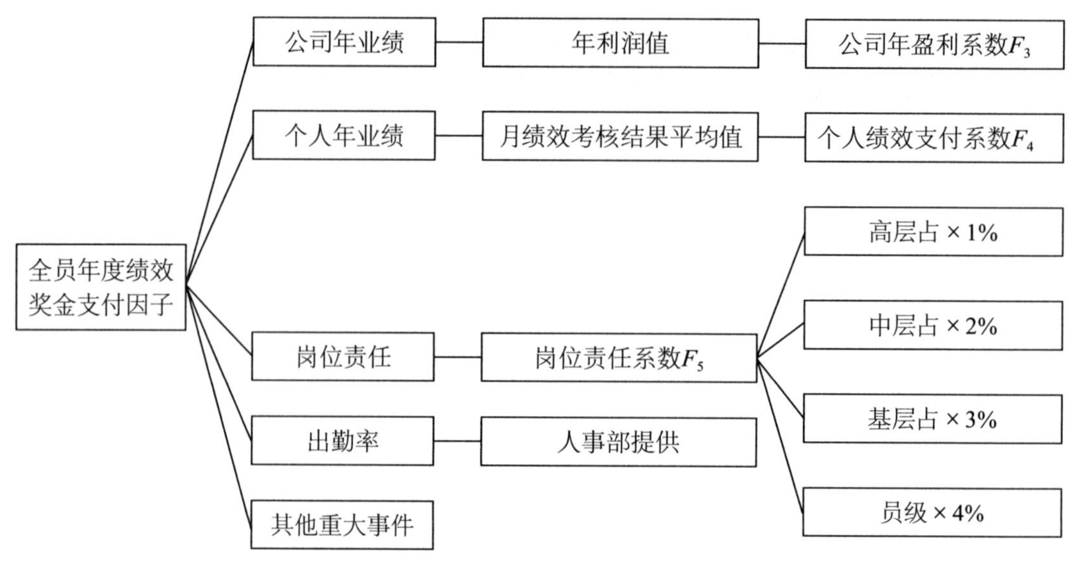

图7-19　全员年度绩效奖金支付因子

全员年度绩效奖金的计算公式如图 7-20 ~图 7-22 所示。

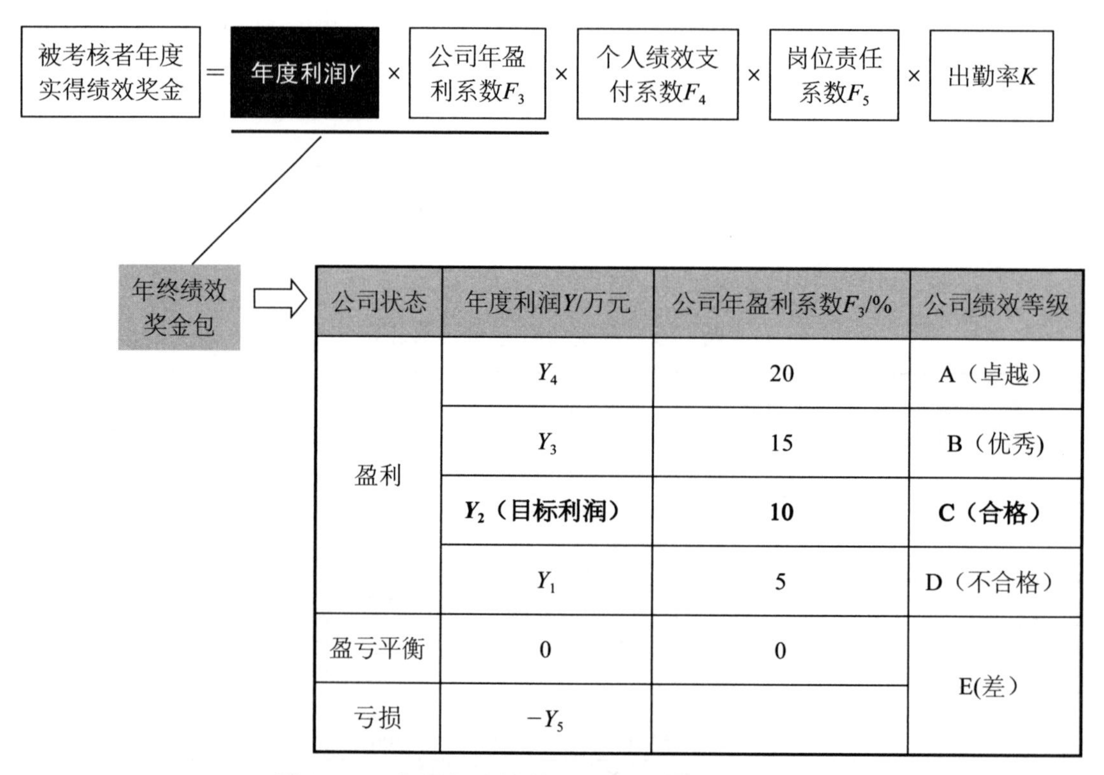

公司状态	年度利润Y/万元	公司年盈利系数F_3/%	公司绩效等级
盈利	Y_4	20	A（卓越）
	Y_3	15	B（优秀）
	Y_2（目标利润）	**10**	**C（合格）**
	Y_1	5	D（不合格）
盈亏平衡	0	0	E(差）
亏损	$-Y_5$		

图7-20　全员年度绩效奖金的计算公式（1）

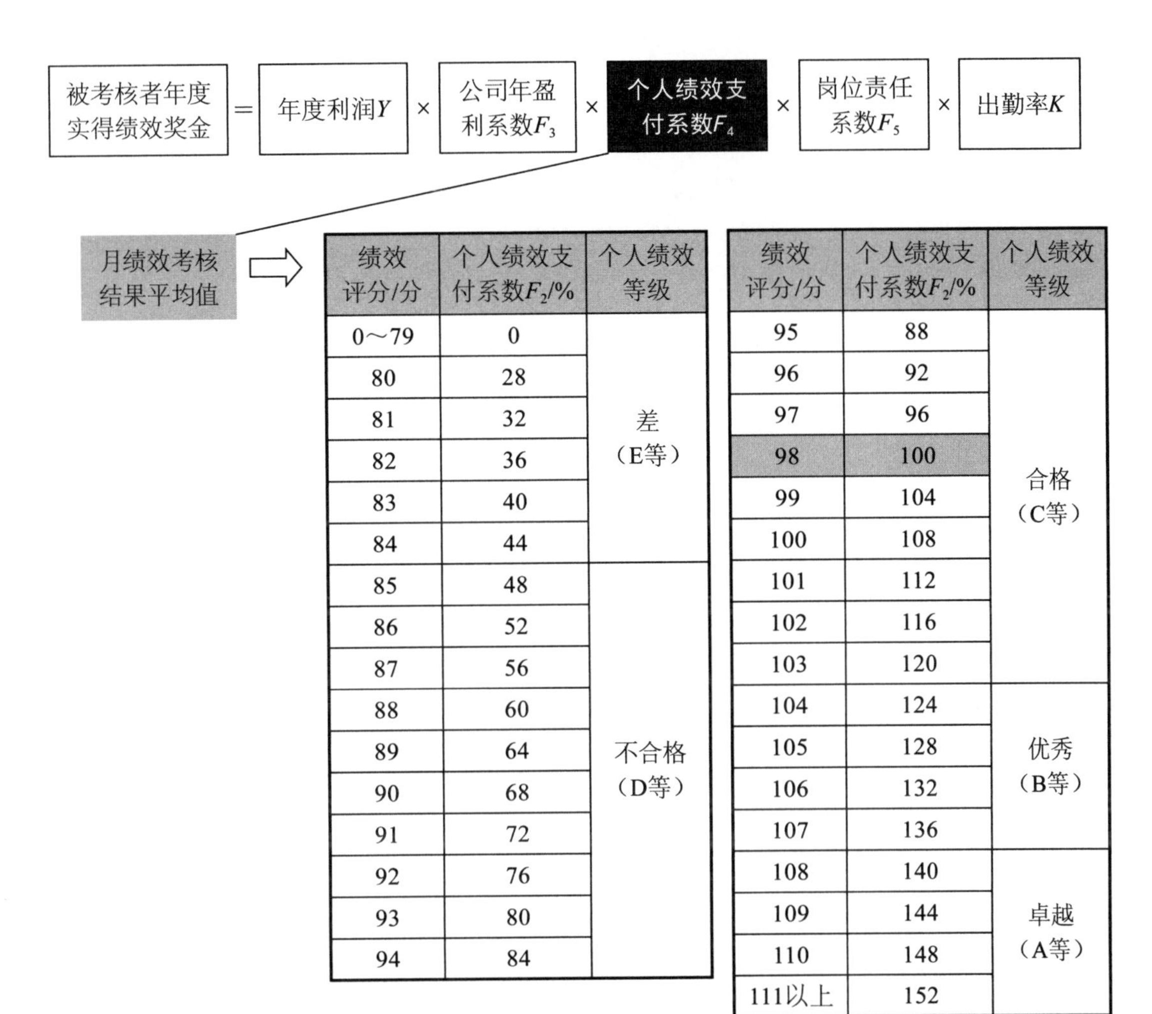

绩效评分/分	个人绩效支付系数F_2/%	个人绩效等级
0～79	0	差（E等）
80	28	
81	32	
82	36	
83	40	
84	44	
85	48	不合格（D等）
86	52	
87	56	
88	60	
89	64	
90	68	
91	72	
92	76	
93	80	
94	84	

绩效评分/分	个人绩效支付系数F_2/%	个人绩效等级
95	88	合格（C等）
96	92	
97	96	
98	100	
99	104	
100	108	
101	112	
102	116	
103	120	
104	124	优秀（B等）
105	128	
106	132	
107	136	
108	140	卓越（A等）
109	144	
110	148	
111以上	152	

图7-21　全员年度绩效奖金的计算公式（2）

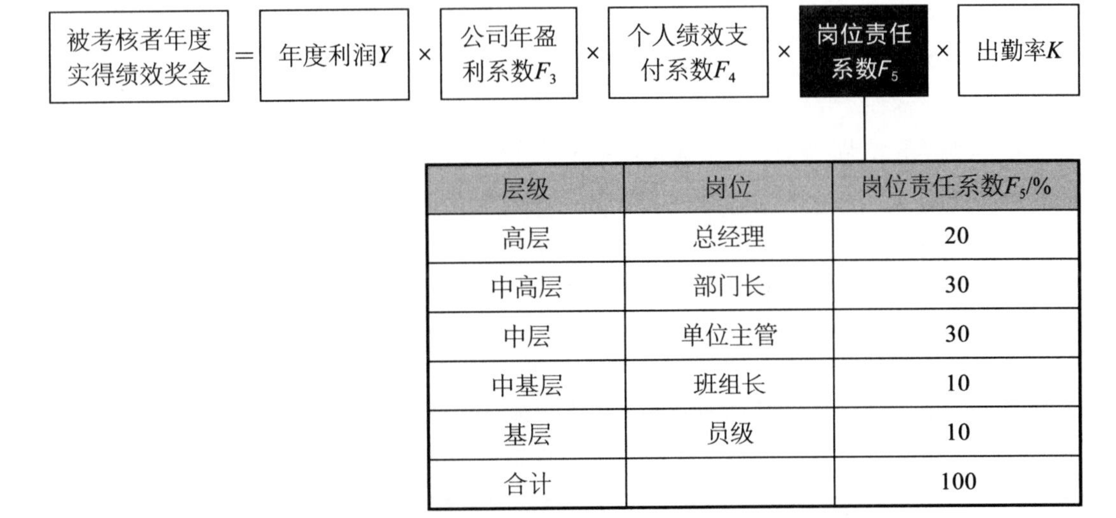

层级	岗位	岗位责任系数F_5/%
高层	总经理	20
中高层	部门长	30
中层	单位主管	30
中基层	班组长	10
基层	员级	10
合计		100

图7-22　全员年度绩效奖金的计算公式（3）

7.4.8 中心文件设计清单

中心文件设计清单如下所示。

（1）组织架构：职能型组织架构、产品式组织架构。

（2）权限设计：预计成果授权表、层次授权表。

（3）责任会计制度包含销售日报、收款日报、费用周报等报表的设计，成本会计制度包含材料成本日报、人工成本日报、制造费用日报等报表的设计。

（4）部门增量绩效制度、年度部门增量绩效损益表。

（5）照会制度。

【案例01】▸▸▸

“A公司”部门增量绩效制度说明

一、实施目的

（1）避免高度成长的臃肿症。

企业的经营犹如果树之成长，不只是追求营业额的成长，必须兼顾质与量的均衡发展。

（2）将专才培养成通才。

公司的干部绝大部分是从营业面或服务面培养出来的专才，为配合企业成长和扩充，必须培养能掌握全局的经营人才，使其能在自主经营的精神下真正成为独当一面的经营者。

（3）实现全员经营。

发挥团队精神，摒弃个人英雄主义，使部门增量绩效的每个成员均为部门增量绩效的经营成果而努力，培养同甘共苦、荣辱与共、共享成果的意识。

（4）实施以预算制度为基础的计划经营、自主经营。

在配合公司整体经营计划及预算的大前提下，各部门增量绩效基于自主经营的基本精神，修订其经营计划、制定各项目标及达成措施，并每月检讨、分析其实际经营成效及预算比较，自我评估再修订经营对策。

（5）改善经营体制，发挥个人潜能，结合团队精神。

二、定义

1. 创造利润、分享同仁

即各部门的增量绩效由自己制订计划，自己执行、自我评核，根据经营绩效，分享经营成果。

2. 责任范围

由单纯营业额的创造，提升为市场、服务、人才、利润、资金等经营管理责任；亦即以最精简的人力、最低的成本、合理的费用，提供最佳的服务，创造最高的业绩，获取应有的利润。部门增量绩效制度所诉求的目标及绩效评核的标准较一般利润中心制度更广泛、更彻底。

三、年度经营计划

董事会每年于 10 月份公布次年度经营策略，各事业体于 12 月初拟定并公布明年总经营计划及各项目标与战略，各部门增量绩效秉持自主经营精神，依据总公司年度经营计划衡量其辖区情况及特性，确定其明年经营计划及各项目标与达成措施、策略，经总公司核定，据以实施。

1. 市场目标

按辖区市场大小，确定各种商品别、月份别市场目标。

2. 服务目标

为客户提供最佳的服务，以达成使顾客满意的宗旨，所应努力的措施及目标。

3. 人力目标

为达成各项目标，所需的营销、客服及其他人员的组织、编制、教育计划和应达产值标准。

4. 利润目标

预计的费用率、售价比率、获利率及费用控制售价维持的策略，并编制费用预算表及预订损益表。

5. 资金目标

每月未收款比率及存货倍数等目标，以为控制未收款及存货所拟实施的措施。

四、损益计算

1. 损益相关因素及其相关规定

（1）最低价。各项商品由总公司根据市场需求、竞争情况、商品地位及进货成本等因素确定统一的标准售价即为最低价。

（2）进货成本。部门增量绩效商品进货成本由总公司根据市场需求竞争情况及各种商品公司政策的优先次序而确定。

（3）资金成本。资金管理是身为企业者所不可忽视的，其中尤以账款管理及存货控制为首要，故对未收账款依其未收回月份分别计算账款资金成本，而对存货倍数超越标准部分亦应计列存货资金成本，此两项资金成本均由部门增量绩效净利中减除。

（4）费用归属。为部门增量绩效损益计算单纯化，费用归属明确人，凡属无法明确划分并归属于部门增量绩效的费用项目均归属总公司费用，不分摊于部门增量绩效。或确实与其单位产生费用者，此类不归属部门增量绩效的费用，诸如：总公司及各行政事务单位的费用、国外厂商交际费、商品广告费、整体公司的教育训练费用、展示活动费等。

2. 绩效评核

评核范围为市场、服务、人力、利润及资金五大责任范围，但为了应对应内外经营环境的变化及加强公司政策推动，每年绩效评核的诉求标的均会适时适宜地调整现行评核项目为：

（1）营业人员人力产值达成率；

（2）未收款比率；

（3）全员平均获利额；

（4）服务保养比率；

（5）服务人员平均每人收入；

（6）辖区内本牌客户数统计等。

五、目标达成分析表

为协助部门增量绩效的实施，确保以预算制度为基础的计划经营和目标管理，特设定目标达成分析表，帮助各部门将年度计划的原定各项目标与本月实施成果做出比较和分析，找出绩效差的项目和原因并且重新研究对策，以获取经营绩效。

六、部门增量绩效损益率暨绩效评核表

此表是部门增量绩效制度实施的最重要的管理表报，因其所表现的各项数据代表该部门增量绩效一个月来的经营绩效及成果，该主管必须亲自对上个月情况进行详细的检讨分析，并找出解决方法。而总公司凭此表对各单位状况可了如指掌，及时给予适当的支援。而此表的绩效评分以数据为评核方式，摒除一般考核制度的人情、主观因素，使公司考核数据化，公平化。

七、损益分配

（1）各部门增量绩效每月根据“部门增量绩效损益暨绩效评核表”及其附表，并依《会计作业准则》与《部门增量绩效进货成本、资金成本与其他损益计算》的规定，计算当月损益。

（2）利润分享：“创造利润，分享同仁”，有关损益分配根据《部门增量绩效实施办法》中的规定办理。其分配方式如下所示。

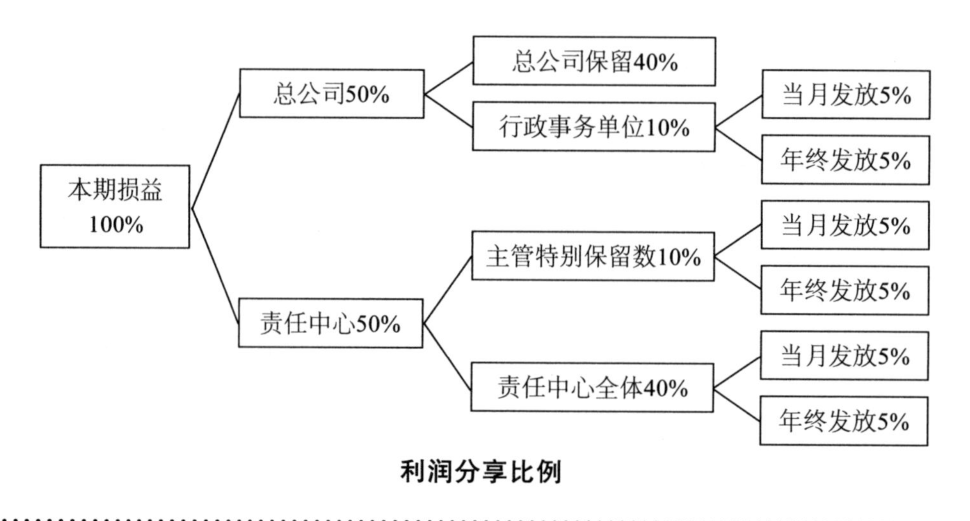

利润分享比例

【案例02】

“B公司”直线单位照会及成绩归属办法

一、×× 地区

（1）本公司 ×× 地区各直线单位负责商品另订之。

（2）非经副总经理特准，第一、第二、第三等事业部不得销售各种供应品或附件，供应品部不得销售不属本部负责的其他任何供应品，修护中心不得销售不属本中心负责的其他供应品，否则皆一律不予计算实绩及奖金。

（3）×× 各直线单位销售非属其负责的商品，其实售价在授权价 100% 以上且于销售当日（即开立发票当日）同时收回货款者，得免照会；惟其实售价虽在 100% 以上，但货款未能于开立发票的当日收回者，则应填写照会单，连同经客户正式签章的发票签收单影本，向负责机种的事业部提出照会。

（4）×× 各直线单位销售非属其责任的商品，其实售价若在授权价 100% 以下者，应先确实填具低价请示单（客户名称及地址不得造假，如有造假之事，一经发现则不计单位成绩及个人实绩、奖金），经由负责机种的事业部主管（视同照会）批准后才能开立发票，低于经理权限者，应转呈副总经理批示。

（5）面向事业部主管请示（照会）的机型另行公布。

（6）事业部针对照会及低价请示（照会）的标准与否，悉依事业部地区负责人在被照会及请示日的前一天起算，前 15 天以内的日报表（以缴存副总经理者为准）及有望客户卡为凭，日报表及有望客户卡应说明详细地址、机种（机型不拘）。

（7）机种负责的事业部对他部照会及低价请示，必须在接受照会及低价请示的次日上午 8：30 以前答复，否则视同照准。

（8）凡未经照会及低价请示或请示未准而交货者，为地区负责人发现并提出抗议，除填写“成绩拨补通知（请示）单”外，还应将提示交货日（即发票日）前 15 天内（当日不算）的日报表及有望客户卡证明地区负责人确实曾经接洽该商品交易，则该笔交易的实绩及奖金均拨归属地区负责人所有，“成绩拨补通知（请示）单”必须在交货日或收款日后 30 天内提出，超过 30 天（含假日）者不予受理，如该笔交易尚未收回货款，则仍可提出拨补的申请。

（9）非属本事业部的商品，实售价虽在授权价 100% 以上，但被该商品事业部发现而提出抗议（已照会者除外），除填具“成绩拨补通知（请示）单”外，还应提示交货日（发票日当日不算）前 15 天内的日报表（以缴存副总经理者为准）及有望客户卡者，则该笔交易的实绩及奖金均为该商品事业部所有，“成绩拨补通知（请示）单”必须在交货（发票日）后 30 天提出，超过 30 天者不予受理，如该笔交易尚未收回货款，则仍可提出拨补的申请。

二、各地区之间

（1）分公司与分公司或分公司与 ×× 各单位间一律禁止照会，若越区销售而30天内（自发票日起算）被对方发现者，其实绩及成交奖金一律予以追回，拨给原属分公司，超过30天（含假日）者不予受理，如未收回货款，则仍然有效。原属分公司若在发票日（当日不算）前15天内未曾前往接洽，则不予拨给。

（2）分公司或营业处所属地区其客户在 ×× 事业部有采购该商品的权利，必须由 ×× 事业部决定时，该分公司或营业处应以联络函向副总经理提出请求支援，再由副总经理依商品类别交所属事业部或指派专人全力支援，成交之后开立发票，其实绩及奖金由请求与支援单位各享一半，如分公司为请求支援联络函者，其实绩及奖金归原成交单位所有。同样情形事业部交货至分公司或营业处所属地区，如需通过分公司协助交货或接洽者，则其实绩与成交奖金应半数归分公司享有。

如交易是由总公司购买而由分公司使用的情形，若所购的机器留在总公司而将旧机转至其分支机构，则以该交易的请购单位为准（须附可查证明的文件），决定是否须先行提出照会。

三、PPC照会规定

（1）××地区各直线单位的营业同仁，如拥有PPC纸影印机的有望客户时，应先填写“PPC照会单”，向PPC事业部提出照会。

（2）被照会单位，如在接得照会单的当日前15日未填写该客户的日报表（以送往总经理、副总经理室者为凭）及有望客户卡者或曾接洽但不深入者，则本照会应予同意。

（3）事业部对他部的照会，必须在接获照会单的次日上午8：30前确实答复，否则视同照准。

（4）照会获准后，应改由PPC事业部派专员前往继续接洽报价及负责成交后的安装、修护、收款等（照会人必要时可查询及协助推动）。

（5）××地区外的其他单位如遇有PPC普通纸影印机的有望客户，应以联络函并填具PPC照会单向PPC事业部请求协助或派人支援。

（6）经照会成交的交易，其成交奖金统归照会单位，由照会人分享50%。实绩部分则全归PPC事业部。

四、其他

（1）机器成交后若发现营业人员有折机号及换机号者，经查属实，则该笔交易的实绩及成交奖金不予计算，已核算者，下月追回，并应接受行政处分。

（2）售予同行或经由同行转售者，一律由单位主管办理，须事先报备总经理，核准后才能续洽。成交之后亦仅计单位成绩，不计个人实绩及成交奖金，未经核准擅自售予同行的交易，经发觉，除追回其实绩及成交奖金外，经办人应受行政处分，如遇到账，经办人应负责赔偿100%。

（3）各单位成绩的拨补除取得双方主管同意或副总经理批示的“成绩拨补通知（请示）单”外，不得擅自于成交奖金月报表上自行拨补。

（4）分公司或事业部间成绩归属纠纷，一律由总经理裁定。

【案例03】▸▸▸

“C公司”部门增量绩效实施办法

第一条　本公司为提高工作绩效，全员参与经营管理，达成公司营业目标，特制定本办法。

第二条　部门增量绩效实施的单位为营业部所辖的直线单位，其余各单位支援部门增量绩效的作业，以目标管理，绩效考核，参与部门增量绩效盈余分配。

第三条　部门增量绩效的营运范围如下。

各部门增量绩效非经呈总经理核准，不得经营制定范围外的业务。

各部门增量绩效在指定的经营范围内除应遵循公司规章的有关规定外，应以自主经营为原则。

第四条　部门增量绩效损益的计算期间。

（1）各部门增量绩效一律以月份（起讫日期为每月 1 日至月底止）为其损益的计算期间。

（2）“部门增量绩效损益表绩效评核表”由会计部依各部门增量绩效营业资料计算填报。

第五条　部门增量绩效损益的计算与绩效的评分。

（1）部门增量绩效损益一律根据“部门增量绩效损益绩效评核表”及其附表所示内容计算，其公式如下。

部门增量绩效超额盈余（亏损）=（部门增量绩效净营业收入 − 部门增量绩效进货成本）−（部门增量绩效直接费用 + 标准运输成本 + 固定薪资）− 分摊营业部费用（含广告费）− 分摊管理费用 − 部门增量绩效目标损益。

若实际运输成本比标准运输成本高时，则以实际运输成本计算。

部门增量绩效盈余按第六条的规定分配。

部门增量绩效本月应分发的盈余额 = 部门增量绩效盈余 ×20%× 绩效评分考核指数。

（2）各部门增量绩效经营指定范围内各项事务，其部门增量绩效进货成本及标准运输成本，由总经理核定公布，若有修订，应于上月月底前另行公布。

各部门增量绩效的一切收入与费用悉依部门增量绩效会计作业准则及其他有关规定列计。

第六条　部门增量绩效盈余的分配与亏损的拨补发。

各部门增量绩效每月的结算有盈余时，以其所盈余的 50% 拨归总公司（另依第八条的规定办理），其余的 50% 以 20% 于次月 20 日前发放，由该部门增量绩效营业人员（含单位主管）分享，另 30% 由总公司代为保留，作为该部门增量绩效全体人员的年终奖金或保留作为拨补该部门增量绩效的超额亏损及应行调整账款项。每月发放的盈余或年终奖金不列为部门增量绩效费用。

盈余分配的计算，除试用期间人员外，正式任用未满一个月或月底之前离职的人员不得参加分配外，其他人员按下列公式计算。

部门增量绩效营业人员（含主管）每个员工盈余分配额 = 本中心本月应分发的盈余额 × 该员本薪 ÷［本中心参加分配营业人员（含主管）+ 主管本薪］。

主管以本薪的 2 倍参加分配。

业务助理参与营业人员的分配。

主管有权根据各个员工的绩效，于各员分配额的上下 10% 范围内调整，但总额不得超过该中心本月应分发的盈余额。

各员绩效考核办法由营业部确定。

月份应分发的盈余额不满 500 元时，不予分配，并入次月分配。

第七条　部门增量绩效年终奖金的分配。

各部门增量绩效对于列入年终奖金保留数的盈余，除弥补该部门增量绩效亏损的 1/2

及应行调整账款外，其年终奖金的分配应依下列公式计算。

营业部经理及行政事务人员及部门增量绩效主管的年终奖金分配＋部门增量绩效累计盈余保额 ×1/6。

各个员工分配额由营业部经理依绩效考核确定。

部门增量绩效全体人员（含主管）年终奖金分配＝部门增量绩效累计盈余保留额 ×（5/6）× 该员本薪 ÷（本中心全体人员本薪总和＋营业人员本薪总和）。

营业人员依本薪的 2 倍参加分配。

主管有权根据各个员工的绩效，于各员分配额上下调整 10%，但总额不得超过该部门增量绩效累计盈余保留额的 5/6。

年度内新进人员按正式任用期间比率参加分配。

第八条　每月各部门增量绩效拨归总公司的盈余净额（即减除同月亏损后余额），超过营业部目标损益部分，其中 50% 拨归总公司，其余 50% 以 26% 于次月 20 日前发放（6% 由营业部经理及行政事务人员分享，20% 由总公司可参加分配人员分享），另 24% 由总公司代为保留作为年终奖金，由总公司参加分配人员分享。

总公司参加分配人员为除营业部及生产部组长（不含）以下人员外的全体人员，但试用期间人员及正式任用未满一个月或月底之前离职人员不得参加分配。

单位及个人的月份盈余分配依下列公式计算。

（1）月份单位应分配额＝总公司参加分配人员本月应分发盈余额 × 该单位人员本薪总和 ÷ 总公司参加分配人员本薪总和。

月份应分发盈余额未满 1000 元时，不予分配，并入次月分配。

生产部组长级人员以其本薪的 1/3 计算参与分配。

生产部人员的绩效奖金办法另订。

总经理有权根据单位的工作绩效。目标达成等考评，于单位应分配额内上下调整 50%，但总额不得超过公司参加分配人员本月应分发盈余额。

（2）月份个人应分配额＝单位应分配额 × 该员本薪 ÷ 单位参加分配人员本薪总和。

单位主管有权视员工绩效，对员工分配额上下调整 10%，但总额不得超过单位应分配额。

营业经理及行政事务人员依本项分配公式分配。

（3）单位及个人的年终奖金分配：计算公式同前项，但年度内新进人员按正式任用期间比例参加分配。

第九条　部门增量绩效内的服务人员绩效奖金原则。

服务人员按其绩效计算标准运输成本（收入）减去实际运输成本（不含定期性车辆大修费用）之后，若为正数，即视为该部门增量绩效内的服务人员所创造的盈余，此项盈余中的 60% 拨归总公司，40% 作为该月服务人员绩效奖金，于次月 20 日前发放。

前项绩效奖金个人分配考核办法由营业部确定。

第十条　其他

收回账款时，超过规定期限的逾期部分按年息 20% 计算利息，由部门增量绩效月份应分发的盈余额中扣减。

销货退回及折让由发生月份的营业收入中减去，但销货退回另依原销售金额加计10%的退货费用，列入部门增量绩效直接费用内。

各部门增量绩效，每月根据其销货净额计提1%，作为坏账损失准备，列入部门增量绩效直接费用中，若实际发生坏账的损失超过累计坏账损失准备时，超过部分应列于部门增量绩效当月的费用。本项坏账准备至年底结算有结余时，其1/3转入次年度坏账损失准备中，1/3拨归总公司，1/3并入部门增量绩效年终奖金分配额中分配。

总公司保障全体同仁一个月本薪的年终奖金，列入费用按月提取，不计入本办法所示的年终奖金中。

【案例04】▸▸▸

某企业利润中心财务手册

1. 利润中心管理会计报表说明

1.1 设计总体思想及原则

1.1.1 总体思想。

设计绩效月报（管理会计报表）主要以支持各级利润中心的经营分析及决策为目的。

企业的经营分析及决策需要极大量的信息，不能局限于传统财务会计损益表的信息，必须要在传统财务会计报表的基础上，重新整合其他需要的信息。

1.1.2 设计原则。

1.1.2.1 在财务会计核算的基础上，依据企业的实际需求重新整合各类有效信息。

利润中心绩效月报（管理会计报表）是在财务会计的基础上依据实际需要对企业各类信息的重新整合，传统财务报表与利润中心管理会计报表之间数据的来源相同，存在一定的钩稽关系。

1.1.2.2 以管理会计的理论为设计基础。

利润中心绩效月报（管理会计报表）与传统财务报表的不同点主要体现在如下。

（1）核算对象不同：传统的财务报表以“产品”和“会计科目”为核算对象，利润中心绩效月报（管理会计报表）以企业中的“责任组织”和“责任人”为核算及表达对象。

（2）核算目的不同：传统财务报表的核算目的主要是给“投资者、债权人、政府相关部门、审计部门等外部人士”看的，将其用于分析和决策时，存在很大的局限性，利润中心的绩效月报（管理会计报表）的目的就是为企业内部的经营分析及决策提供支持。

（3）理论依据不同：传统财务报表的核算必须依据国家的会计准则及相关的核算法规进行，所以不同企业的财务报表的核算方法、核算程序、报表格式、指标计算等方面基本上都是相同的；利润中心绩效月报则不同，其核算的理论依据是“管理会计”的思想，如利用“边际贡献”“本量利法”“责任会计”等，“管理会计”的理论更加灵活，更加适合支持企业的经营决策，但不追求和外界的比较性。

1.1.3 利润中心绩效月报的特点。

1.1.3.1 具有灵活性：报表格式灵活，完全依据企业经营的实际需要由企业自行设计；可以因企业管理需求的变化而改变；报表时间灵活，出报表的时间可以因企业的不同需求随时设计，随时报出；指标计算公式灵活，财务指标的计算可以依据企业考核的需求给定。

1.1.3.2 具有实用性和普及性：利润中心绩效月报必须根据企业经营的实际需求设计，为企业的经营分析决策服务，必须为各级利润中心的主管提供通俗易懂的管理信息。

（1）及时性。利润中心管理会计报表的及时性十分重要，企业经营管理的信息具有时效性，月报应在每月的 5 日前报出，其他的报表在需要时报出。

（2）准确性。利润中心的绩效月报与传统的财务报表之间在相关数字的来源上、数字之间的钩稽关系上必须一致，不能存在逻辑错误。

（3）企业系统的支持性。企业现存的信息系统必须支持，保证及时、准确、完整地提供报表。

1.2 利润中心财务报表的指标说明

1.2.1 各级利润中心选定为绩效考核的财务指标如下。

一级利润中心	二、三级利润中心 营销高级经理、销售经理	二级利润中心 生产副总经理	三级利润中心 生产车间
使用资金报酬率	经营利润率	制造成本下降率	制造成本下降率
人均边际贡献	人均边际贡献	人均边际贡献	万元使用资金产量
核心产品销售完成率	核心产品销售完成率	万元使用资金产量	
间接销售费用下降率	间接销售费用下降率	自购采购成本下降率	

1.2.2 新引入的三个指标：使用资金报酬率、万元使用资金产量、人均边际贡献。

1.2.2.1 使用资金报酬率＝净利润 ÷ 使用资金平均余额。

使用资金＝应收账款＋存货＋固定资产净值。

使用资金报酬率＝净利润 ÷ 使用资金。

可以分解为：资金周转率 × 销售成本率 × 成本利润率。

也即：（销售收入 / 使用资金）×（成本费用 / 销售收入）×（净利润 / 成本费用）。

优点：反映企业的综合获利能力；具有横向的可比性，不同规模，不同地域的比较；有利于公司资金的配置优化，促进公司提高资金利用率。

1.2.2.2 万元使用资金产量＝实际产量（吨）/ 万元使用资金。

表明每万元使用资金占用产出量。

1.2.2.3 边际贡献＝主营业务收入－变动成本总额。

变动成本包括：直接材料、直接人工、变动制造费用、变动销售费用。也就是将传统会计核算中的财务资讯按照管理会计的理念重新组合，如下所示。

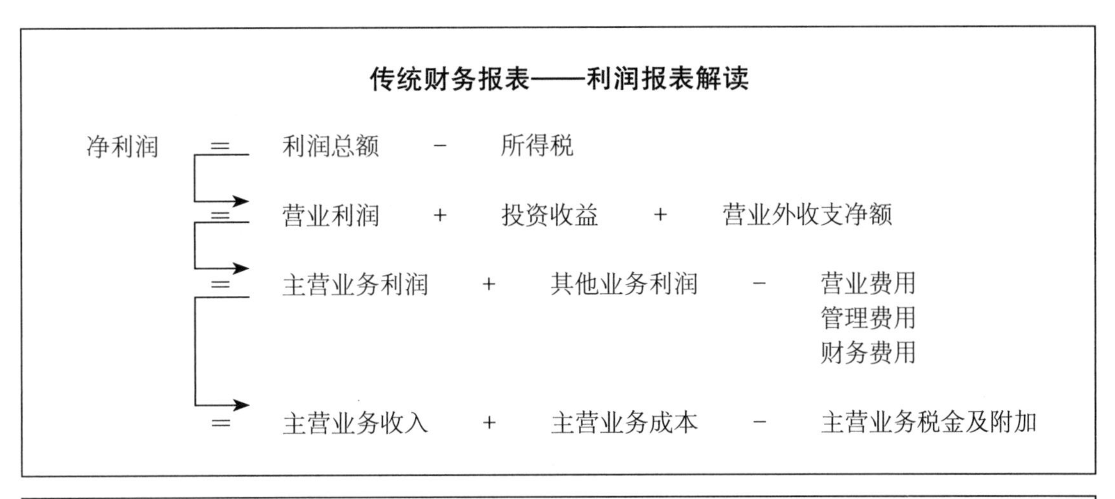

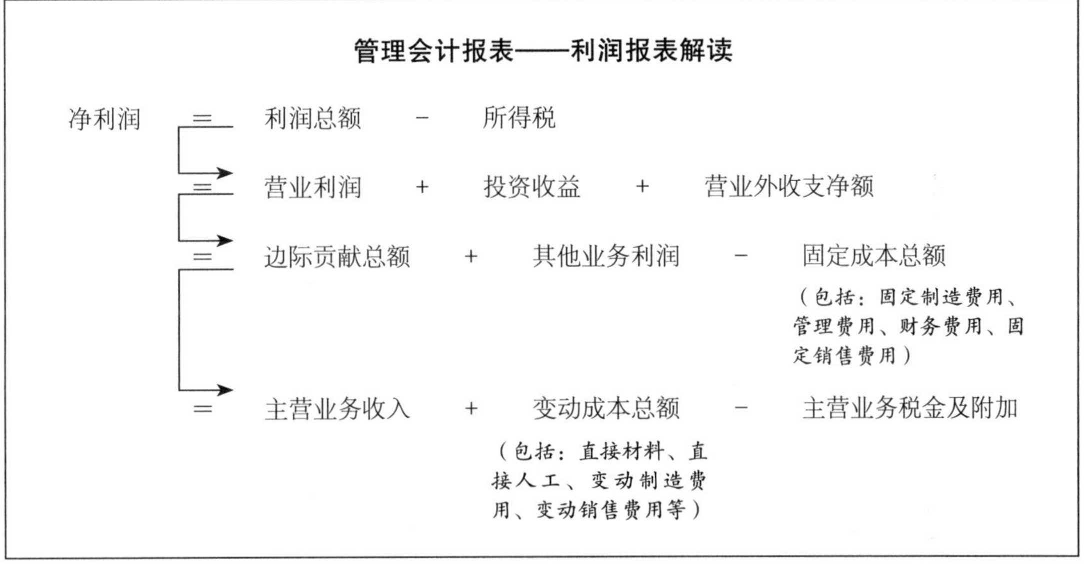

边际贡献是一个重要的获利能力的指标，边际贡献实际等于目标利润总额加上应消化的固定费用总额。

边际贡献首先用于吸收固定成本，然后才是利润。

计算边际贡献的作用：有利于保本点的计算、目标利润的计算、利润的敏感性分析，是“管理会计报表”设计的理论基础，支持内部决策（边际订单、边际产品的决策）。

1.2.3 各级利润中心财务指标的含义。

（1）三级（制造部经理）利润中心。

三级（制造部经理）利润中心财务指标

指标类别	指标说明
考核指标	（1）制造成本下降率 =（实际制造成本总额−按照实际产量计算的标准成本总额）/按照实际产量计算的标准成本总额 或：（实际制造成本总额/按照实际产量计算的标准成本总额）−100%

续表

指标类别	指标说明
考核指标	考核标准：标准成本 要求集团公司组织力量完善相关的标准成本 （2）万元使用资金产量＝实际产量（吨）/使用资金余额（万元） 使用资金：该利润中心使用的固定资产净值和生产资金（产成品占用资金）余额合计数；使用资金数字从同月份资产负债表中获得 考核标准：待定 测算依据：20××年度使用的固定资产净值和生产资金、产量，20××年1～6月份使用的固定资产净值和生产资金、产量 以上两个指标在“三级（生产）利润中心绩效月表”中计算获得
支持性指标	（1）变动成本率＝（实际变动成本总额/实际成本总额）×100% 这是成本结构比指标 （2）间接制造费用下降率：（实际固定制造费用成本总额/标准固定制造费用总额）−100% 或：20××年1～6月水平及相关因素等

（2）二级（生产副总经理）利润中心

二级（生产副总经理）利润中心财务指标

指标类别	指标说明
考核指标	内部交易价格制定原则：内部交易单价＝标准成本×（1+x%） 式中，x%为“应分摊的对话成本及给定利润”的系数。x需要测算并在试运行中验证 （1）制造成本下降率＝[∑三级利润中心（统购材料价差+分购材料价差+材料量差+人工价差+人工量差+制造费用差异）/标准成本总额]−100% 具体数字在二级（生产副总）利润中心绩效月报获得。 （2）万元使用资金产量＝∑［各三级利润中心的实际产量（吨）/生产、供应环节占用使用资金金额（万元）］ 生产、供应环节占用使用资金金额（万元）包括：原材料占用资金金额+在产品占用资金金额+产成品占用资金金额+固定资产净值 以上指标在“二级（生产副总经理）利润中心绩效月报表”中计算获得 考核标准：同三级利润中心 （3）人均边际贡献＝边际贡献额/生产工人人数 边际贡献额＝内部收入总额−实际变动成本总额 内部收入总额＝∑（内部交易单价×实际产量） 实际变动成本总额＝∑（直接材料成本总额+直接人工成本总额+变动制造费用总额） 考核标准：待定 测算依据：目标利润总额（是指内部交易单价中x的比重）、应分摊的固定成本总额（包括：固定制造费用总额、应分摊的管理费用总额）、生产工人人数、残工人数 （4）自购采购成本下降率＝∑（当期实际单价−上月实际单价）×实际采购量/当月实际采购成本

续表

指标类别	指标说明
考核指标	考核标准：上月实际 此指标在“二级（生产副总经理）利润中心绩效月报表”中计算获得 此指标由采购部门每月末30日前报出
支持性指标	（1）生产利润率＝生产利润额/内部收入总额 边际贡献＝内部收入－实际变动成本总额（直接材料、直接人工、直接制费） 生产利润＝边际贡献－间接制费－分摊对话费用额+退税收入±其他业务收益±营业外收益±利润调整数 利润调整数：生产量与销售量的差异影响当期利润的金额 （2）变动成本率＝∑三级利润中心（实际变动成本总额/实际成本总额）×100%，即成本结构比较 （3）间接制费下降率＝∑三级利润中心（实际固定制造费用成本总额/标准固定制造费用总额）−100% 或20××年1～6月水平及相关因素等 （4）生产效率＝实际生产量（吨）/（生产工人人数－残工人数）

（3）二、三级（营销高级经理、销售经理）利润中心

二、三级（营销高级经理、销售经理）利润中心财务指标

指标类别	指标说明
考核指标	（1）经营利润率＝营销利润/收入总额 收入总额为该级利润中心本月实际收入金额 边际贡献额＝收入总额−产品转移成本−直接销售费用 营销利润＝边际贡献−间接销售费用−分摊对话费用额 考核标准：待定 测算依据：20××年度预算目标利润总额、收入总额、预测的生产目标利润金额（包括：预测的制造成本下降额和利润额） 20××年1～6月直接、间接销售费用水平、应分摊的管理费用水平 （2）人均边际贡献＝边际贡献额/营销人员人数 考核标准：待定 测算依据：财务指标依据同上，营销人员人数 （3）核心产品销售完成率＝实际完成额/预算额 核心产品是指目前对分公司利润贡献最大的中价面和容器面 考核标准：待定 测算依据：20××年预算案需求、20××年1～6月水平 （4）间接销售费用下降率＝（实际间接销售费用金额/间接销售费用标准金额）−100% 考核标准：待定 测算依据：20××年预算案需求、20××年1～6月水平
支持性指标	（1）直接销售费用率＝直接销售费用/收入总额 直接销售费用包括：运费、宣传费、广告费 （2）人均收入＝收入总额/营销人员人数 （3）使用资金占用金额＝应收账款金额+产成品金额

续表

指标类别	指标说明
支持性指标	（4）应收账款周转率＝360天/（收入总额/应收账款占用金额） （5）产成品周转率＝360天/（营业成本总额/产成品占用金额） （6）销售目标达成率＝年移动总额/年预算额 （7）销售增长率＝本月实际（累计）金额/去年同期实际（累计）金额

（4）一级利润中心

一级利润中心财务指标

指标类别	指标说明
考核指标	（1）使用资金报酬率＝净利润/使用资金总额 使用资金总额是指本利润中心占用的应收账款金额、存货金额和固定资产净值金额的合计数 边际贡献＝营销利润+生产利润±其他业务收益±营业外收益 利润总额＝边际贡献−对话未分摊费用额−分摊集团对话费用额 对话未分摊费用额是指一、二级利润中心对话后，二级利润中心不同意承担的一级利润中心的管理费用 分摊集团对话费用额是指一级利润中心与集团总部对话统一分摊的集团管理费用 净利润＝利润总额−所得税 所得税是指一级利润中心实际缴纳的所得税金额 考核标准：待定 测算依据：20××年度预算案目标利润额（要考虑预算案目标利润额与利润中心财务报表利润指标的钩稽关系）、20××年度应收账款、存货、固定资产净值平均余额 （2）人均边际贡献＝边际贡献额/全体员工人数 考核标准：待定 测算依据：20××年度预算案目标利润额、应分摊的集团固定费用金额、本利润中心所有固定费用总额、全体员工人数 （3）核心产品销售完成率＝实际完成额/预算额 核心产品是指目前对分公司利润贡献最大的中价面和容器面 考核标准：待定 测算依据：20××年预算案需求、20××年1～6月水平 （4）间接销售费用下降率＝∑（实际间接销售费用金额/间接销售费用标准金额）−100% 考核标准：待定 测算依据：20××年预算案需求、20××年1～6月水平
支持性指标	（1）净利润率＝净利润/收入总额 （2）制造成本下降率［取自二级（生产副总经理）利润中心绩效月报］ （3）人均收入＝收入总额/员工总人数 （4）人均净利润＝净利润/员工总人数 （5）使用资金周转率＝收入总额/使用资金总额 （6）应收账款周转率［同二级（销售副总经理）利润中心绩效月报］

续表

指标类别	指标说明
支持性指标	（7）存货周转率＝360天/（营业成本总额/存货占用金额） （8）应付账款周转率＝360天/（营业成本总额/应付账款金额） （9）资金占用期间＝应收天数+存货天数−应付天数 （10）固定资产周转率＝360/（收入总额/固定资产净值金额） （11）销售增长率同二级（销售副总经理）利润中心绩效月报 说明：以上主要考核指标的考核标准待定的，需要利润中所属财务部门按照测算要求测算，经集团财务部门与一级利润中心主管对话确认，同时需要在4个月的试运行中认证

1.3 利润中心绩效月报

按照三级利润中心的组织架构，分别设计了“各级利润中心绩效指标月报表”。其中：

“一级利润中心（总经理 / 经理）绩效指标月报表”一份；

“二级利润中心（生产副总经理）绩效指标月报表”一份；

“三级利润中心（制面部、调理部）绩效指标月报表”一份。

详见所附各表样。

1.4 考核标准

有待在 4 个月试运行期间论证并在试运行期结束时确认。

2. 利润中心绩效指标架构图说明

2.1 建立绩效指标架构图的目的

2.1.1 阅读报表对于非财务的各级利润中心负责人来说都是一种极大的负担，虽然我们已经将传统、间接、模糊的财务报表进化成管理会计报表，但是里面的资料仍旧太多，对于忙碌的经理人来说，阅读密密麻麻的数字仍旧是一种痛苦。因此我们的方法是将报表中的关键指标摘出来，加上标准比率，形成比较。再利用颜色管理的技术，将实际金额与预算金额比较的实际数进一步按照“达标与目标以上”“低于目标值 10% 以内”“低于目标值超过 10%”三段，分别以绿、黄、红三个颜色区分，使得各级利润中心主管马上理解哪个地方有问题，以此快速采取纠正行动，化报表阅读时间为改善经营时间。

2.1.2 高层主管更易于快速掌握各级利润中心的实际运营状况，只要看各级利润中心绩效指标架构图，马上一目了然哪个指标出了问题，拿起电话直接和改善该指标的负责人对话，要求改善的行动方案和时间表。

2.1.3 绩效指标架构图基本上可以取代管理会计报表，但是管理会计报表才是产生绩效指标架构图各项指标的来源，所以实务上，报表放在指标架构图的下方作为必要时的参考。

2.2 总部及各级利润中心绩效指标架构图说明

2.2.1 ×× 集团总部（执行总裁）绩效指标架构图。

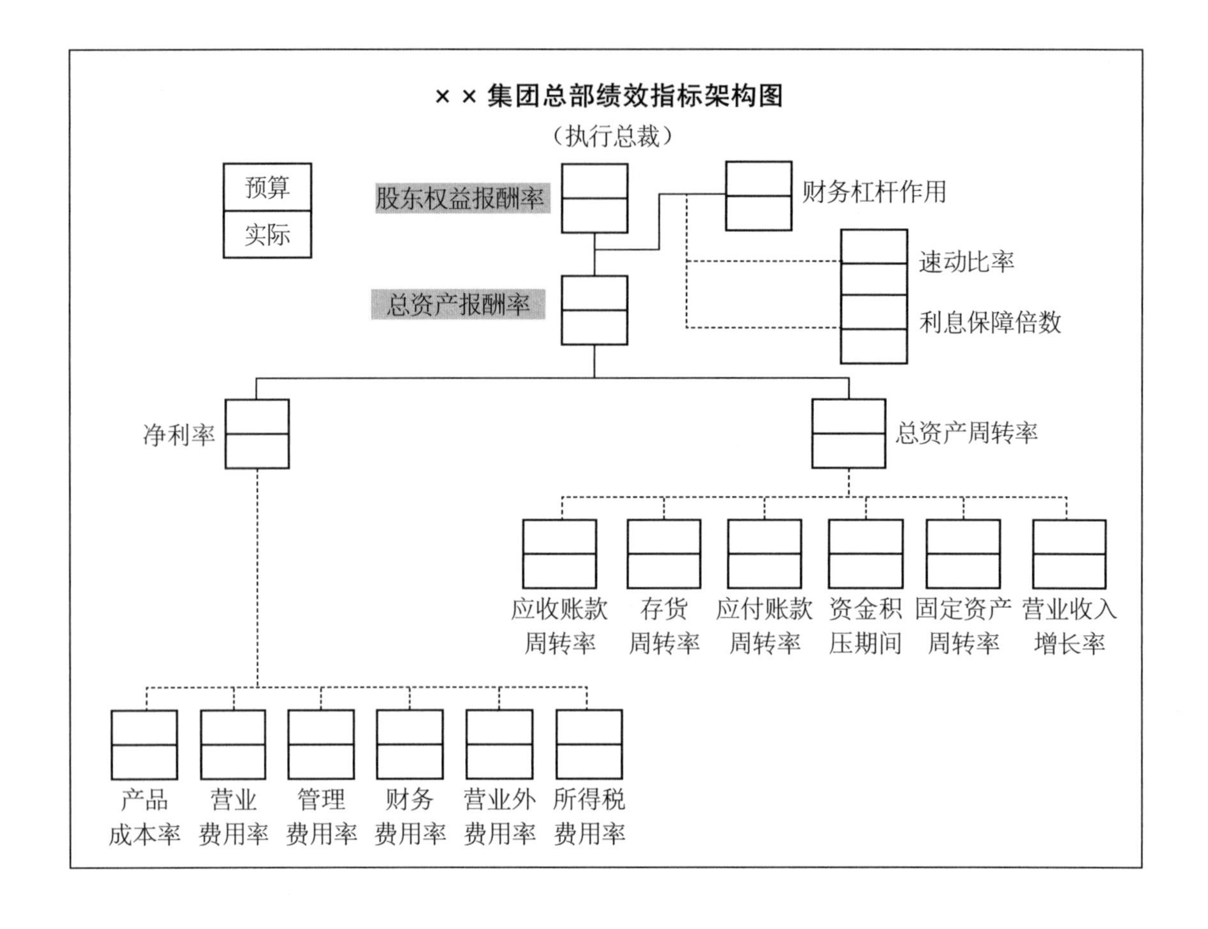

2.2.1.1 设计思路。

（1）传统财务报表以政府规定的对外表达的格式制作，由会计软件处理完后，打印成资产负债表、损益表。这些表中都没有比率，有的只是数值。因为这些表只为了尽到报告的责任而不是为了达到分析改进的目的；是给外界看的，不是给管理者用于经营用的。要是能对看报表的人有所提示，若需要将数值转化为比率，再将比率和标准比率形成比较。标准比率可以是预算或是公司过去历年的平均数，或是竞争对手的数字。

（2）因为自然界的运行有春夏秋冬的循环存在，自然影响到公司所参与的每个行业每个月的季节性差异，表现在淡旺季之差。如果以 12 个月为一个周期累计数字，则每一个周期的数字都涵盖了全季节性的差异，每一组数字都形成了可以比较的特质。再加上企业的目标都是年的总数，其他竞争对手的数字也是年的总数，企业对外的责任也是每年的数字，比如年回报率，所以绩效指标架构图是以 12 个月的年移动总数制作的，比如，20×× 年 6 月的数字是 20×× 年 7 月 1 日 ~ 20×× 年 6 月 30 日的总数，20×× 年 7 月的数字是 20×× 年 8 月 1 日 ~ 20×× 年 7 月 31 日的总数。

（3）绩效指标架构图中的实线表达数值之间有相乘关系，虚线表达数值之间没有相乘关系。

2.2.1.2 表示。

（1）各数值在目标值之上时，以绿色表达，负责主管不需要关注。

（2）各数值在目标值以下10%以内时，以黄色表达，负责主管必须要予以关注。

（3）各数值在目标值以下10%（含）以外时，以红色表达，负责主管必须要求相关主管立即提出解决方案，以便下季度时有所改善。

（4）各数值的标准在年度开始前由总部战略部门和董事长、总裁研究制定。

2.2.2 一级利润中心（分公司总经理）绩效指标架构图。

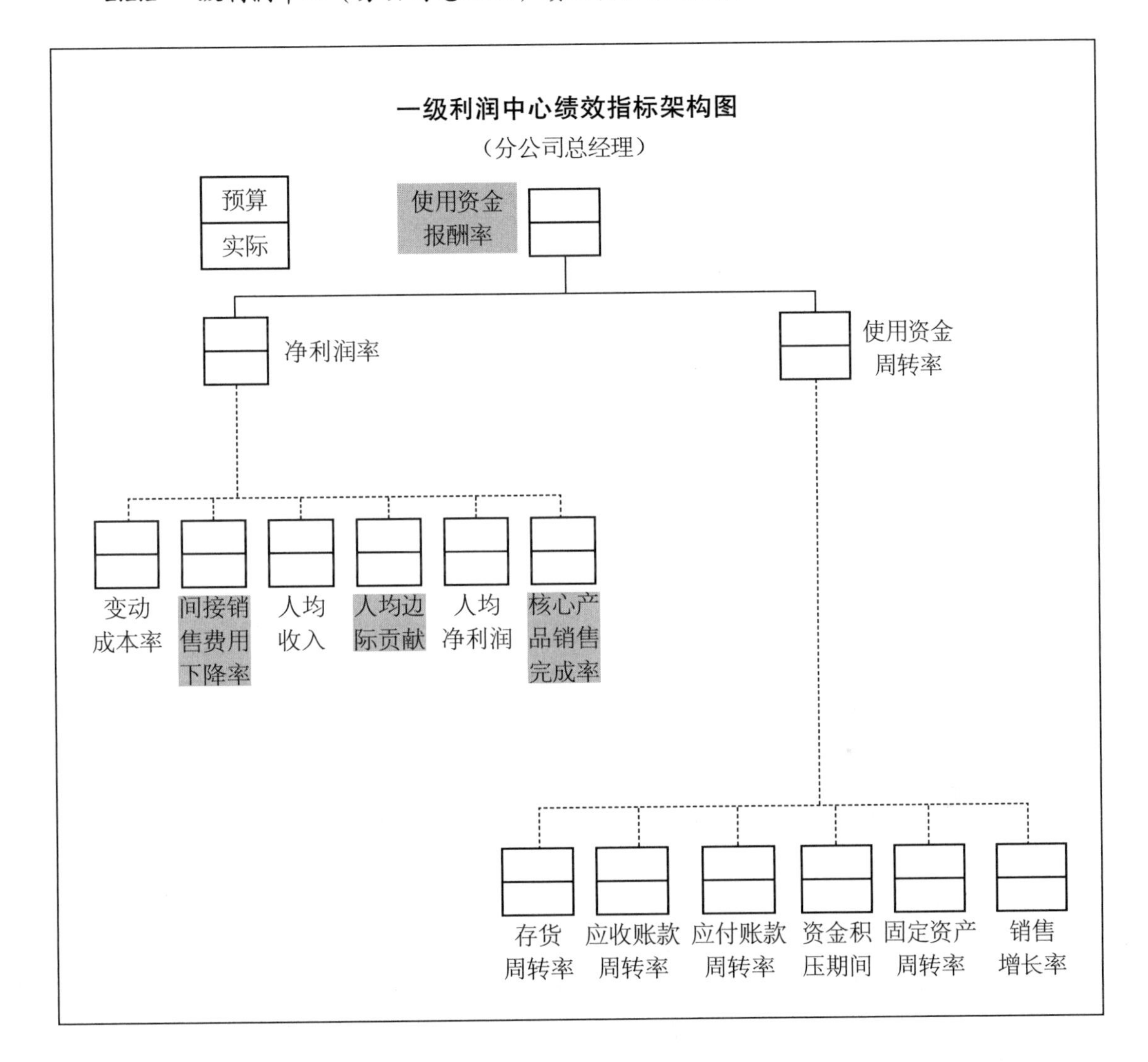

2.2.2.1 设计思路。

与集团将财务报表转化为绩效指标架构图同样的思路。

2.2.2.2 表示。

（1）各数值在目标值（含）之上时，以绿色表达，负责主管不需要关注。

（2）各数值在目标值以下10%（含）以内时，以黄色表达，负责主管必须要予以关注。

（3）各数值在目标值以下10%以外时，以红色表达，负责主管必须要求相关主管立即提出解决方案，以便下季度时有所改善。

2.2.3 二级利润中心（分公司营销副总经理）绩效指标架构图。

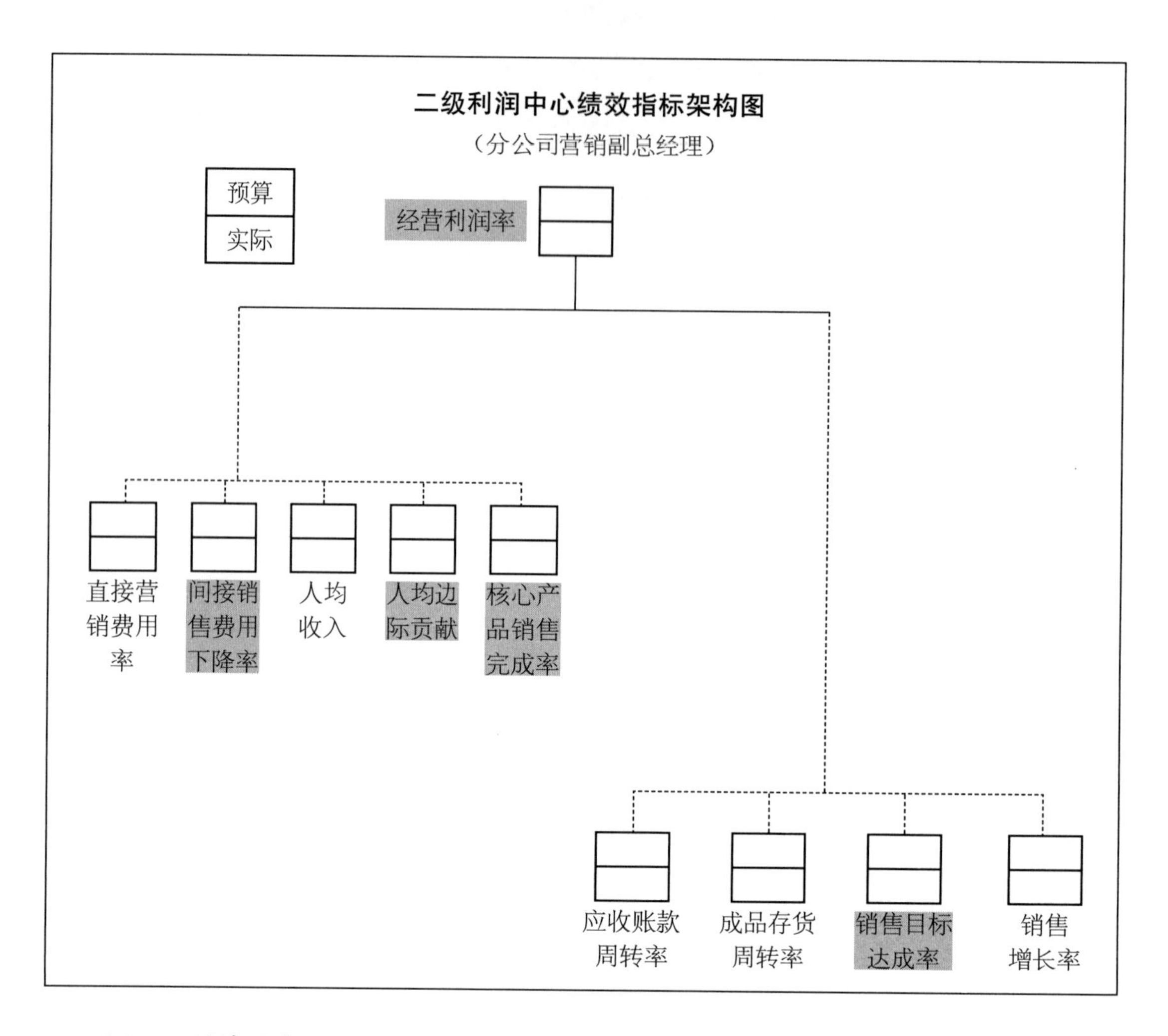

2.2.3.1 设计思路。

与一级利润中心将管理会计报表转化为绩效指标架构图同样的思路。

2.2.3.2 表示。

（1）各数值在目标值（含）之上时，以绿色表达，负责主管不需要关注。

（2）各数值在目标值以下 10%（含）以内时，以黄色表达，负责主管必须要予以关注。

（3）各数值在目标值以下 10% 以外时，以红色表达，负责主管必须要求相关主管立即提出解决方案，以便下季度时有所改善。

2.2.4 二级利润中心（分公司生产副总经理）绩效指标架构图

2.2.4.1 设计思路。

与一级利润中心将管理会计报表转化为绩效指标架构图同样的思路。

2.2.4.2 表示。

（1）各数值在目标值（含）之上时，以绿色表达，负责主管不需要关注。

（2）各数值在目标值以下 10%（含）以内时，以黄色表达，负责主管必须要予以关注。

（3）各数值在目标值以下 10% 以外时，以红色表达，负责主管必须要求相关主管立即提出解决方案，以便下季度时有所改善。

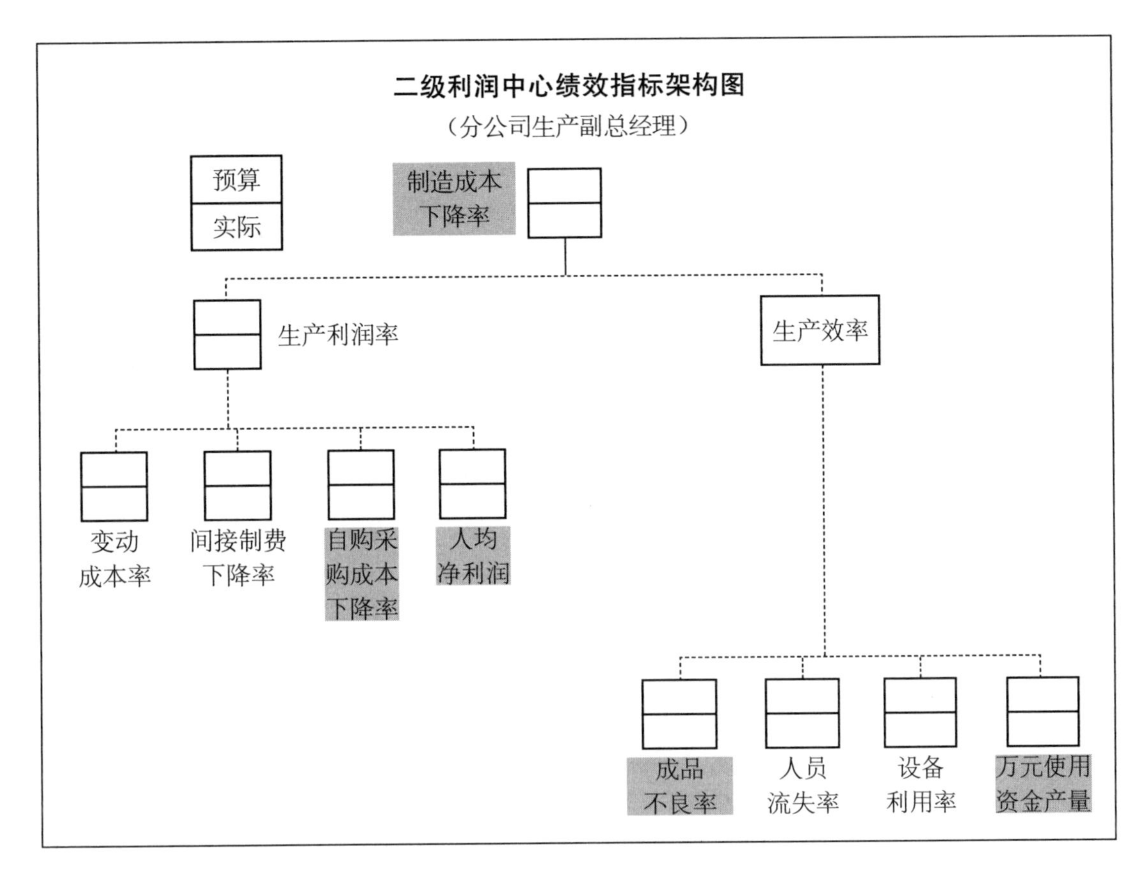

2.2.5 三级利润中心（销售部经理）绩效指标架构图。

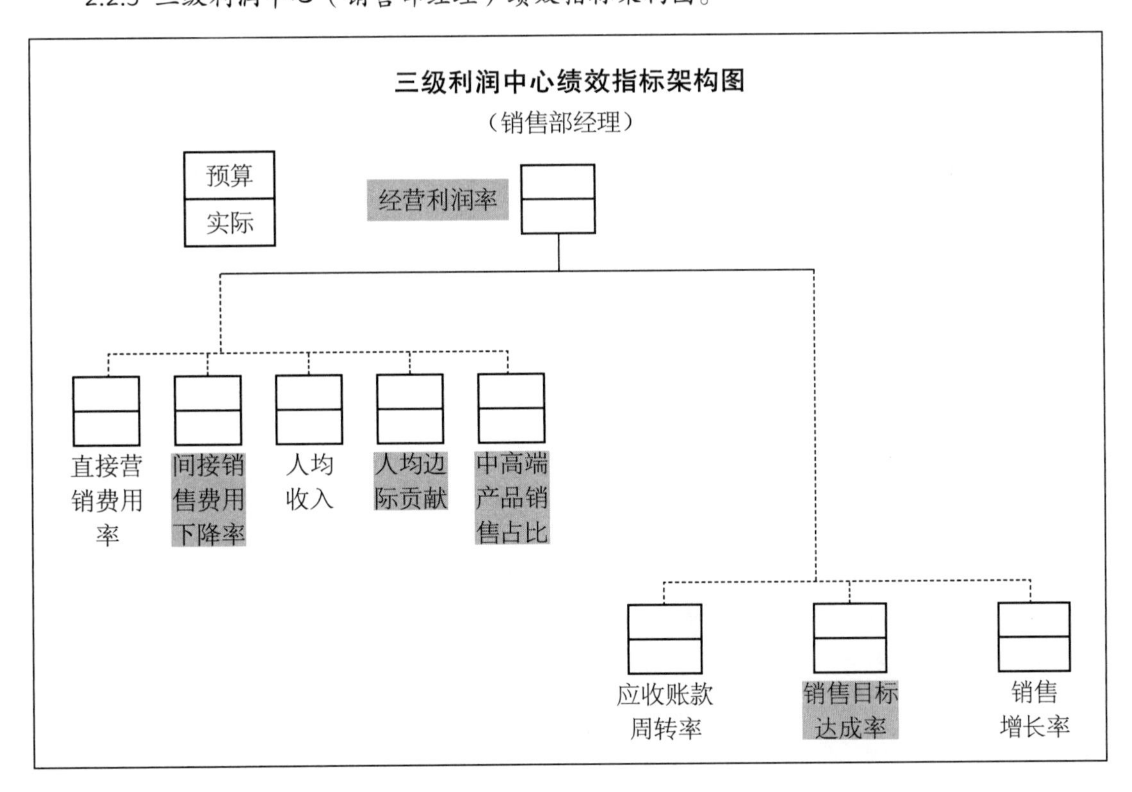

2.2.5.1 设计思路。

与一级利润中心将管理会计报表转化为绩效指标架构图同样的思路。

2.2.5.2 表示。

（1）各数值在目标值（含）之上时，以绿色表达，负责主管不需要关注。

（2）各数值在目标值以下 10%（含）以内时，以黄色表达，负责主管必须要予以关注。

（3）各数值在目标值以下 10% 以外时，以红色表达，负责主管必须要求相关主管立即提出解决方案，以便下季度时有所改善。

2.2.6 三级利润中心（制造部经理）绩效指标架构图

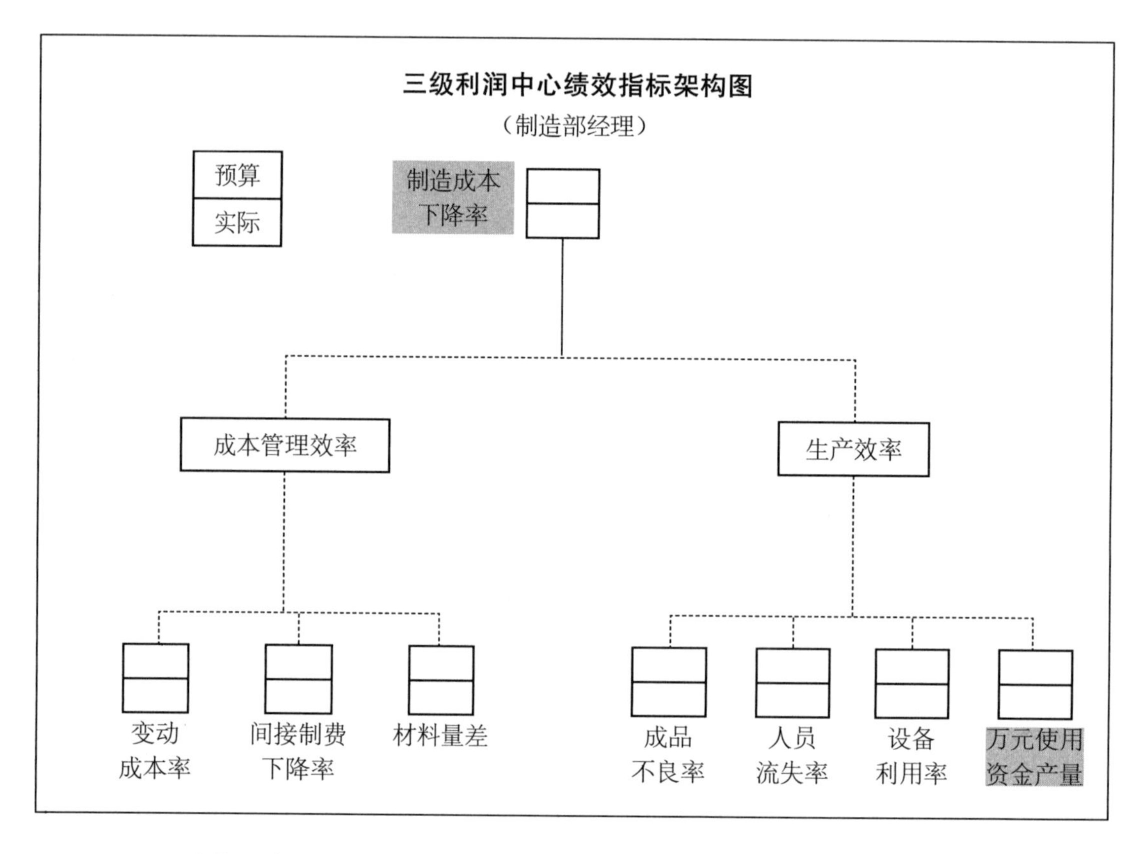

2.2.6.1 设计思路。

与一级利润中心将管理会计报表转化为绩效指标架构图同样的思路。

2.2.6.2 表示。

（1）各数值在目标值（含）之上时，以绿色表达，负责主管不需要关注。

（2）各数值在目标值以下 10%（含）以内时，以黄色表达，负责主管必须要予以关注。

（3）各数值在目标值以下 10% 以外时，以红色表达，负责主管必须要求相关主管立即提出解决方案，以便下季度时有所改善。

3. 策略性预算程序

（1）预计 20×× 年年底具竞争性的股东权益报酬率，此股东权益报酬率应以上市公司的竞争对手水平来确定。

（2）分解股东权益报酬率为财务杠杆作用及总资产报酬率。

（3）分解总资产报酬率为净利润率及总资产周转率。

（4）中高阶主管共同参与该年度战略会议，会中全体进行经营环境与竞争优势的量化分析，得出 20×× 年年度适当的营业收入增长率。

（5）利用 ×× 方程式，将 20×× 年年度预计营业收入代入公式，计算出总资产、总股东权益、总负债、总销售收入、净利润。月份出报表时，集团财务部的合并报表应该确保这个架构的达成。

（6）由预计财务杠杆及股东权益报酬率，计算全公司加权平均资金成本率。

（7）参考各一级利润中心所在城市及其发展状况，确定各一级利润中心的使用资金报酬率，经过验算后，应该符合总部的总资产报酬率目标。

（8）董事长带领策略发展部及总裁确定年度战略及总裁的平衡计分卡指标。

（9）将使用资金回报率、净利润及绩效指标架构图的标准值分配给各一级利润中心总经理。

（10）将分解给各利润中心总经理。

（11）各一级利润中心总经理展开对收入、成本、费用、利润的预计，并验算使用资金回报率。

（12）各一级利润中心将收入、成本及绩效指标架构图的标准值，分解给二级利润中心的生产厂长及营销总监。

（13）各一级利润中心总经理会同总部总裁及董事长确定下年度生产厂的转拨价格，分配给二级利润中心。

（14）各二级利润中心展开收入、成本、利润的预算。

（15）各二级利润中心通过分析，将三级利润中心应该承担的平衡计分卡指标分解给各三级利润中心。

（16）各三级利润中心展开对成本收入的预算。

（17）总部各职能部门依据总部战略展开工作计划，编定工作计划及人力资源需求，验算符合各利润中心所给予的费用总数。

4. 成本对话的机制

4.1 定义

成本对话机制是非利润中心的职能部门对利润中心服务所发生的成本依据谁受益谁承担的原则分摊给利润中心承担，但授予利润中心与发生成本的职能部门谈定分摊数额的一种成本控制方式。

4.2 分摊的原则

谁受益谁承担，原则上以该职能单位在月份中的所有类别成本的合计作为分子，除以该职能部门在该月份的所有人时作为分摊的基本单价，时数则以该部门所人员主张的服务小时合计。

4.3 公式

该职能单位在月份中的所有类别成本的合计 / 该职能部门在该月份的所有人时。

附表一：一级利润中心（分公司总经理）绩效指标月报表

一级利润中心（分公司总经理）绩效月报表

______分公司　　　　　　　　　　年　　月

序号	内容	单位	计算公式	预算或标准	本月实际	累计	年移动总额
1	员工人数	人					
	生产员工人数	人					
	营销员工人数	人					
	管理人员人数	人					
2	营销边际贡献	元	取自二级销售报表				
3	主营业务税金及附加	元					
4	生产边际贡献	元	取自二级生产报表				
5	边际贡献合计	元	2-3+4				
6	人均边际贡献	元/人	5/1				
7	变动成本率	%	来自三级生产报表				
8	营销利润（分公司可控利润）	元	取自二级销售报表				
9	生产利润（分公司可控利润）	元	取自二级生产报表				
10	调拨运费	元					
11	分公司财务费用	元					
12	超定额流动资金利息	元					
13	对话未分摊间接销售费用	元					
14	对话未分摊间接管理费用	元					
15	分摊集团对话费用	元					
	管理费用	元					
	财务费用	元					
16	分公司可控利润合计	元	8+9-10-11-12-13-14-15				
17	广告费	元					
18	退税收入	元					
19	折扣税金	元					
20	投资收益	元					
21	以前年度损益调整	元					

续表

序号	内容	单位	计算公式	预算或标准	本月实际	累计	年移动总额
22	所得税	元					
23	分公司净利润	元	16−17+18+19+20+21−22				
24	净利润率	%	23/29				
	人均净利润	元	23/1				
25	使用资金平均余额	元					
	营运资金	元					
	应收账款平均余额	元					
	存货平均余额	元					
	原材料平均余额	元					
	产成品平均余额	元					
	固定资产净值	元					
26	使用资金报酬率	%	16/25				
27	销售数量	吨					
28	核心产品销售量	吨					
29	产品销售收入	元					
30	核心产品收入	元					
31	间接营销费用下降率	%	取自二级销售报表				
32	应付账款平均余额	元					
33	主营业务成本	元					
34	应收账款周转率	天	360天/（29/应收账款平均余额）				
35	存货周转率	天	360天/（33/存货平均余额）				
36	应付周转率	天	360天（33/32）				
37	资金占用期间	天	34+35−36				
38	固定资产周转率	%	29/固定资产净值				
39	销售增长率	%					

注：分公司可控利润减去分公司财务费用，再减去分摊集团对话费用，为损益表中分公司可控利润。

附表二：二、三级利润中心（营销高级经理 / 销售经理）绩效指标月报表

二、三级利润中心（营销高级经理/销售经理）绩效指标月报表

______分公司　　　　　　　　　　　　　　年　　月

序号	内容	单位	计算公式	预算或标准	本月实际	累计	年移动总额
1	营销人员人数	人					
2	销售数量	吨					
3	产品销售收入	元					
4	人均收入	元	3/1				
5	产品转移成本	元					
6	直接销售费用	元					
	运费	元					
	宣传费	元					
7	直接销售费用比率	%	6/3				
8	边际贡献	元	3−5−6				
9	边际贡献率	%	8/3				
10	人均边际贡献	元	8/1				
11	核心产品销售量	吨					
12	核心产品收入	元					
13	核心产品销售完成率	%	实际与预算比				
14	核心产品转移成本	元					
15	核心产品直接销售费用	元					
	运费	元					
	宣传费	元					
16	核心产品边际贡献	元	12−14−15				
17	核心产品边际贡献率	%	16/12				
18	间接销售费用	元					
	人力费用	元					
	办公费用	元					
	差旅交际	元					
	设备使用	元					
	市场调研	元					
	专项费用	元					

续表

序号	内容	单位	计算公式	预算或标准	本月实际	累计	年移动总额
	物耗	元					
	外协加工	元					
19	间接销售费用下降率	%	实际与预算比				
20	销售费用合计	元	6+18				
21	销售费用比率	%	20/3				
22	营业外收益	元					
23	分摊对话费用	元					
	总经办	元					
	财务	元					
	人力资源	元					
	市场企划	元					
	销售服务	元					
24	营销利润（分公司可控利润）	元	8−18+22−23				
25	营销利润率	%	23/3				
26	使用资金总额	元	27+28+29				
27	应收账款余额	元					
28	库存商品余额	元					
29	库存原材料余额	元					
30	应收账款周转率	%	3/27				
31	成品周转率	%	3/28				
32	库存原材料周转率	%	3/29				
33	销售目标达成率	%					
34	销售增长率	%					

附表三：二级利润中心（生产副总经理）绩效月报表

二级利润中心（生产副总经理）绩效月报表

______分公司　　　　　　　　　　年　　月

序号	内容	单位	计算公式	预算或标准	本月实际	累计	年移动总额
1	生产工人人数	人					
2	残工人数	人					

续表

序号	内容	单位	计算公式	预算或标准	本月实际	累计	年移动总额
3	生产数量	吨					
4	内部收入	元	取自三级生产报表				
5	生产效率	吨/人	3/1				
6	实际变动成本总额	元					
	直接材料	元					
	直接人工	元					
	直接制费	元					
7	边际贡献	元	4-6				
8	边际贡献率	%	7/4				
9	变动成本率	%	变动成本总额/实际成本总额				
10	人均边际贡献	元	7/1				
11	间接制费	元					
	人力费用	元					
	办公费用	元					
	差旅交际	元					
	设备使用	元					
	市场调研	元					
	专项费用	元					
	物耗	元					
	外协加工	元					
12	间接制费下降率	%	与标准成本比				
13	制造成本总额	元	6+11				
14	制造成本下降额	元					
	统购材料价差	元					
	分购材料价差	元					
	材料量差	元					
	人工价差	元					
	人工量差	元					

续表

序号	内容	单位	计算公式	预算或标准	本月实际	累计	年移动总额
	变动制费差异	元					
	间接制费差异	元					
15	制造成本下降率	%	14/标准成本				
16	其他业务收益	元					
17	营业外收益	元					
18	资产减值损失	元					
19	分摊对话费用	元	（暂不考核）				
	总经办	元					
	财务	元					
	人力资源	元					
20	利润调整数	元					
21	生产利润（分公司可控利润）	元	7−11+16+17−18−19−20				
22	生产利润率	%	21/4				
23	使用资金总额	万元					
	原材料金额	万元					
	产成品金额	万元					
	固定资产净值	万元					
24	万元使用资金产量	吨/万元	3/23（万元）				
25	设备利用率	%	实际台时/标准台时				
26	成品不良率	%	一次检验合格产品/检验产品总量				
27	人员流失率	%	流失人数/当期平均数				
28	自购采购成本下降率	%	（当期实际单价−上月实际单价）×实际采购量/当月实际采购成本				

注：25、26 需要生产部门报给财务；27 需要人力资源部报给财务。

附表四：三级利润中心（制造部经理）绩效月报表

三级利润中心（制造部经理）绩效月报表

部门　　　　　　　　　　　　　　　　　　　　　　年　　月

产品类别	规格	计量单位	生产数量		直接材料		直接人工		直接制费		变动成本总额			固定制费分摊金额		实际成本总额		单位成本		标准成本	差异	协议单价	内部收入
			本月	累计	本月	累计	本月	累计	本月	累计	本月	累计	占实际总成本比例	本月	累计	本月	累计	本月	累计				
核心产品																							
常规产品																							
合计																							

注：各类别产品按规格和实际产量折合为生产吨数。

差异分析：	
材料量差	
人工价差	
人工量差	
变动制费差异	
固定制费差异	
制造成本下降额	
制造成本下降率	
固定制费考核标准	
固定制费实际发生额	
固定制费下降率	
使用资金余额	
产成品金额	
固定资产净值	
折合吨产量	
万元使用资金产量	